Série
Direito Ibmec-RJ

CONSTITUIÇÃO, ESTADO E DIREITO

REFLEXÕES CONTEMPORÂNEAS

Conselho Editorial

Luís Alberto Warat (UNB)
Gisele Guimarães Cittadino (PUC/RJ)
Sérgio Urquhart de Cademartori (UFSC)
Rosangela Lunardelli Cavallazzi (Ibmec-RJ)
José Ribas Vieira (Ibmec-RJ)
Maria Guadalupe Piragibe da Fonseca (Ibmec-RJ)
Celso Martins Azar Filho (Ibmec-RJ)

Série
Direito Ibmec-RJ

CONSTITUIÇÃO, ESTADO E DIREITO

REFLEXÕES CONTEMPORÂNEAS

ORGANIZADORES:
**Celso Martins Azar e
Maria Guadalupe Piragibe da Fonseca**

Copyright© 2009 by Maria Gadalupe Piragibe da Fonseca e Celso Martins Azar Filho

Todos os direitos desta edição reservados à Qualitymark Editora Ltda.
É proibida a duplicação ou reprodução deste volume, ou parte do mesmo,
sob qualquer meio, sem autorização expressa da Editora.

Direção Editorial SAIDUL RAHMAN MAHOMED editor@qualitymark.com.br	Produção Editorial EQUIPE QUALITYMARK
Capa RENATO Artes & Artistas	Editoração Eletrônica ARAUJO EDITORAÇÃO

CIP-Brasil. Catalogação-na-fonte
Sindicato Nacional dos Editores de Livros, RJ

C775

    Constituição, Estado e Direito : reflexões contemporâneas / [organizadores] Celso Martins Azar Filho, Maria Guadalupe Piragibe da Fonseca – Rio de Janeiro : Qualitymark, 2009.
    260p. – (Série Direito / Ibmec-RJ; 1)

    Pesquisas realizadas por professores e alunos do curso de Direito da Faculdade de Ciências Aplicadas / Ibmec-RJ

    Inclui bibliografia

    ISBN 978-85-7303-831-6

    1.Estado. 2. Direito – Miscelânea. I. Azar Filho, Celso Martins II. Fonseca, Maria Guadalupe Piragibe da III. Título.

08.3830   CDU: 34

2009
IMPRESSO NO BRASIL

Qualitymark Editora Ltda. Rua Teixeira Júnior, 441 São Cristóvão 20921-405 – Rio de Janeiro – RJ Tels.: (0XX21) 3860-8422/3295-9800	Fax: (0XX21) 3295-9824 www.qualitymark.com.br E-mail: quality@qualitymark.com.br QualityPhone: 0800-263311

Prefácio

A coletânea de artigos organizada pelos professores Celso Azar Filho e Maria Guadalupe da Fonseca é fruto da dedicação de ambos ao ensino e à pesquisa na grande área jurídica.

Celso e Guadalupe, como são carinhosamente chamados por seus alunos, são professores dedicados e pesquisadores reconhecidos por todos aqueles atuantes no meio jurídico.

A obra reúne também textos inéditos de professores e profissionais de destaque, assim como de alunos do Ibmec-RJ que desenvolveram trabalhos de pesquisa de iniciação científica.

O principal tema coberto por esta coletânea é apaixonante, instigante e atual. O leitor terá a oportunidade de conhecer as opiniões de professores e profissionais de destaque no que se refere a possíveis caminhos para a reforma do Estado brasileiro.

Em adição, o leitor encontrará artigos avulsos de alunos do Ibmec-RJ que atestam o grau de profundidade e conhecimento daqueles que hoje trabalham em projetos de iniciação científica.

Ao longo de todo o livro o leitor poderá observar a forma fluida e natural dos escritos, resultando em textos de fácil leitura e compreensão.

O material disponibilizado por Celso e Guadalupe é particularmente interessante para alunos dos cursos de Direito, seja ao nível de graduação ou pós-graduação, uma vez que os estimula a refletir sobre os temas cobertos por opiniões amadurecidas de professores e profissionais atuantes. Vale destacar também que diferentes capítulos podem ser usados como material de leitura obrigatória em cursos de Direito.

Antonio Marcos Duarte Junior
Diretor Acadêmico do Ibmec

Apresentação

O livro ora publicado reúne artigos originados de pesquisas que vem sendo realizadas por professores e alunos do Curso de Direito da Faculdade de Ciências Sociais Aplicadas/Ibmec-RJ ao longo dos anos de 2006 e 2007 em diferentes áreas jurídicas.

Os primeiros seis artigos, integrantes do *Conjunto Temático Constituição e Estado*, estão, sob perspectivas variadas, voltados para a questão da reforma do Estado brasileiro. O ponto comum entre os mesmos é a tentativa de identificar, analisar e aprofundar problemas que não podem permanecer ignorados quando se trata de pensar o quê, como e para quem reformar o Estado brasileiro.

Os cinco artigos seguintes são avulsos, abordando assuntos pertinentes a outros eixos de pesquisa preferidos pelos professores coordenadores dos núcleos de estudo do curso de Direito e importantes para a formação do bacharel.

No decorrer dos dois anos – 2006, 2007 – vários seminários foram realizados no contexto das pesquisas. Portanto, o conteúdo dos artigos se deve, também, à troca de idéias e informações que esses eventos promoveram.

O conjunto temático de estudos reúne quatro artigos diretamente ligados à temática principal. O artigo de Maria Guadalupe Piragibe da Fonseca resgata a trajetória do Estado moderno, indagando se esse modelo ainda se aplica à realidade contemporânea do Estado. Dois artigos se ocupam especialmente da reforma do Poder Judiciário. O primeiro de José Carlos Vasconcellos e o segundo de Frederico Mascarenhas. Vasconcellos toma como ponto de partida a Emenda Constitucional nº 45, de 2004, a Reforma do Poder Judiciário, para analisar o tratamento dado naquele documento ao recurso extraordinário e sua repercussão prática e teórica. O artigo de Frederico Mascarenhas aponta a necessidade da reforma do Poder Judiciário considerar decisivamente o papel político que a Constituição de 1988 atribuiu a esse órgão do poder. O quarto artigo, de Fábio de Oliveira, levanta a questão sobre a compatibilidade entre reforma do Estado e a Constituição de 1988 fazendo duas indagações: se a Constituição tem algo a dizer sobre a reforma do Estado; se a reforma do Estado está sujeita ao controle de constitucionalidade.

Três outros artigos, sem menção expressa, focalizam assuntos que, sem dúvida, se relacionam ao tema principal. José Eduardo Junqueira, focaliza a delicada questão da sintonia entre a liberdade de expressão e o direito de privacidade, sempre em tensão diante dos percalços pelos quais passou a democracia no Brasil nos últimos decênios e que, sem dúvida, é pertinente aos caminhos que vem seguindo a reforma do Estado. Maria Cristina Schiller aplica sua ótica de economista ao estudo da estrutura do meio ambiente nos municípios brasileiros, segundo a teoria institucionalista. Sem abordar, tampouco, diretamente a reforma do Estado, traz a baila uma questão intimamente ligada às indagações sobre o perfil federativo do Estado. O tema de Aderlan Crespo toma como referência os direitos fundamentais da pessoa para criticar a eficácia das normas constitucionais em face de um direito penal elitista, concluindo que este deve ser um tema da pauta de mudanças introduzidas no Estado democrático de direito.

Os artigos incluídos no segundo bloco abordam diferentes temas. Celso Martins Azar Filho e sua orientanda Paula Campos Pimenta Velloso tomaram do início da *Constituição de Atenas* de Aristóteles a figura emblemática de Epimênides de Creta como tema de uma investigação das relações originárias entre filosofia e direito. Roberta Duboc Pedrinha escolheu uma metáfora literária extraída da obra *Moby Dick* de Herman Melville para analisar a relação conflituosa entre apenados e agentes penitenciários no Brasil. Denise Soares menciona em seu artigo as dificuldades que envolvem a definição de terrorismo e a conseqüente hesitação dos especialistas em face da classificação jurídica dessa espécie de ação criminosa. Carlos Nelson Konder trata das transformações na área da interpretação do direito civil a partir da metodologia da constitucionalização do direito civil. Luigi Bonizzato defende a tese da autonomia do direito urbanístico pelo caminho do tratamento interdisciplinar que acertadamente, a seu juízo, vem sendo dado a esse ramo do direito.

Este livro destina-se particularmente aos estudantes, especialmente aos alunos dos cursos de Direito. Pretende-se que a leitura destes textos os motivem a aprofundar os temas aqui tratados. Estas reflexões representam também o registro da passagem de vinte anos da promulgação da Constituição da República do Brasil.

Os organizadores agradecem a todos os que, de alguma forma, contribuíram para que este conjunto de estudos viesse à luz. Agradecem, muito especialmente, aos autores dos artigos que atenderam prontamente ao convite para relatar as conclusões, mesmo provisórias, das pesquisas às quais se dedicam juntamente com alunos, seus orientandos. Agradecem à editora Qualitymark que tão gentilmente se propôs a realizar esta publicação que se espera seja a primeira de outras coletâneas semelhantes. Finalmente, agradecem ao Ibmec-RJ sem cujo apoio irrestrito ao projeto de curso de Direito esta publicação dificilmente teria sido possível.

Celso Martins Azar Filho
Maria Guadalupe Piragibe da Fonseca

Sumário

1. O Moderno Estado de Direito:
   Um Balanço 1
   Maria Guadalupe Piragibe da Fonseca

2. A Reforma do Judiciário e o Novo Perfil
   do Recurso Extraordinário 13
   José Carlos Vasconcellos dos Reis

3. Judiciário e Reforma do Estado:
   Alguns Impasses 47
   Frederico Maia Mascarenhas

4. Uma Análise da Constitucionalidade
   da Reforma do Estado Brasileiro 59
   Fábio de Oliveira

5. Liberdade de Expressão e Direito à Privacidade:
   Um Desafio à Harmonia e à Inteireza na Ordem
   Constitucional Pátria 79
   José Eduardo Junqueira

6. Repensando a Gestão Pública Local 101
   Maria Cristina Ortigão Sampaio Schiller

7. As Versões Políticas do Estado:
   Direitos Fundamentais e Criminalidade 123
   Aderlan Crespo

8. Epimênides e a *Constituição de Atenas* 137
   Paula Campos Pimenta Velloso e Celso Martins Azar Filho

9. Desumanização e Neutralização Coletiva no Espaço
   do Estado: Uma Abordagem Metafórica do Sistema
   Penitenciário – da Literatura à Criminologia 157
   Roberta Duboc Pedrinha

10. O Terrorismo Internacional:
    Sistemas de Combate a um Crime Indefinível 183
    Denise de Souza Soares

11. Desafios da Constitucionalização
    do Direito Civil 209
    Carlos Nelson Konder

12. Tópicos de Direito Processual e
    Civil Urbanístico 225
    Luigi Bonizzato

1 O MODERNO ESTADO DE DIREITO: UM BALANÇO

Maria Guadalupe Piragibe da Fonseca

Doutora em Direito e Livre-Docente da Faculdade de Direito da UFRJ. Coordenadora da Faculdade de Ciências Sociais Aplicadas/ Ibmec-RJ.

Resumo
Neste artigo faz-se um retrospecto das principais etapas de formação do Estado de Direito com o objetivo de indagar sobre a validade dessa moldura no atual momento brasileiro quando se discute o que rever na estrutura e no funcionamento do Estado.

Palavras-chave
Estado Moderno; Estado de Direito; Reforma do Estado.

Introdução

Esse artigo constitui parte das reflexões desenvolvidas por estudantes e professores que trabalharam no Núcleo de Pesquisa sobre *Reforma do Poder Judiciário no contexto da Reforma do Estado* durante o ano letivo de 2007. Desses estudos, resultaram dois trabalhos apresentados pelos alunos na *II Jornada Carioca de Iniciação Científica* do Ibmec-RJ, em setembro de 2007, um dos quais publicado nesta coletânea.[1]

O objetivo deste breve artigo é abrir, por assim dizer, o tema da reforma do Estado, notadamente no que tange à reforma do Poder Judiciário, situando-a no interior da moldura do moderno Estado de Direito. Justifica-se a abordagem, considerando-se que, questões que costumam hoje levantar polêmicas importantes – sempre que o assunto é reforma do Estado – tais como: os limites da atuação do Estado, as relações entre as esferas dos interesses públicos e privados, o debate renovado em torno dos valores republicanos – ganham em inteligibilidade quando referidas à reflexão sobre o Estado de Direito. A realidade do Estado hoje, por vezes, parece distanciada do tradicional conceito de Estado. Por vezes, o conceito mesmo de Estado parece estar esvaziado. Por isso mesmo, continua sendo válida a lembrança da trajetória histórica que levou à difícil conquista da subordinação do poder ao direito, do arbítrio à norma, do privilégio ao tratamento igualitário.

Pensar o Estado em sua trajetória histórica, tem a vantagem de evidenciar os elos que vinculam as suas diferentes fases e permite lançar luz sobre motivos condicionantes de rupturas ou, por vezes, de aparentes rupturas no decurso do tempo. Sem dúvida, o significado intrínseco das instituições sociais, jurídicas, culturais, dentre as quais o Estado, emerge da respectiva continuidade histórica. Portanto, cabe ao pesquisador desvendar a coerência onde o olhar desavisado talvez só consiga enxergar não-senso.

Acrescente-se que, a perspectiva histórica é mais que útil, é necessária, quando se trata de compreender a situação atual de institutos – sejam de que natureza forem – pois nos diferentes momentos da existên-

---

[1] Participaram do Núcleo os seguintes alunos: Frederico Maia Mascarenhas, Allan Fallet, Felippe Salgado e Gabriel Teruz. O núcleo contou com a colaboração das professoras: Adriana Ramos Costa e Simone Cuber de Araújo Pinto.

cia destes é possível detectar elementos que, quando conjugados, esclarecem desdobramentos subseqüentes e emprestam sentido às características que esses institutos adquiriram no presente. A abordagem histórica é importante ainda na medida em que situa o instituto no tempo e no espaço reais, evidenciando a sua vinculação às circunstâncias da vida e evitando, assim, concepções demasiado abstratas. Nesse caso, se trata de um instituto político ou político-jurídico – o Estado Moderno de Direito – cujos traços mais marcantes podem ser encontrados já na fase denominada pré-moderna. Por que ir tão longe? O tão longe da perspectiva pessoal, para a História com maiúscula pode ser um pequeno lapso de tempo, impregnado de elementos embrionários cujo florescimento e conseqüências, para bem ou para mal, acabam se impondo às gerações posteriores.

A Reforma do Estado de que hoje se cogita no Brasil pode ser melhor entendida quando vista, também, como uma fase de um longo processo de maturação do funcionamento da moderna estrutura estatal. Esse processo, semelhante nos países do Ocidente, teve momentos positivos que deram origem à euforia fundada na crença de que, através do direito, as fundamentais garantias democráticas estariam definitivamente implantadas. Mas, também teve, ou melhor, tem momentos negativos ou de crise, que promovem o desalento e a descrença nos valores antes cantados em prosa e verso.

Quer-se pois, neste texto introdutório da pesquisa, em andamento, sobre a Reforma do Poder Judiciário brasileiro no contexto da Reforma do Estado, realizar uma espécie de balanço do Estado moderno de modo a permitir uma avaliação do "estado da arte e da realidade", ou seja, avaliar em que pé estamos, nós, contemporâneos do início do século XXI, com relação ao pensamento e à ação que se supõem voltados para a tarefa ininterrupta de construção e reconstrução das instituições sociais, com destaque para a instituição Estado.

Sendo assim, propõe-se dividir esta reflexão nas seguintes partes:

1. elemento distintivo do conceito de Estado moderno;

2. tensões enfrentadas pela nova tendência;

3. a transição para o Estado moderno;

4. o Estado absoluto;

5. o Estado de Direito.

Algumas conclusões.

1. Elemento distintivo do conceito de Estado Moderno

Do ponto de vista histórico, mais precisamente, no interior de uma concepção histórico-crítica,[2] o conceito de Estado moderno corresponde a uma forma de organização política situada no tempo e no espaço, ou seja, um conceito construído ao longo de muitos séculos – dos séculos XIII ao XIX – na base de pressupostos e motivos específicos da história de um pedaço do mundo: a Europa.

Podemos admitir, por conseguinte, que outras histórias, outras culturas em outros espaços e momentos possam ter levado a formas diferentes de organização política com características próprias, em resposta a outras exigências e necessidades. Nesse sentido, a construção de um tipo ou outro de organização política está indefectivelmente ligado às contingências históricas.

O que distingue, segundo Schiera,[3] no período pré-moderno, a forma de organização política européia? A tendência ininterrupta à centralização, que como veremos a seguir, desenrola-se em um processo longo e permeado de tensões.

Essa tendência para a centralização e para a unidade que marca a história da organização política dos primórdios do Estado moderno esteve apoiada em dois grandes princípios: o princípio da *territorialidade*, que leva à formação da soberania territorial e o princípio da *impessoalidade* do comando político, ou seja, o princípio segundo o qual a gestão do poder passa a ser exercida por meio de uma lógica organizacional que permite que as decisões não fiquem mais adstritas à vontade discricionária do detentor do poder como no sistema anterior, mas presididas por regras obrigatórias e coercitivas.

Sem dúvida, ao longo da sua formação, a tendência marcante da construção do Estado moderno é a centralização progressiva do poder, que Max Weber, teórico alemão (sociólogo, economista, filósofo, 1864/1920), denominaria de "monopólio da força legítima" pelo detentor do poder.

---

[2] "o método histórico-crítico é entendido, de uma parte, como método destinado a dar ao fenômeno que se quer estudar a necessária espessura conceitual e, de outra parte, a marcar as exatas fronteiras dentro das quais se pode usar homogeneamente tal conceito", *Estado Moderno*, Pierangelo Schiera, em *Dicionário de Política*, vol. I, Norberto Bobbio et al., trad. de Carmen Varriale et al., 5ª ed. Brasília: Editora da UNB; São Paulo: Imprensa Oficial do Estado, 2000.

[3] *Idem, ibidem*, pág. 426.

2. Tensões enfrentadas pela nova tendência

No período pré-moderno, aproximadamente entre os séculos XIII e XVI, a palavra estado ainda não possuía o significado que depois veio a adquirir.[4] Desde logo, é importante registrar o fato do poder ser duplo em fins da Idade Média. Um, o poder espiritual – a cidade de Deus – outro, o poder temporal – o espaço do Príncipe. Essa dualidade se impôs, principalmente, com a releitura das obras de Aristóteles pelos teólogos medievais.[5] As concepções do filósofo grego sobre a naturalidade da sociedade política e a sociabilidade natural do homem serviram de ponto de referência para a construção medieval das duas ordens de regulamentação do comportamento: uma ordem proveniente diretamente de Deus e a outra fundada na natureza, mais especificamente, na natureza racional e gregária do homem.[6] No entanto, para a concepção dos teólogos cristãos, as instituições sociais criadas pelos homens devem estar subordinadas à ordem divina. Essa idéia de política como atributo da natureza humana e, ao mesmo tempo, vinculada à idéia de criação divina de tudo o que existe na natureza vai se sedimentar na construção da duplicidade do poder na Idade Média: poder espiritual da Igreja e poder temporal da organização social dos homens. O filósofo franciscano inglês Guilherme de Ockham (1300/1350),[7] foi o primeiro a propor o conceito de direito subjetivo natural como padrão de medida para que as manifestações da autoridade temporal, expressas na lei e na vontade do juiz, pudessem regular e decidir sobre a justiça em cada caso de conflito entre os homens.[8]

A nova tendência de organização do poder enfrentará, durante largo tempo, a oposição entre os dois polos do dualismo espiritual/tem-

---

[4] Documentos de época fazem uso da expressão *estado* para designar a condição de determinado lugar, com relação a sua realidade social e política. De modo mais abrangente é possível entender a expressão *estado* nos documentos de época, como referida a tudo o que dizia respeito à esfera de vida social organizada (ver P. Schiera, *ob. cit.*, pág. 426).

[5] Ver Marilena Chauí, em *Convite à Filosofia*, São Paulo, Editora Ática, 2002, pág. 392.

[6] "Santo Tomás, con Aristóteles, considera al hombre como un ser social por su misma naturaleza. El hombre no solo aspira a vivir, sino a vivir bien, y, para lograr su desarrollo y su perfección, necesita agruparse con otros semejantes, constituyendo una sociedad perfecta o política, la cual és un medio para lograr su propia perfección y la felicidad que aisladamente no puede conseguir", *História de la Filosofía II* (2º), Guillermo Fraile, edição atualizada por Teófilo Urdanoz, La Editorial Catolica S. A. Madrid, 1975, pág. 471.

[7] Ver resumo da vida e obra de Guilherme de Okham em Guillermo Fraile, edição atualizada por Teófilo Urdanoz, *ob. cit.* pág. 565 e seguintes.

[8] Ver Marilena Chauí, *ob. cit.*, pág. 393.

poral. Essa oposição conduzirá, aos poucos, a um conflito de grandes proporções entre o papa e demais autoridades religiosas por um lado e os reis e imperadores, autoridades temporais, por outro lado. Essa célebre disputa pelo poder ficou conhecida como *Querela das Investiduras*,[9] luta entre o papado e o poder secular. A luta leva à ruptura entre política e religião, forças que antes formaram uma unidade responsável pela regulamentação da vida social do Ocidente.

Sob outro enfoque, história do surgimento do Estado moderno está enfrentada também com a história da tensão criada pelo poderio disseminado típico do período feudal. O Estado em formação encontrou a resistência dos novos interesses sociais e econômicos que solaparam os espaços dos senhorios feudais, fundados no sistema de economia agrária e nas relações pessoais dos senhores com seus súditos.[10] Trata-se aqui de outra forma de policentrismo: o poder dos senhores feudais e o poder da classe emergente, a burguesia, que cresce nas aldeias. Essa situação tem conseqüências diferentes no que se refere à centralização da ordem política.

A organização feudal, portanto, não é a única realidade do período histórico de fins da Idade Média. Para além das relações hierarquizadas de suserania e vassalagem dos feudos medievais, proliferaram os burgos,

---

[9] Conflito entre o Papado Romano e o Sacro Império (entre os séculos XI e XII), em razão da investidura temporal e espiritual de bispos e abades realizada pelos suseranos (senhores feudais). O papado passou a discutir e a recusar o princípio dessa investidura pela autoridade secular. O papa Gregório VII empreendeu uma luta contra os reis Henrique IV e Henrique V. Ao final chegou-se à Concordata de Worms (1122), pela qual o poder secular renunciou à investidura das funções espirituais que ficaram reservadas à Igreja.

[10] O sistema feudal é um regime econômico, social e político da Europa Ocidental cujo período de vigência nunca ficou totalmente definido, quando se leva em consideração as opiniões divergentes dos historiadores. Alguns o situam entre os séculos X e XIII, outros entre os séculos V e XV, abrangendo toda a Idade Média, outros ainda, o estendem até a Revolução Francesa. Trata-se de um sistema baseado na subordinação de pequenos proprietários a um nobre forte que lhes oferecia proteção e o benefício de um feudo em troca de serviços de caráter doméstico, econômico e até mesmo de defesa armada. Esse vínculo criou entre o senhor e homens livres (vassalos) uma situação de dependência. O mundo feudal é fundado em laços pessoais que uniam, em níveis hierárquicos, membros da camada dominante da sociedade. O sistema nasceu na França, na região entre os rios Meuse e Loire, estendendo-se depois por outras regiões da Europa Ocidental, graças à decadência do poder real desbaratado ao longo dos séculos IX e X em benefício dos escalões nobiliárquicos e dos castelões. O castelo tornou-se o centro da senhoria que absorveu todos os poderes: econômicos, judiciários, políticos e militares. Com a restauração do poder real e também com a evolução econômica, no curso do século XIII, começa o sistema feudal a declinar. Os senhores mais poderosos passam a ser não-nobres, mas burgueses enriquecidos. Sob o Antigo Regime (forma de Estado e de sociedade mudada pela Revolução Francesa) e com o fortalecimento do Estado, o feudalismo se desfez.

neles se desenvolvendo uma outra forma de organização social imposta pelas corporações de ofícios. A caminhada para a centralização do poder, como se pode observar, ocorreu por etapas, sendo que a luta entre a nova classe social surgida nos burgos, a burguesia, pela obtenção de franquias econômicas é uma delas. Ao se insurgir contra os esquemas da economia agrária feudal, a burguesia reivindica concomitantemente espaço político. Esse é o fato de maior relevância para a análise ora proposta: o papel desempenhado pela burguesia nascente na trajetória de superação de um outro centro de organização política das relações sociais e, conseqüentemente, a contribuição que deu à caminhada para a centralização do poder. Ou seja, duas esferas de poder político disputaram a hegemonia, sendo que a mais recente levou vantagem.

Vale mencionar também que o período histórico da emergência das novas cidades e o respectivo florescimento econômico e social comandado pela classe burguesa em ascensão, coincide com a efervescência intelectual inspirada na cultura antiga. De fato, o Renascimento, que eclode em inícios do século XV, ensejou o desenvolvimento do pensamento político com grande autonomia relativamente às teorias sociais e políticas então vigentes. O interesse pelo conhecimento em profundidade da produção científica, artística, literária e política da cultura da antiguidade clássica foi a raiz dessa mudança. Com base no ideal republicano de liberdade das antigas cidades como Atenas e Roma, os teóricos renascentistas passam a observar a prática cotidiana da vida social e a valorizar a ação política em detrimento da contemplação espiritual. A dignidade do homem, diziam, reside no que ele faz, nas decisões que toma a partir da liberdade que lhe deve estar garantida.

Em síntese, em meio a essa tensão em dois níveis – o do poder da Igreja contra o poder dos reis, por um lado e o do poder decadente dos senhores feudais contra a ascendente burguesia, por outro – é que se forma a soberania territorial em substituição ao senhorio terreno, e se implanta aos poucos uma disciplina jurídica institucional para reger relações e interesses entre grupos no interior de um território delimitado. A mudança social que se processou foi capitaneada pela burguesia ainda incipiente em busca de seu próprio espaço. Outro aspecto importante é que a separação entre espiritual e temporal – entre coisas do mundo e coisas do céu – produz o sentimento de incerteza e a conseqüente necessidade de regimes políticos que oferecessem segurança.

3. A transição para o Estado Moderno

A transição para o Estado como ordem política foi difícil. Houve guerras religiosas bastante sangrentas entre os séculos XVI e XVII. O efeito das guerras religiosas foi o abandono da insistência em buscar razões de ordem religiosa para justificar o poder. A religião cessa de ser parte integrante da política. A política passa a se justificar pelos fins terrenos, materiais e existenciais do homem, dentre os quais sobressaem a ordem e o bem-estar social. Com o término das guerras religiosas coincide a fundação política do poder. Nesse momento histórico pode-se dizer que o Estado está instalado, sendo que a sua imagem moderna é dada pelos atributos de *mundaneidade*, *finalidade* e *racionalidade*,[11] ou seja, voltado para interesses mundanos ou temporais, distintos dos valores espirituais; suas ações visam a alcançar objetivos previamente definidos, tais como a paz interna do país e a regulamentação das relações de força. Quanto à dinâmica do exercício do poder, as decisões tomadas pelo poder soberano obedecem a critérios de racionalidade, também conhecidos com anterioridade. O monarca detém o poder, cabendo a ele dizer de que lado está o direito em casos controversos.

Temos aí o Estado moderno no que tem de mais específico e essencial. O novo modelo recebeu várias denominações: *Estado máquina*, *aparelho*, *mecanismo*, *administração*. Essas expressões querem significar que o Estado moderno é chamado a organizar as relações sociais por meio de procedimentos técnicos, estabelecidos com antecedência ao comportamento dos membros da sociedade. O objetivo da organização política é prever o que for possível tendo em vista prevenir conflitos, instaurar a ordem e garantir um grau satisfatório de bem-estar social. Esse tipo de organização política é conseqüência de uma nova visão de mundo, caracterizada pela insegurança e relatividade das condições sociais que marcam as condições nas quais as relações humanas se formam. Cabe ao homem, e apenas a ele, gerenciar toda a contingência social em favor de objetivos que ele mesmo avalia como úteis, bons, oportunos. Pode-se dizer que o Estado moderno é um grande projeto racional, no interior do qual evolui a consciência das contingências naturais a que a vida está sujeita. Surge também a consciência da necessidade de desenvolver capacidades de enfrentamento dessas contingências em nome da própria sobrevivência, não de qualquer sobrevivência, mas de uma vida social e pessoal dignas.

---
[11] Ver Pierangelo Schiera, *ob. cit.*, pág. 427.

Mas, atenção, no contexto dessa nova estrutura política grupos sociais antigos e novos passam a disputar espaço em busca de hegemonia sobre a sociedade. Dependendo de como essas camadas ou classes sociais se colocam e do sucesso ou fracasso de suas investidas será possível distinguir as diferentes articulações em diferentes países. Dentro, portanto, do mesmo modelo de organização política existem variantes relativas ao como do exercício do poder legítimo.

4. Primeira fase da organização do Estado Moderno: O Estado Absoluto

Na fase inicial de implementação do Estado moderno a tendência característica para a centralização e gestão monocrática está enfrentada com a presença de categorias sociais fortes com as quais o príncipe fica obrigado a dividir a administração social. Vale ressaltar que ainda prevalecia uma visão de mundo que não vislumbrava com clareza a diferença entre social e político, ou, a diferença entre sociedade e Estado. Daí a dificuldade das categorias sociais aceitarem o poder monocrático do soberano.

O príncipe, por sua vez, necessitava da ajuda financeira dos segmentos sociais, como por exemplo a dos nobres, para poder estabelecer uma administração eficiente e um exército estável. Nessas condições, o Estado moderno convivia com resquícios do poder pessoal do sistema político anterior, na medida em que as categorias sociais se reservavam direitos e liberdades em face do príncipe, dentre os quais o de aprovar os impostos e gerir e controlar a aplicação do dinheiro público. As categorias sociais e seus conselhos acabam por se transformar em verdadeiro poder administrador direto. A força das categorias sociais permitia que seus membros ocupassem cargos importantes na administração e na condução política do Estado.

Essa situação só se altera quando as finanças do Estado tendem a se estabilizar e o príncipe pode dispensar a ajuda, principalmente, dos nobres. A partir de então, a categoria dos nobres perde progressivamente os seus privilégios, principalmente fiscais. Nessa luta, o príncipe contou com o apoio de outras categorias sociais como a da burguesia urbana e graças a isso a distribuição de encargos fiscais se tornou mais eqüitativa. Em contrapartida, a burguesia ganhou o apoio do príncipe relativamente à atividade manufatureira e comercial.

O fato é que a estrutura do Estado moderno vai sendo melhor definida na medida em que as camadas sociais vão sendo empurradas para fora da esfera política, ocupando apenas a esfera social. Desse lugar, os segmentos sociais passam a representar um papel importante que foi o de fazer resistência ao príncipe absoluto.

Outro aspecto relevante consiste em que os indivíduos, enquanto tais, vão também, pouco a pouco, substituindo as categorias sociais. Outro passo adiante do Estado moderno desvencilhando-se do sistema anterior onde as pessoas na condição de indivíduos não eram significantes nem política nem socialmente. Sua visibilidade só se dava através do grupo ao qual pertenciam. Mas, logo que o príncipe monopoliza o poder seus interlocutores passam a ser os indivíduos, nas diferentes esferas da sua vida privada e não mais os grupos sociais. O interesse econômico unifica os interesses comuns dos súditos do príncipe. Ao mesmo tempo em que estes se compenetram na defesa de seus interesses privados, vão desenvolvendo a consciência da necessidade de fortalecer a esfera política do domínio privado.

E assim se foi formando a moderna sociedade civil: como conjunto organizado de interesses privados, ao mesmo tempo em que diferenciava-se por classes, na base do novo modo de produção capitalista.

5. Segunda fase de desenvolvimento do Estado Moderno: O Estado de Direito

Uma nova etapa do caminho começa a partir da resistência ao poder absoluto do rei, questionando-se a legitimidade deste para o exercício, com exclusividade, do poder. Embora esse movimento não haja ocorrido, ao mesmo tempo, em todos os países do Ocidente, o processo em grandes linhas é o mesmo. Os movimentos revolucionários, com nuanças próprias, contestam a personificação histórica da estrutura do Estado na pessoa do príncipe.

Nesta etapa, o protagonismo do indivíduo ganha status de elemento definitivo da estrutura do poder. A partir de então, a ordem política passa a levar em consideração os valores individuais. Mais do que isso, a ordem estabelecida é vista como intermediação entre a ordem natural e os valores individuais que precisam ser reconhecidos. É tão profundo o enraizamento social desses valores que a ordem estabelecida passa a incorporar, ela mesma, como se pessoa fosse, a legitimação para o exercício do poder. O príncipe passa a ser chamado "déspota", mesmo se o seu poder absoluto se exercesse de modo paternal e esclarecido.

Afinal, os próprios indivíduos dominam o exercício do poder através da função legislativa. Isso ocorre quando a burguesia, em nome de todos, toma definitivamente o lugar do poder. O Estado de Direito assim constituído se identifica com o ordenamento jurídico e se justifica materialmente pela ordem natural da economia. Nessa etapa se aperfeiçoam as características que desde o início aparecem como marcas próprias do Estado Moderno, como a neutralidade agora alcançada pelo caráter técnico do governo e da administração; como o caráter abstrato dos procedimentos conseguido graças aos esquemas obrigatórios e logicamente inquestionáveis, dentre os quais ressaltam as leis.

Portanto, do momento em que a legitimidade cede à legalidade, então a figura do Estado de Direito está constituída. O Estado de Direito se assenta sobre a liberdade e a igualdade de participação dos indivíduos, não mais súditos, mas cidadãos. Os questionamentos e as contestações não se fazem mais de fora do Estado, nível político da vida, mas de dentro dessa esfera, capitaneados pelas classes burguesas, de posse dos instrumentos científicos fornecidos pelo direito e pela economia. Esses instrumentos se tornam refinados a ponto de poder dar resposta às reivindicações das classes subalternas emergentes.

Nesse momento o Estado retoma em parte a função direta sobre a ordem econômica. O bem-estar social[12] volta a ser uma meta desejada pelo Estado, tendo em vista o desencadeamento de um processo de integração social. A administração reconquista também a antiga importância, zelosa do seu caráter de neutralidade, tecnicismo e subordinação integral ao ordenamento jurídico. É certo que os meios técnicos de gestão da ordem socioeconômica também se refinaram bastante. Por outro lado, também houve um arrefecimento das defesas da sociedade no confronto com a administração pública tecnocrática. Mas será que a versão contemporânea do Estado Moderno se reduz à administração tecnocrática?

---

[12] O bem-estar, nesse momento, difere bastante do conteúdo que teve no período anterior de implantação do Estado Moderno. Anteriormente, o objetivo de bem-estar atendia a exigências econômicas e estava ligado à função fiscal do Estado.

O que resta do Estado moderno de Direito? Para muitos o modelo tornou-se insuficiente para fazer fase aos valores reivindicados pela sociedade democrática. Tanto que as denominações se vão sucedendo: Estado Social de Direito, Estado Democrático de Direito, como está inscrito na Constituição brasileira (art. 1º), Estado de Direito Democrático (Constituição portuguesa), Estado Social e Democrático de Direito (Constituição espanhola). Resta saber em que medida a mudança do nome corresponde à mudança de conteúdo.

Referências Bibliográficas

CHAUÍ, Marilena. *Convite à Filosofia*. São Paulo: Ática, 2002.

FRAILE, G. e URDANOZ, T. *História de la Filosofia II* (2º), Biblioteca de Autores Cristianos, La Editorial Católica S. A. Madrid, 1975.

JUVENAL, Bertrand de. *Los Orígenes del Estado Moderno: Historia de las Ideas Politicas del Siglo XIX*, Editora Ensayos Aldaba, Toledo, 1977.

SCHIERA, Pierangelo. Estado Moderno, em *Dicionário de Política*, vol 1, 5ª edição, org. Bobbio, N., Matteucci, N. e Pasquino, G. São Paulo: Editora da UNB e Imprensa Oficial do Estado, 2000.

SILVA, José Afonso da. O Estado Democrático de Direito, in *Direito Constitucional Brasileiro*, org. de Regina Quaresma e outros. Rio de Janeiro: Forense, 2006.

2 A REFORMA DO JUDICIÁRIO E O NOVO PERFIL DO RECURSO EXTRAORDINÁRIO

José Carlos Vasconcellos dos Reis

Mestre em Direito Público pela Universidade do Estado do Rio de Janeiro. Professor concursado de Direito Constitucional e Administrativo do Ibmec-RJ. Professor concursado de Direito Constitucional da Faculdade de Direito da Universidade Candido Mendes (Centro-RJ). Professor convidado dos cursos de pós-graduação em Direito da UERJ, da UCAM e da Escola Superior de Advocacia Pública – ESAP (da Procuradoria-Geral do Estado do Rio de Janeiro). Advogado.

Resumo

O trabalho tem por objeto a análise do novo perfil do recurso extraordinário no Direito brasileiro, delineado sobretudo pela Reforma do Judiciário (Emenda Constitucional nº 45/2004) e sua regulamentação infraconstitucional. O estudo se concentra nos aspectos mais relevantes do instituto da repercussão geral – novo requisito de admissibilidade do recurso extraordinário –, à luz do papel assumido pelas Cortes Constitucionais no sistema jurídico e do panorama de paulatina "objetivação" ou "abstrativização" do controle de constitucionalidade difuso por via incidental no Brasil. Analisam-se questões relativas ao conceito de repercussão geral, ao procedimento do recurso extraordinário com a nova disciplina e aos efeitos vinculantes da decisão, mediante um estudo de doutrina, das recentes modificações no Direito Positivo e da jurisprudência mais significativa do Supremo Tribunal Federal.

Palavras-chave

Reforma do Judiciário; Recurso Extraordinário; Repercussão Geral; Supremo Tribunal Federal; Corte Constitucional; Controle de Constitucionalidade; Efeitos Vinculantes.

Sumário

Introdução. 1. O recurso extraordinário. Generalidades. 2. Juízo de admissibilidade do recurso extraordinário. Colocação da repercussão geral no tema. 3. Conceito normativo da repercussão geral. 4. O quórum exigido pela Constituição. Procedimento de avaliação da repercussão geral no STF. 5. O efeito vinculante das decisões do STF quanto à repercussão geral na questão debatida. 6. A repercussão geral e a antiga argüição de relevância. Breve análise comparativa. Conclusão. Referências Bibliográficas.

Introdução

Estes modestos apontamentos são o resultado de algumas reflexões e estudos sobre a significativa alteração realizada pela Emenda Constitucional nº 45, de 2004 – a chamada "Reforma do Judiciário" –, na disciplina do recurso extraordinário, mediante a introdução do § 3º no art. 102 da Constituição da República. A imposição constitucional de que o recorrente, ao interpor recurso extraordinário dirigido ao Supremo Tribunal Federal, deve demonstrar a "repercussão geral das questões constitucionais discutidas no caso", evidentemente, trouxe consigo uma série de problemas de grande interesse prático e teórico. E esse interesse foi ainda mais incrementado pelo advento da Lei 11.418, de 2006, regulamentadora do novo instituto, e pelas recentes alterações sofridas pelo Regimento Interno do STF, destinadas a dar-lhe operatividade prática.

A introdução da repercussão geral no ordenamento brasileiro insere-se na mesma linha de preocupações que levaram à positivação do direito fundamental à razoável duração do processo (art. 5º, inc. LXXVIII, da Constituição) e à adoção da súmula vinculante (art. 103-A),[1] todos oriundos daquela mesma Emenda Constitucional. Trata-se de institutos visceralmente ligados à idéia maior de um *direito fundamental* à *tutela jurisdicional efetiva* – direito a um *processo justo* –, que se positiva no ordenamento jurídico sob uma estrutura tipicamente *principiológica, aberta*, na forma de *cláusulas gerais,* cujos contornos exatos não podem ser determinados *a priori*, desconectados de casos específicos.[2]

---

[1] Arruda Alvim, em substancioso artigo doutrinário sobre o tema, chama a atenção para uma semelhança, em índole e desiderato, entre os institutos da súmula vinculante e da repercussão geral: "existe um certo denominador comum 'imediato' entre essas duas modificações, o qual possivelmente consiste em que, por meio de ambas, se minimizará imediatamente a atividade do STF (e com a súmula vinculante diminuir-se-á ou simplificar-se-á muito, na medida da edição delas, a atividade de todo o Judiciário e da Administração, amplamente referida no Texto Constitucional)". Cf. ARRUDA ALVIM, José Manoel de. A EC nº 45 e o Instituto da Repercussão Geral. In: WAMBIER, Teresa Arruda Alvim *et al*. (Coords.). *Reforma do Judiciário: Primeiros Ensaios Críticos sobre a EC nº 45/2004*. São Paulo: Revista dos Tribunais, 2005, p. 66. Grifos no original.

[2] Cf. MARINONI, Luiz Guilherme, MITIDIERO, Daniel. *Repercussão Geral no Recurso Extraordinário*. São Paulo: Revista dos Tribunais, 2007, p. 9 e segs. Os autores, entretanto, fazem a adequada observação de que, abstratamente, o direito ao processo justo conta com algumas bases mínimas de determinação do seu conteúdo: a inafastabilidade da tutela jurisdicional (art. 5º, XXXV), a garantia do juiz natural (art. 5º, XXXVII e LIII), o direito à paridade de armas (art. 5º, inc. I), o direito ao contraditório e à ampla defesa (art. 5º, LV), o direito à prova (art. 5º, LVI), o direito à publicidade do processo (art. 5º, LX, e art. 93, IX), a obrigatoriedade de motivação das decisões judiciais (art. 93, IX) e o direito à razoável duração do processo (art. 5º, LXXVIII). Cf. *Op. cit.*, p. 11.

E, num sistema como o brasileiro, a efetividade desse direito fundamental passa pela necessidade de equacionar adequadamente a *função* dos Tribunais Superiores no país – no caso do recurso extraordinário, especificamente o STF – e a *maneira* pela qual ela é desempenhada. Das três fases históricas pelas quais passaram os Tribunais Supremos, vivemos hoje o terceiro momento, em que a função da Corte não se limita à defesa da lei em abstrato ou à uniformização da jurisprudência. Para além disso, as Cortes Supremas têm o alto papel de outorgar *unidade* ao Direito, coisa que, no âmbito do nosso STF, significa outorgar unidade à *Constituição* e, em decorrência disso, a todo o ordenamento jurídico.[3] E essa função, segundo parcela significativa da doutrina, só pode ser satisfatoriamente cumprida mediante uma seleção, uma "filtragem" realizada pela Corte, das questões que lhe pareçam mais ligadas à obtenção de unidade do Direito, não lhe devendo competir a análise de todo e qualquer caso que lhe seja levado a conhecimento.[4] E veio agora funcionar como instrumento viabilizador dessa "filtragem" a instituição da repercussão geral da controvérsia constitucional afirmada no recurso extraordinário, como requisito de admissibilidade deste.[5]

Por isso, Luiz Guilherme Marinoni e Daniel Mitidiero, em importante trabalho sobre o tema, afirmam que a repercussão geral, como instrumento de "filtragem recursal", está em sintonia com o direito fundamental à tutela jurisdicional efetiva e, particularmente, com o direito fundamental a um processo com duração razoável. Eis a síntese dos autores:

> Guardam-se as delongas inerentes à tramitação do recurso extraordinário apenas quando o seu conhecimento oferecer-se como um imperativo para a ótima realização da unidade do Direito no Estado Constitucional brasileiro. Resguardam-se, dessarte, a um só tempo, dois interesses: o interesse das partes na realização de processos jurisdicionais em tempo justo e o interesse da Justiça no exame de casos pelo Supremo Tribunal Federal apenas quando essa apreciação mostrar-se imprescindível para a realização dos fins a que se dedica a alcançar a sociedade brasileira.[6]

---

[3] *Id., ibid.*, p. 12-18.
[4] SILVA, Ovídio Baptista da. *A Função dos Tribunais Superiores: sentença e coisa julgada*. 4ª ed. Rio de Janeiro: Forense, 2003, p. 296 e segs.
[5] MARINONI, Luiz Guilherme, MITIDIERO, Daniel. *Op. cit.*, p. 17.
[6] *Id., ibid.*, p. 18.

Esse novo instituto está, portanto, ligado a todo um panorama de reavaliação do papel dos Tribunais Superiores, com a constatação de que é uma tendência no direito comparado a existência de um sistema de seleção de causas que possam ter acesso à Corte Constitucional. Evita-se, por exemplo, em sede recursal, que questões de fato sejam revistas pelo órgão de cúpula, que deve apreciar exclusivamente *questões jurídicas*;[7] e, entre estas, com a possibilidade de selecionar as que tenham um maior grau de relevância, por contribuirem para a construção da *unidade* do sistema.

Com a repercussão geral, na verdade, reproduz-se no Brasil uma tendência já presente no Direito Comparado de restringir a atuação das cortes constitucionais a "um número reduzido de causas de relevância transcendente".[8] Países tão distintos como Estados Unidos, Alemanha, Argentina e Japão adotam algum mecanismo para permitir que a corte ou tribunal constitucional exerça uma seleção com relação às causas que irão apreciar, de modo a concentrar esforços em temas fundamentais.[9]

Partindo de uma breve referência acerca do histórico e características principais do recurso extraordinário, este estudo procurará esclarecer a dinâmica da atuação da *repercussão geral* como um seu novo requisito de admissibilidade. Será feita, também, uma breve reflexão sobre as conseqüências interpretativas do fato de a repercussão geral assumir, tanto na EC 45/2004 quanto na legislação infraconstitucional regulamentadora, o caráter de uma *cláusula aberta* ou *conceito jurídico indeterminado*, cujo sentido deverá ser objeto de constante avaliação *casuística* – e, portanto, *tópica* – pelo STF.

A seguir, a investigação se concentrará no procedimento de apreciação da repercussão geral pelo STF, destacando-se alguns aspectos polêmicos, sobretudo do Regimento Interno daquele tribunal – recentemente alterado pela Emenda Regimental nº 21/2007 –, notadamente em face da garantia constitucional de *publicidade* das decisões judiciais.

---

7 Sobre o tema, veja-se, ainda, DINAMARCO, Candido Rangel. A Função das Cortes Supremas na América Latina. *Revista Forense*, Rio de Janeiro, vol. 94, nº 342, abr./jun. 1998, p. 12.
8 Cf. BARROSO, Luís Roberto. *O Controle de Constitucionalidade no Direito Brasileiro*. 2ª ed. São Paulo: Saraiva, 2006, p. 99.
9 Sobre os institutos análogos à repercussão geral no direito comparado, veja-se ARRUDA ALVIM. *A EC nº 45 e o Instituto da Repercussão Geral*, cit., p. 68-73, inclusive com amplas referências bibliográficas na doutrina estrangeira.

Ultrapassada a análise dos aspectos procedimentais, será estudado o *efeito vinculante* das decisões do STF em sede de recurso extraordinário, não apenas acerca da repercussão geral, mas também com relação ao próprio *mérito* do recurso julgado. Uma certa *vinculação vertical* dos tribunais inferiores às decisões daquela Corte, numa clara aproximação ao sistema norte-americano do *stare decisis*, já se vinha firmando como tendência na Jurisprudência do STF, bem como em significativo setor da doutrina. Hoje, essa tendência parece ter-se positivado em texto legal, com a inserção do art. 543-B no Código de Processo Civil, pela Lei 11.418/2006, ao menos no que se refere aos chamados *conflitos de massa*, que ensejam "multiplicidade de recursos com fundamento em idêntica controvérsia" (*caput* daquele dispositivo).

Por fim, após a análise de todos esses aspectos da *repercussão geral*, ficarão mais claras as profundas diferenças entre ela e a antiga *argüição de relevância*, que, durante alguns anos da vigência das Constituições de 1967 e 1969,[10] também foi um instrumento de "filtragem recursal" utilizado pelo STF com relação ao recurso extraordinário. São, entretanto, institutos inconfundíveis, quer em procedimento, quer em modo de atuação sobre a admissibilidade do recurso, como se verá.

Ainda nestas palavras introdutórias, destaca-se que este trabalho tem apenas a modesta pretensão de lançar algumas idéias, questionamentos, críticas e dúvidas a respeito desse tema fascinante e inesgotável. Procurou-se uma abordagem direta e simples, bem como, sempre que possível, uma análise conjunta do Direito Positivo, da doutrina e da jurisprudência que já se vem formando sobre a repercussão geral no âmbito do STF.

---

[10] Há, como se sabe, debate acerca da verdadeira índole da Emenda Constitucional nº 1, outorgada em 1969, com profundas alterações à Carta de 1967. Respeitável doutrina entende que, devido à magnitude das modificações introduzidas, tal Emenda correspondeu, materialmente, a uma nova Constituição para o Brasil. Não havendo necessidade de aprofundar a questão para os objetivos imediatos deste trabalho, remete-se o leitor a BARROSO, Luís Roberto. *O Direito Constitucional e a Efetividade de suas Normas: Limites e Possibilidades da Constituição Brasileira*. 8ª ed. Rio de Janeiro: Renovar, 2006, p. 38-39.

1. O recurso extraordinário. Generalidades

O recurso extraordinário surgiu no Brasil por inspiração do *Judiciary Act* de 1789, dos Estados Unidos, que instituiu o *writ of error*, através do qual a Suprema Corte poderia rever as decisões finais dos mais altos tribunais dos estados federados, em hipóteses relacionadas com a constitucionalidade das leis e a legitimidade das normas estaduais. No Brasil, instituto semelhante foi introduzido na aurora da República, pelo Decreto 848, de 1890, que previu um recurso para o STF contra decisões de última instância das Justiças estaduais. A Constituição de 1891 (art. 59) o acolheu expressamente, mas a denominação "recurso extraordinário" só apareceu pela primeira vez poucos anos depois, no Regimento Interno do STF, daí passando à legislação ordinária e, mais tarde, às Constituições posteriores, que sempre o consagraram.[11] Curiosamente, Rodolfo de Camargo Mancuso observa que esse recurso é extraordinário "não por sua essência, mas porque assim foi denominado um dia – a nomenclatura original vingou e permanece até hoje".[12]

Esse "velho" recurso extraordinário, da "tradição republicana" brasileira,[13] deu origem a dois "novos" recursos com o advento da Constituição de 1988: o atual *recurso extraordinário* (art. 102, inc. III), dirigido ao STF, e o *recurso especial* (art. 105, inc. III), dirigido ao Superior Tribunal de Justiça; aquele, versando apenas *questões constitucionais*; este, questões de *direito federal infraconstitucional*. Ambos são recursos de fundamentação vinculada, imposta e limitada pela própria Constituição. Vale dizer, não são recursos de fundamentação livre, em que o recorrente possa alegar quaisquer questões, inclusive de fato – como se passa com a apelação –, mas recursos destinados a veicular apenas *questões de direito*.

É importante que se esclareça, desde logo, esse dado fundamental: tanto o *recurso extraordinário* quanto o *recurso especial* – bem como o *recurso de revista*, do processo trabalhista (CLT, art. 896) – são espécies daquilo a que podemos chamar "recursos extraordinários *lato*

---

[11] Sobre o histórico do recurso extraordinário: SILVA, José Afonso da. *Do Recurso Extraordinário*. São Paulo: Revista dos Tribunais, 1963, p. 28 e segs.; BARBOSA MOREIRA, José Carlos. *Comentários ao Código de Processo Civil*, vol. V, 7ª ed. Rio de Janeiro: Forense, 1998, p. 564-565; MANCUSO, Rodolfo de Camargo. *Recurso Extraordinário e Recurso Especial*. 10ª ed. São Paulo: Revista dos Tribunais, 2007, p. 53-54.

[12] MANCUSO, Rodolfo de Camargo. *Op. cit.*, p. 53.

[13] BARROSO, Luís Roberto. *O Controle de Constitucionalidade no Direito Brasileiro*, cit., p. 87.

sensu" (ou "recursos excepcionais"),[14] pois "não dão ensejo a novo reexame da causa, análogo ao que propicia a apelação".[15] São recursos de direito estrito, dirigidos a Cortes de superposição dentro do aparelho judiciário nacional, exigindo pressupostos de base constitucional para sua admissibilidade.[16]

O recurso extraordinário não é, portanto, a porta de entrada para um "terceiro grau" de jurisdição, "no qual possa haver rediscussão dos fatos e reexame da prova".[17] Nesse sentido, é categórica a antiga (e ainda perfeitamente atual e vigente) Súmula 279, do STF: "para simples reexame de prova não cabe recurso extraordinário".

No recurso extraordinário *stricto sensu* – ou seja, aquele que, na vigente ordem constitucional, dirige-se ao STF –, a pretensão veiculada dirá sempre respeito a uma *questão constitucional*, como se percebe nas várias alíneas do inc. III do art. 102 da Constituição, que elencam suas hipóteses de cabimento. Assim, muito embora caiba ao STF o chamado *controle abstrato* de constitucionalidade (provocado mediante a propositura de *ações diretas*, nas quais não há, tecnicamente, *caso concreto* a ser decidido), ele também exerce, em grande volume, o *controle concreto* – ou *difuso*, por *via incidental* –, no qual a declaração de (in)constitucionalidade de uma lei ou ato do Poder Público ocorre incidentalmente, no bojo do julgamento de um *conflito de interesses* entre as partes do processo. Esse controle difuso de constitucionalidade pelo STF pode ser exercido em ações de sua competência originária (art. 102, inc. I) e no julgamento de recursos ordinários (art. 102, inc. II). Mas, até por força de sua necessária fundamentação em *questão constitucional*, o recurso extraordinário é o instrumento por excelência do controle difuso realizado pelo STF,[18] sendo uma das competências que o caracterizam como "guardião da Constituição", ao permitir-lhe fixar o sen-

---

[14] Como prefere MANCUSO, Rodolfo de Camargo. *Op. cit.*, p. 124 e segs.

[15] BARBOSA MOREIRA. *Op. cit.*, p. 567.

[16] Cf. MANCUSO, Rodolfo de Camargo. *Op. cit.*, p. 55. Ressaltando a similitude entre recurso extraodinário e recurso especial, o autor noticia a existência de um projeto de lei, na Câmara dos Deputados, para alterar o art. 541 do CPC, no sentido de que o recurso especial só deva ser conhecido quando o julgado impugnado tiver "repercussão geral, aferida pela importância social ou econômica da causa, requisito que será dispensado quando demonstrada a gravidade do dano individual" (PL nº 1.343/2004, atualmente arquivado). E isso se justificaria, pois, nas palavras de Rodolfo de Camargo Mancuso, o STJ é "outro *Tribunal da Federação*, e, notoriamente, está com sobrecarga de processos, por lhe caber a tarefa de zelar pela inteireza positiva, autoridade, validade e uniformização do *direito federal comum*, que é o campo mais extenso do nosso direito positivo" (*Op. cit.*, p. 201, grifos no original).

[17] BARROSO, Luís Roberto. *O Controle de Constitucionalidade no Direito Brasileiro*, cit., p. 93.

[18] *Id., ibid.*, p. 89.

tido e alcance das normas constitucionais, bem como assegurar a sua observância.

Por isso, a introdução da repercussão geral como requisito de admissibilidade do recurso extraordinário veio efetivar uma providência que há muito tempo era defendida por significativa doutrina, no sentido de aproximar o STF do perfil de um verdadeiro *Tribunal Constitucional* no Brasil. Em obra quase "visionária", datada de 1999, o Prof. Diogo de Figueiredo Moreira Neto já sugeria a necessidade de "disciplinar-se o acesso à instância extraordinária, possibilitando à Corte uma *jurisdição discricionária*, ou seja, resultante da avaliação da questão constitucional invocada, em termos de relevância para a ordem jurídica de seus aspectos morais, políticos, sociais ou econômicos".[19] Trata-se de proposta que, em larga medida, coincide com a noção de *repercussão geral*.

2. Juízo de admissibilidade do recurso extraordinário. Colocação da repercussão geral no tema

O juízo de admissibilidade do recurso extraordinário (assim como o do recurso especial) ocorre em dois momentos distintos.

O primeiro está previsto no art. 541 do Código de Processo Civil e se passa no próprio órgão jurisdicional de origem – o órgão *a quo* –, sendo exercido pela presidência do tribunal de cuja decisão a parte recorre. Nesse primeiro momento, evidentemente, o tribunal *a quo* não pode penetrar na análise do *mérito* do recurso extraordinário, sob pena de usurpar competência do STF. Cabe-lhe apenas apreciar *os requisitos ou pressupostos de admissibilidade do recurso*, notadamente a configuração de uma das hipóteses constitucionais de cabimento e o atendimento aos requisitos formais. Vale dizer: não é lícito ao presidente ou vice-presidente do tribunal *a quo* indeferir o recurso extraordinário por entender que o recorrente não tem razão.[20] Em todo o caso, da decisão que nega seguimento ao recurso extraordinário cabe *agravo de instrumento* dirigido ao próprio STF (art. 544 do CPC).

O segundo momento do juízo de admissibilidade, naturalmente, se passa no STF, ao qual compete a análise definitiva disso.

---

[19] MOREIRA NETO, Diogo de Figueiredo. *O Sistema Judiciário Brasileiro e a Reforma do Estado*. São Paulo: Celso Bastos Editor, 1999, p. 67.

[20] Cf. BARBOSA MOREIRA. *Op. cit.*, p. 587.

Foi exatamente nesse tema, como se sabe, que a EC 45/2004 acrescentou um elemento novo, isto é, mais um *requisito de admissibilidade* do recurso extraordinário, que deve ser apreciado antes do mérito recursal: a demonstração de que a matéria ali veiculada ostenta *repercussão geral*, exigência que passou a constar do § 3º do art. 102 da Constituição.

Naturalmente, a análise da repercussão geral em si – isto é, avaliar se a questão veiculada no recurso extraordinário efetivamente possui relevância e transcendência – é um requisito intrínseco de admissibilidade, ligado à existência ou não do poder de recorrer.[21] Essa avaliação, consoante a EC 45/2004 e toda a sua regulamentação infraconstitucional, é uma *competência exclusiva do Supremo Tribunal Federal*, que deverá examinar, como *questão prévia*, a repercussão geral da questão constitucional veiculada no recurso, antes de adentrar no exame do seu *mérito*. O exame material, de fundo, da repercussão geral em si, é um requisito de admissibilidade do recurso extraordinário que não pode ser avaliado pelo tribunal ou órgão *a quo*, sob pena de usurpação de competência do STF. Trata-se de um elemento que não poderá incluir-se naquele primeiro juízo de admissibilidade a que se aludiu acima.

Coisa diversa se passa com a roupagem formal da repercussão geral. Já no próprio § 3º do art. 102 da Constituição, passou-se a exigir que "o recorrente deverá demonstrar a repercussão geral". Ao regulamentar a matéria, a Lei 11.418/2006, acrescentou o art. 543-A ao Código de Processo Civil, cujo § 2º é categórico ao determinar que "o recorrente deverá demonstrar, em preliminar do recurso, para apreciação exclusiva do Supremo Tribunal Federal, a existência da repercussão geral". Por sua vez, o Regimento Interno do STF (RI-STF), a partir da Emenda Regimental nº 21, de 30 de abril de 2007, na primeira parte de seu art. 327, passou a prever que "a Presidência do Tribunal recusará recursos que não apresentem preliminar formal e fundamentada de repercussão geral", estendendo igual poder ao Relator sorteado para o recurso.[22]

---

[21] Cf. MARINONI, Luiz Guilherme, MITIDIERO, Daniel. *Repercussão Geral no Recurso Extraordinário*, cit., p. 32-33.

[22] Eis a íntegra do citado dispositivo do RI-STF: "Art. 327. A Presidência do Tribunal recusará recursos que não apresentem preliminar formal e fundamentada de repercussão geral, bem como aqueles cuja matéria carecer de repercussão geral, segundo precedente do Tribunal, salvo se a tese tiver sido revista ou estiver em procedimento de revisão. § 1º – Igual competência exercerá o(a) Relator(a) sorteado(a), quando o recurso não tiver sido liminarmente recusado pela Presidência. § 2º – Da decisão que recusar recurso, nos termos deste artigo, caberá agravo".

Assim, o recorrente tem o ônus de demonstrar, *expressa e formalmente* e com a devida *fundamentação*, que a questão constitucional debatida no recurso extraordinário por ele interposto ostenta repercussão geral. De preferência, deve-se incluir um capítulo ou tópico sobre essa preliminar na própria petição de interposição do recurso, sob pena de não ser o mesmo admitido. Aqui, como se pode facilmente perceber, já não estamos diante de um *requisito de admissibilidade intrínseco* como é a avaliação material da presença de repercussão geral na questão que fundamenta o recurso. O problema aqui, é de *forma*, é de *exteriorização ou apresentação* da matéria na petição de interposição do recurso extraordinário. Portanto, trata-se agora de um *requisito extrínseco* de admissibilidade, ligado à *regularidade formal* do recurso interposto.[23]

Por se tratar de requisito extrínseco, relativo ao *modo de exercer o poder de recorrer*, pode ser avaliado naquele primeiro juízo de admissibilidade exercido pelo tribunal *a quo*, pois não se trata de examinar se a *repercussão geral, em si mesma*, está presente no recurso. Trata-se, apenas, de verificar se, *formalmente*, ela consta da petição de interposição. Ao fazer isso, não estará o órgão *a quo* usurpando aquela competência exclusiva do STF. E, de todo modo, a sua decisão – nesse *primeiro* juízo de admissibilidade – que não admitir o recurso extraordinário poderá ser impugnada através de agravo de instrumento, dirigido ao próprio STF, de acordo com a disciplina do art. 544 do CPC.

É nesse sentido recente jurisprudência daquela Corte, que já deixou assentado que a verificação da existência de demonstração formal e fundamentada da repercussão geral das questões discutidas no recurso extraordinário pode fazer-se tanto na origem quanto no Supremo Tribunal Federal, cabendo exclusivamente a este Tribunal, no entanto, a decisão sobre a efetiva existência da repercussão geral.[24]

---

[23] Nesse sentido, MARINONI, Luiz Guilherme, MITIDIERO, Daniel. *Op. cit.*, p. 41.

[24] Confira-se o AI 664567 QO/RS, Rel. Min. Sepúlveda Pertence, noticiado no *Informativo* 472, do STF (18 a 22 de junho de 2007), tendo sido a íntegra do voto do Relator publicada no *Informativo* 473 (25 a 29 de junho de 2007) – Seção "Transcrições", à disposição no *site* do tribunal na Internet. Na mesma decisão, o STF estabeleceu que a exigência de demonstração formal e fundamentada da repercussão geral no recurso extraordinário só incide quando a intimação do acórdão recorrido tenha ocorrido a partir de 3/05/2007, data da publicação da Emenda Regimental nº 21, do RI-STF.

3. Conceito normativo da repercussão geral

Nem a EC 45/2004 e nem a Lei 11.418/2006 indicaram de modo categórico os elementos que devem ser utilizados para apreciar a existência ou não de repercussão geral no recurso extraordinário. O instituto foi previsto e permanece como "conceito vago, indeterminado, plurívoco ou polissêmico".[25] Aliás, essa opção legislativa é adequada, sobretudo porque o ideal, realmente, é deixar ao próprio STF a aferição casuística – sob orientação de um raciocínio *tópico*[26] – da presença de repercussão geral. Uma definição exata, taxativa, de repercussão geral por parte do legislador poderia até mesmo levar a um indesejável engessamento do instituto e do próprio texto constitucional.[27]

Assim, a definição legal encontrada no § 1º do art. 543-A, colocado no CPC pela Lei 11.418/2006, mantém um relativo grau de elasticidade no conceito, a ser avaliado caso a caso pelo STF, em face das circunstâncias específicas que vierem a colocar-se diante do tribunal:

> Art. 543-A. (...)
>
> § 1º – Para efeito da repercussão geral, será considerada a existência, ou não, de questões relevantes do ponto de vista econômico, político, social ou jurídico, que ultrapassem os interesses subjetivos da causa.

Esse conceito vem mais ou menos repetido no parágrafo único do art. 322 do RI-STF, alterado pela Emenda Regimental nº 21/2007. Como se vê, o legislador utilizou uma fórmula que conjuga *relevância* (econômica, política, social ou jurídica) e *transcendência* (a repercussão para além do interesse meramente subjetivo das partes na causa). Assim, a repercussão geral não é um tema ou exigência exclusivamente técnico-processual, pois apresenta transcendentes aspectos metajurídicos (sociais, econômicos, políticos).[28]

---

[25] MANCUSO, Rodolfo de Camargo. *Recurso Extraordinário e Recurso Especial*, cit., p. 211.

[26] Cf. ARRUDA ALVIM. *A EC nº 45 e o Instituto da Repercussão Geral*, cit., p. 77 e segs.

[27] Antes mesmo do advento da Lei 11.418/2006, já defendiam essa solução por ela trazida, dentre outros, ARRUDA ALVIM. *A EC nº 45 e o Instituto da Repercussão Geral*, cit., especialmente p. 73 e segs.; BARROSO, Luís Roberto. *O Controle de Constitucionalidade no Direito Brasileiro*, cit., p. 99.

[28] Cf. MANCUSO, Rodolfo de Camargo. *Op. cit.*, p. 208.

Curiosamente, há aqui muita semelhança com a exigência trazida pela Medida Provisória 2.226, de 2001, para o *recurso de revista* no processo do trabalho, mediante a introdução do art. 896-A na CLT, que determina:

> Art. 896-A. O Tribunal Superior do Trabalho, no recurso de revista, examinará previamente se a causa oferece transcendência com relação aos reflexos gerais de natureza econômica, política, social ou jurídica.

Trata-se, sem dúvida alguma, de conceitos jurídicos indeterminados, de modo que a caracterização da repercussão geral deve ser aferida sempre *em concreto*, de acordo com o caso apresentado ao STF. Mas o preenchimento desses conceitos não é uma tarefa a ser exercida *arbitrariamente*, e sim à luz dos valores e princípios constitucionais, *i.e.* aqueles vetores que a própria Constituição da República já indica como fundamentais ao Estado brasileiro. Com o passar do tempo e o paulatino amadurecimento do instituto, aos poucos será adjudicada *maior segurança* e *previsibilidade* à noção de repercussão geral (relevância e transcendência), podendo exercer-se um *controle social* da atividade do STF, mediante um cotejo de casos já decididos pela Corte e a formação de um verdadeiro catálogo de questões que, no entendimento do STF, possuem ou não tal atributo.[29]

Pode-se, inclusive, conceber, desde logo, alguns parâmetros objetivos para a caracterização da repercussão geral. Rodolfo de Camargo Mancuso observa:

> Um tema jurídico, uma vez prequestionado e submetido ao STF por meio de recurso extraordinário, apresentará *repercussão geral* quando sua resolução for *além* do interesse *direto e imediato* das partes, assim transcendendo-o, para alcançar, em maior ou menor dimensão ou intensidade, um expressivo segmento da coletividade.[30]

E, a seguir, o autor ilustra a idéia com alguns exemplos:[31] os casos de fornecimento gratuito de medicamentos pelo Estado; uma eventual

---

[29] Nesse sentido, MARINONI, Luiz Guilherme, MITIDIERO, Daniel. *Repercussão Geral no Recurso Extraordinário*, cit., p. 32-39.

[30] MANCUSO, Rodolfo de Camargo. *Recurso Extraordinário e Recurso Especial*, cit., p. 211-212. Grifos no original.

[31] *Id., ibid.*, p. 212.

proibição de exportação de carne por suspeita de febre aftosa (o que afetaria todo um setor produtivo); a comercialização de produto geneticamente modificado e a questão da interrupção da gravidez de feto anencefálico (sendo as duas últimas hipóteses situações que dizem respeito à coletividade inteira).

Também José Miguel Garcia Medina, Luiz Rodrigues Wambier e Teresa Arruda Alvim Wambier concebem exemplos interessantes, que ajudam a perceber mais concretamente o conceito:[32] (a) repercussão geral *jurídica* haveria, v.g., quando debatida a noção de um instituto básico do nosso Direito, de modo que a decisão possa vir a significar relevante e "perigoso" precedente (como a noção de direito adquirido); (b) repercussão *social* estaria presente em causas nas quais estivessem em jogo problemas relativos à educação fundamental, à moradia ou à legitimidade do Ministério Público para a propositura de certas ações; também poderia ser pressuposta a relevância social em determinadas *ações coletivas*, pelo só fato de serem *coletivas*; (c) repercussão *econômica* seria perceptível em causas envolvendo o sistema financeiro de habitação ou a privatização de serviços públicos essenciais, e.g. telefonia, saneamento básico, infra-estrutura; (d) repercussão *política*, por fim, estaria presente quando da causa pudesse emergir decisão capaz de influenciar relações com Estados estrangeiros.

E o Prof. Arruda Alvim fornece exemplos mais genéricos e mais abertos:[33] questões que digam respeito a um grande espectro de pessoas ou a um largo segmento social;[34] uma decisão sobre tema constitucional muito impactante ou muito controvertido; questões que digam respeito à vida, à liberdade, à federação, à invocação do princípio da proporcionalidade (em relação à aplicação de Texto Constitucional).

Poderíamos talvez cogitar que *matéria criminal*, pelo fato de ser tão visceralmente ligada a vários direitos fundamentais – a começar,

---

[32] MEDINA, José Miguel Garcia, WAMBIER, Luiz Rodrigues, WAMBIER, Teresa Arruda Alvim. Repercussão Geral e Súmula Vinculante: Relevantes Novidades Trazidas pela EC nº 45/2004. *In:* WAMBIER, Teresa Arruda Alvim *et al.* (Coords.). *Reforma do Judiciário*, cit., p. 377.

[33] ARRUDA ALVIM. *A EC nº 45 e o Instituto da Repercussão Geral. In:* WAMBIER, Teresa Arruda Alvim *et al.* (Coords.). *Op. cit.*, p. 63.

[34] E, nesse sentido, recentemente o STF decidiu que a questão relativa ao prazo prescricional para cobrança da contribuição previdenciária apresenta repercussão geral, devido à possibilidade de reproduzir-se em múltiplos feitos. Cf. RE 556664/RS, Rel. Min. Gilmar Mendes, cujo voto encontra-se integralmente transcrito no *Informativo* nº 481, do STF (24 a 28 de setembro de 2007).

por exemplo, pela *liberdade* –, ostentaria, *a priori*, repercussão geral. Todavia, em importante acórdão publicado em 26/06/2007 no *Diário de Justiça da União*, o STF adotou o entendimento de que é de exigir-se a demonstração da repercussão geral das questões constitucionais discutidas *em todo e qualquer recurso extraordinário, incluído o criminal*.[35]

Entretanto, ao menos num ponto a Lei 11.418/2006 foi categórica quanto à conceituação da repercussão geral. Ela estabeleceu, no § 3º do art. 543-A, do CPC, uma verdadeira presunção absoluta (*iuris et de iure*) de repercussão geral para o recurso extraordinário, como se pode ver:

> Art. 543-A. (...)
>
> § 3º – Haverá repercussão geral sempre que o recurso impugnar decisão contrária a súmula ou jurisprudência dominante do Tribunal.

Esse dispositivo merece, pelo menos, duas observações.

Em primeiro lugar, cumpre destacar que a norma não fala em súmula "vinculante". Basta que a decisão do órgão *a quo* seja contrária a súmula (não vinculante que seja) ou jurisprudência dominante do STF para que o mérito do recurso extraordinário tenha que ser apreciado (a menos, é claro, que falte algum outro requisito de admissibilidade). Presume-se, de forma absoluta, a repercussão geral nesse caso.

Em segundo lugar, há que se indagar: quando o recurso extraordinário enquadrar-se nessa hipótese do § 3º do art. 543-A do CPC, estará o recorrente dispensado do ônus de demonstrar a repercussão geral, imposto no § 2º dessa mesma norma? A resposta deve ser *não*. Naturalmente que o *ônus argumentativo* do recorrente fica bastante atenuado nessa hipótese, já que a própria lei traz uma presunção absoluta em favor da repercussão geral do seu recurso extraordinário. Entretanto, isso não parece dispensá-lo da necessidade de, *exempli gratia*, demonstrar, fundamentadamente, que a decisão por ele impugnada contraria a jurisprudência dominante do STF.

---

[35] AI 664567 QO/RS, Rel. Min. Sepúlveda Pertence, noticiado no *Informativo* 472, do STF (18 a 22 de junho de 2007), tendo sido a íntegra do voto do Relator publicada no *Informativo* 473 – Seção "Transcrições" – do STF (25 a 29 de junho de 2007), à disposição no *site* do tribunal na Internet.

4. O quórum exigido pela Constituição. Procedimento de avaliação da repercussão geral no STF

A EC 45/2004 exige um quórum específico para que o STF deixe de conhecer de um recurso extraordinário por *ausência* de repercussão geral da questão constitucional nele ventilada. A *negativa* de acesso ao tribunal somente poderá ocorrer pelo voto de dois terços dos Ministros. É preciso, portanto, que *oito* do total de *onze* membros da Corte votem *contra* a admissão do recurso extraordinário, por inexistência de repercussão geral, para que o STF possa dele não conhecer. Trata-se de exigência legítima, ao evitar que uma decisão desse porte seja tomada por maioria apertada, e que também se faz presente no Direito Comparado, nos sistemas que adotam institutos análogos à repercussão geral.[36]

Esse *quorum* bastante significativo – verdadeiro *quorum* "prudencial"[37] – demonstra que, em princípio, existe uma presunção de repercussão geral em favor do recurso extraordinário interposto,[38] presunção esta que só pode ser afastada pelo voto de, pelo menos, oito Ministros. E, no caso do § 3º do art. 543-A do CPC, já analisado, essa presunção se mostra realmente *absoluta*.

A exigência constitucional do *quorum* de dois terços, entretanto, não traz a necessidade de o Plenário do STF pronunciar-se sempre, previamente, acerca da repercussão geral de todo recurso extraordinário que chega à Corte. O art. 543-A, § 4º, do CPC, introduzido pela Lei 11.418/2006, dá um tratamento racional à matéria:

> Art. 543-A. (...)
>
> § 4º – Se a Turma decidir pela existência da repercussão geral por, no mínimo, quatro votos, ficará dispensada a remessa do recurso ao Plenário.

---

[36] Assim noticia BARROSO, Luís Roberto. *O Controle de Constitucionalidade no Direito Brasileiro*, cit., p. 102, nota nº 67.

[37] Cf. ARRUDA ALVIM. *A EC nº 45 e o Instituto da Repercussão Geral*, cit., p. 65.

[38] Cf. MARINONI, Luiz Guilherme, MITIDIERO, Daniel. *Repercussão Geral no Recurso Extraordinário*, cit., p. 45, reportando-se a STRECK, Lenio. In: AGRA, Walber de Moura (Coord.). *Comentários à Reforma do Poder Judiciário*. Rio de Janeiro: Forense, 2005, p. 134.

A razão de ser desta regra é evidente e dispensa maiores comentários. Se quatro Ministros são *favoráveis* à repercussão geral do recurso, sobram sete para completar os onze Ministros da Corte. Ora, ainda que todos esses sete Ministros se posicionem *contra* a repercussão geral, não estará alcançado o *quorum* mínimo de oito exigido pela Constituição, e o recurso deve ser conhecido (a menos, é claro, que lhe falte algum outro requisito de admissibilidade).

É de se louvar, portanto, a solução da Lei 11.418/2006: evita sobrecarregar o Plenário do STF e, ao mesmo tempo, reforça aquela verdadeira "presunção de repercussão geral" a que aludimos. Se *quatro* Ministros da Turma decidirem que há repercussão geral, o julgamento prossegue normalmente, sem qualquer necessidade de remessa ao Plenário (CPC, art. 543-A, § 4º). Este só entrará em cena quando apenas *três* (ou menos) Ministros integrantes da Turma negarem a repercussão geral. Nesse caso, suspende-se o julgamento do recurso para que o Plenário avalie essa preliminar – a existência ou não de *repercussão geral da questão constitucional debatida* –, devendo a Turma prosseguir somente após o pronunciamento (favorável, é claro) daquele órgão.

Assim, a tramitação do recurso extraordinário dentro do STF não foi de todo alterada pela Reforma. Uma vez registrado e distribuído o recurso, o relator faz o exame prévio de admissibilidade, e pode aplicar o art. 557 do CPC: sendo o caso, pode o relator negar seguimento ao recurso extraordinário por lhe faltar, por exemplo, a *tempestividade*; não sendo o caso de não admitir o recurso, o relator deve levá-lo à respectiva Turma. Nesse passo, incide o art. 323 do RI-STF, alterado pela Emenda Regimental nº 21/2007, que não pode deixar de ser analisado:

> Art. 323. Quando não for caso de inadmissibilidade do recurso por outra razão, o(a) Relator(a) submeterá, por meio eletrônico, aos demais ministros, cópia de sua manifestação sobre a existência, ou não, de repercussão geral.
>
> § 1º – Tal procedimento não terá lugar, quando o recurso versar questão cuja repercussão já houver sido reconhecida pelo Tribunal, ou quando impugnar decisão contrária a súmula ou a jurisprudência dominante, casos em que se presume a existência de repercussão geral.

Essa norma se conjuga com o art. 324, do mesmo RI-STF, também alterado pela Emenda Regimental nº 21/2007:

> Art. 324. Recebida a manifestação do(a) Relator(a), os demais ministros encaminhar lhe ão, também por meio eletrônico, no prazo comum de 20 (vinte) dias, manifestação sobre a questão da repercussão geral.
>
> Parágrafo único. Decorrido o prazo sem manifestações suficientes para recusa do recurso, reputar-se-á existente a repercussão geral.

A disciplina constante do RI-STF tem, como se vê, o mérito de preocupar-se com a celeridade e praticidade do procedimento. Entretanto, alguns temperamentos devem ser feitos a essa – se nos é permitido o prosaísmo – verdadeira "troca de e-mails" entre os Ministros. Estaria esse procedimento de acordo com a exigência *constitucional* de publicidade dos julgamentos (art. 93, IX, da Constituição da República)?

É bem verdade que o art. 325, do mesmo RI-STF, determina:

> Art. 325. O(A) Relator(a) juntará cópia das manifestações aos autos, quando não se tratar de processo informatizado, e, uma vez definida a existência da repercussão geral, julgará o recurso ou pedirá dia para seu julgamento, após vista ao Procurador-Geral, se necessária; negada a existência, formalizará e subscreverá decisão de recusa do recurso.
>
> Parágrafo único. O teor da decisão preliminar sobre a existência da repercussão geral, que deve integrar a decisão monocrática ou o acórdão, *constará sempre das publicações dos julgamentos no Diário Oficial*, com menção clara à matéria do recurso.[39]

Supre esta norma a exigência – exigência esta que apresenta a faceta de uma verdadeira *garantia fundamental* do cidadão-jurisdicionado, ligada ao próprio princípio democrático e à existência de um Estado de Direito[40] – do art. 93, inc. IX, da Constituição?

Boa solução para esse impasse é aquela vislumbrada pelo Prof. Sérgio Pimentel Borges da Cunha, em esclarecedora palestra proferida sobre o tema, em 26 de abril de 2007, na Procuradoria-Geral do Estado do Rio de Janeiro: caso, naquela "troca de e-mails", se entenda ausente a repercussão geral, será preciso levar a questão ao Plenário, para que os oito Ministros eventualmente contrários à repercussão ratifiquem a sua posição, sob pena de, assim não procedendo, violar o STF o princípio constitucional da publicidade.

---

[39] Grifo nosso.
[40] Nesse sentido, MARINONI, Luiz Guilherme, MITIDIERO, Daniel. *Op. cit.*, p. 48-49.

Essa é, talvez, uma razoável *interpretação conforme à Constituição* que se pode fazer da disciplina traçada pelo RI-STF para o procedimento relativo à repercussão geral, compatibilizando-a com a determinação do art. 93, inc. IX, da Constituição.[41]

5. O efeito vinculante das decisões do STF quanto à repercussão geral na questão debatida

Como já foi destacado acima, a Reforma do Judiciário, na própria redação do § 3º por ela colocado no art. 102 da Constituição, não deixa dúvida de que o STF tem competência absolutamente *exclusiva* para decidir acerca da presença ou não de repercussão geral no recurso extraordinário a ele endereçado. Como não poderia deixar de ser, essa regra foi repetida pela Lei 11.418/2006, no art. 543-A, por ela introduzido no Código de Processo Civil.

Os *efeitos vinculantes* da decisão do STF sobre o ponto, com a disciplina trazida por esse Diploma regulamentador, suscitam algumas questões interessantes, que merecem breves comentários.

Marinoni e Mitidiero, em sua valiosa contribuição ao tema, vislumbram uma *vinculação horizontal* na decisão da Corte sobre a repercussão geral, entendendo que "seu julgamento a respeito vincula o próprio Supremo Tribunal Federal".[42] Realmente, esse é o teor do art. 543-A, § 5º, do CPC, introduzido pela Lei 11.418/2006:

> Art. 543-A. O Supremo Tribunal Federal, em decisão irrecorrível, não conhecerá do recurso extraordinário, quando a questão constitucional nele versada não oferecer repercussão geral, nos termos deste artigo.
>
> § 5º. Negada a existência da repercussão geral, a decisão valerá para todos os recursos sobre matéria idêntica, que serão indeferidos liminarmente, salvo revisão da tese, tudo nos termos do Regimento Interno do Supremo Tribunal Federal.

---

[41] Como bem resume Luís Roberto Barroso, "havendo alguma interpretação possível que permita afirmar-se a compatibilidade da norma com a Constituição, em meio a outras que carreavam para ela um juízo de invalidade, deve o intérprete optar pela interpretação legitimadora, mantendo o preceito em vigor". Cf. BARROSO, Luís Roberto. *Interpretação e Aplicação da Constituição: Fundamentos de uma Dogmática Constitucional Transformadora*. 3ª ed. São Paulo: Saraiva, 1999, p. 171.

[42] MARINONI, Luiz Guilherme, MITIDIERO, Daniel. *Repercussão Geral no Recurso Extraordinário*, cit., p. 21.

Em que pese a redação do dispositivo, é necessário um breve comentário à idéia de que o STF fica vinculado à sua decisão. Como a própria norma ressalva, haverá sempre a possibilidade de revisão da tese pela Corte, de modo que a "primeira" decisão sobre a ausência de repercussão geral numa certa questão servirá apenas como guia para futuras decisões em casos análogos, mas sem o condão de "engessar" o entendimento do STF. E nem seria razoável adotar-se solução diversa. Nem mesmo as decisões prolatadas em sede de controle abstrato de constitucionalidade vinculam o próprio tribunal,[43] que poderá rever a tese, por exemplo, diante do fenômeno da *mutação constitucional*, isto é, a mudança da Constituição pela via simplesmente interpretativa, sem que tenha havido alguma alteração *formal* em seu texto.[44] É como observa Celso de Albuquerque Silva:

> Por serem os formadores da doutrina vinculante, os Tribunais Superiores necessitam de certa margem de liberdade para modificá-la, se razões suficientes demonstrarem necessidade de se adequar as decisões judiciais à realidade social que subjaz ao direito e que, por natureza e índole, é mutável, sob pena de petrificação do direito.[45]

Assim, também em tema de repercussão geral é evidente que há espaço para uma possível mudança de entendimento do STF no futuro, e questões que não foram admitidas no passado poderão vir a sê-lo, por força de transformações sociais, políticas, econômicas. Também aqui, não há que se afastar a admissibilidade de uma interpretação evo-

---

[43] É a conclusão que se extrai da simples leitura do § 2º do art. 102 da Constituição, dispositivo introduzido pela EC nº 3/93 e alterado pela EC 45/2004: "As decisões definitivas de mérito, proferidas pelo Supremo Tribunal Federal, nas ações diretas de inconstitucionalidade e nas ações declaratórias de constitucionalidade, produzirão eficácia contra todos e efeito vinculante, relativamente aos *demais órgãos do Poder Judiciário* à administração pública direta e indireta, nas esferas federal, estadual e municipal" (grifo nosso). Sobre o ponto, em doutrina, entre tantos outros: MENDES, Gilmar Ferreira. *Jurisdição Constitucional: o Controle Abstrato de Normas no Brasil e na Alemanha*. 3ª ed. São Paulo: Saraiva, 1999, p. 293-295; BARROSO, Luís Roberto. *O Controle de Constitucionalidade no Direito Brasileiro*, cit., especialmente p. 175-177; BINENBOJM, Gustavo. *A Nova Jurisdição Constitucional Brasileira*. Rio de Janeiro: Renovar, 2001, p. 173-175.

[44] Sobre o tema, na doutrina estrangeira, o clássico de JELLINEK, Georg. *Reforma y Mutación de la Constitución*. Trad. Pablo Lucas Verdú. Madrid: Centro de Estudios Constitucionales, 1991; e, na doutrina brasileira, veja-se, por todos, FERRAZ, Anna Cândida da Cunha. *Processos Informais de Mudança da Constituição*. São Paulo: Max Limonad, 1986.

[45] SILVA, Celso de Albuquerque. *Do Efeito Vinculante: sua Legitimação e Aplicação*. Rio de Janeiro: Lumen Juris, 2005, p. 246.

lutiva por parte da Corte.⁴⁶ Mas, conforme com propriedade adverte também Celso de Albuquerque Silva, "embora se reconheça a possibilidade de abandono do precedente, bem de ver-se que um mesmo órgão jurisdicional não pode modificar arbitrariamente o sentido de suas decisões em casos substancialmente iguais", de modo que, "quando isso acontece, deve oferecer uma fundamentação suficiente e razoável", por imposição do princípio da igualdade.⁴⁷

Mas uma autêntica *vinculação vertical* estará presente na decisão do STF quanto à ausência de repercussão geral, pois os tribunais de origem estarão impedidos de remeter àquela Corte recursos extraordinários cujas controvérsias já tenham sido examinadas. É o que determina a sistemática do art. 543-B, do CPC, também introduzido pela Lei 11.418/2006:

> Art. 543-B. Quando houver multiplicidade de recursos com fundamento em idêntica controvérsia, a análise da repercussão geral será processada nos termos do Regimento Interno do Supremo Tribunal Federal, observado o disposto neste artigo.
>
> § 1º – Caberá ao Tribunal de origem selecionar um ou mais recursos representativos da controvérsia e encaminhá-los ao Supremo Tribunal Federal, sobrestando os demais até o pronunciamento definitivo da Corte.
>
> § 2º – Negada a existência de repercussão geral, os recursos sobrestados considerar-se-ão automaticamente não admitidos.

Temos aí uma evidentemente aproximação da nova disciplina do recurso extraordinário à doutrina da *stare decisis*, típica do sistema norte-americano, em que não se admite que "um órgão judicial inferior desobedeça àquilo que a Suprema Corte já afirmou ser o direito (*the law of the land*)".⁴⁸ Há, assim, um efeito vinculante (*binding effect*) vertical, que subordina os demais órgãos do Judiciário e a Administração Pública às decisões da Suprema Corte, no que diz respeito aos seus motivos determinantes (a *ratio decidendi*). E a mesma vinculação vertical está presente na sistemática adotada pela Lei 11.418/2006 para

---

⁴⁶ Confira-se, a respeito, com amplas referências bibliográficas sobre o assunto, REIS, José Carlos Vasconcellos dos. Interpretação Evolutiva e Raciocínio Tópico no Direito Constitucional Contemporâneo. *Revista de Direito do Estado*, Rio de Janeiro, nº 6, abr./jun. 2007, p. 145-184.

⁴⁷ SILVA, Celso de Albuquerque. *Op. cit.*, p. 246.

⁴⁸ MARINONI, Luiz Guilherme, MITIDIERO, Daniel. *Op. cit.*, p. 23.

as decisões do STF acerca da repercussão geral em recurso extraordinário, tendo por fundamento o direito à tutela jurisdicional efetiva. Luiz Guilherme Marinoni e Daniel Mitidiero arrematam:

> No direito brasileiro, a adoção da aferição de repercussão geral da controvérsia constitucional discutida no recurso extraordinário e conseguinte eficácia vinculante da decisão a respeito de sua existência ou inexistência contribuem decisivamente para a concretização do direito fundamental ao processo com duração razoável. (...) Há, aí, mais um instrumento para consecução da unidade do Direito por intermédio da compatibilização das decisões judiciais. Uma vez já decidida a questão, qualquer nova apreciação, sem o fito de revisão da tese, importa em dilação indevida no processamento da causa. Encurta-se o procedimento, com flagrante economia de atos processuais.[49]

Há, como se vê, uma eficácia "pan-processual" da decisão do STF sobre a repercussão geral, que afetará outros processos, cujo recurso extraordinário estiver fundado em questão idêntica.

O art. 543-B do CPC é especialmente aplicável aos chamados conflitos "de massa", que, como diz o *caput* do dispositivo, podem ensejar "multiplicidade de recursos com fundamento em idêntica controvérsia". Nesses casos, conforme o § 1º, já acima transcrito, o tribunal *a quo* deverá *selecionar* um ou alguns recursos representativos da questão, de modo que o STF não terá de apreciar *todos* os recursos extraordinários interpostos. A análise da repercussão geral, nesses casos, se dará "por amostragem".[50]

Não se pode deixar de registrar que esse procedimento implica em intensa mitigação do *princípio do contraditório*, pois as partes dos processos cujos recursos extraordinários não tenham sido selecionados serão, fatalmente, vinculadas à decisão do STF *em processo(s) de que não participaram e em que não se pronunciaram*. Este é um ponto problemático da nova sistemática, cuja *conveniência* – e mesmo *constitucionalidade* – poderá ser melhor avaliada paulatinamente, à medida que tais institutos e procedimentos forem amadurecendo, tanto na reflexão doutrinária quanto na prática da jurisdição constitucional.

---

[49] *Id., ibid.*, p. 26-27.
[50] *Id., ibid.*, p. 60.

Curiosamente, a disciplina "de massa" trazida por esse art. 543-B não fica restrita à repercussão geral, como questão prévia ao mérito. O dispositivo determina uma *vinculação vertical* (*i.e.* dos tribunais inferiores com relação ao STF) também quanto ao *mérito* do recurso extraordinário. É o que se depreende dos §§ 3º e 4º:

> Art. 543-B. (...)
>
> § 3º – Julgado o mérito do recurso extraordinário, os recursos sobrestados serão apreciados pelos Tribunais, Turmas de Uniformização ou Turmas Recursais, que poderão declará-los prejudicados ou retratar-se.
>
> § 4º – Mantida a decisão e admitido o recurso, poderá o Supremo Tribunal Federal, nos termos do Regimento Interno, cassar ou reformar, liminarmente, o acórdão contrário à orientação firmada.

O mecanismo previsto no § 3º foi recentemente colocado em prática pelo STF na apreciação do Recurso Extraordinário nº 519394, em que o Tribunal, por maioria, em questão de ordem, referendou decisão concessiva de liminar em recurso interposto pelo INSS, no qual se atacava a possibilidade de majoração do valor da pensão por morte concedida antes da edição da Lei 9.032/95. Em 19/12/2006, o Relator, Min. Gilmar Mendes, deferira em parte a liminar requerida, para determinar o sobrestamento, na origem, dos recursos extraordinários nos quais se discutia a aplicação dessa lei, em relação a benefícios concedidos antes de sua edição, bem como para suspender a remessa ao STF dos recursos extraordinários que tratassem da matéria, até que a Corte a apreciasse. Julgado em 8/2/2007 o mérito do RE 416827/SC e do RE 415454/SC, decidiu-se pela procedência dos recursos manejados pelo INSS. Assim, o STF aplicou o inc. VII do § 5º do art. 321 do Reg. Interno, no sentido de que, depois de publicados os acórdãos desses recursos extraordinários, aqueles sobrestados na origem deverão ser apreciados pelas Turmas Recursais ou de Uniformização (já que se tratava de recursos extraorinários no âmbito de Juizados Especiais Federais, instituídos pela Lei 10.259/2001), que poderão exercer o juízo de retratação ou declará-los prejudicados se cuidarem de tese não acolhida pelo STF. É o mecanismo previsto no art. 543-B do CPC, introduzido pela Lei 11.418/2006 e repetido naquela norma do Regimento Interno.[51]

---

[51] Cf. noticiado no *Informativo* nº 457, do STF (26 de fevereiro a 2 de março de 2007), à disposição no *site* do Tribunal.

Isso não chega a ser propriamente uma "novidade" no Brasil. Já dispúnhamos, desde 2001, da previsão de um procedimento "de massa" nos arts. 14 e 15 da Lei 10.259 (Juizados Especiais Federais), procedimento este aplicável, expressamente, ao recurso extraordinário.

E, mais do que isso, a disciplina do art. 543-B do CPC é, na verdade, uma *positivação*, em texto expresso de lei, de uma tendência que já de algum tempo se percebe na doutrina brasileira, bem como em certa linha da jurisprudência do STF: uma cada vez maior *objetivação* do controle difuso de constitucionalidade (que tem no *recurso extraordinário* um de seus instrumentos de realização). Vale dizer, esse art. 543-B do CPC veio colocar em texto legal a tendência doutrinária e jurisprudencial de estender aos efeitos da decisão do STF em recurso extraordinário (controle *difuso* e *concreto* de constitucionalidade) a mesma força vinculante das decisões em controle *direto* e *abstrato* de constitucionalidade (no qual não há caso *concreto* sendo julgado e a decisão do STF acerca da [in]constitucionalidade da lei tem eficácia *erga omnes*, vinculando os demais órgãos do Poder Judiciário).

Nesse sentido, por exemplo, Luís Roberto Barroso já criticava, antes do advento da Lei 11.418/2006, a histórica competência atribuída ao Senado pelo inc. X do art. 52 da Constituição, defendendo a idéia de que as decisões sobre a (in)constitucionalidade de leis, uma vez prolatadas pelo STF, deveriam, indistintamente, ter eficácia *erga omnes*, quer tratando-se de controle abstrato (*v.g.* ação direta de inconstitucionalidade), quer tratando-se de controle concreto (*v.g.* recurso extraordinário):

> Essa competência atribuída ao Senado tornou-se um anacronismo. Uma decisão do Pleno do Supremo Tribunal Federal, seja em controle incidental ou em ação direta, deve ter o mesmo alcance e produzir os mesmos efeitos. Respeitada a razão histórica da previsão constitucional, quando de sua instituição em 1934, já não há mais lógica razoável em sua manutenção. (...) Seria uma demasia, uma violação ao princípio da economia processual, obrigar um dos legitimados do art. 103 a propor ação direta para produzir uma decisão que já se sabe qual é![52]

E, já sob a égide da Lei 11.418/2006, temos a posição de Marinoni e Mitidiero, inclusive com sólido amparo doutrinário em trabalhos do Min. Gilmar Ferreira Mendes (bem como em votos seus no STF):

---
[52] BARROSO, Luís Roberto. *O Controle de Constitucionalidade no Direito Brasileiro*, cit., p. 111.

Perante o Pleno do Supremo Tribunal Federal são praticamente idênticos os procedimentos para a declaração de inconstitucionalidade nos modelos concreto e abstrato. A partir da noção de processo de caráter objetivo – que abrange ambos os modelos – não existe qualquer razão plausível para se atribuir efeito vinculante a um modelo e não ao outro. É nesse sentido a posição do Supremo Tribunal Federal.[53]

Em voto exarado recentemente no STF, no RE 556664/RS, assim pronunciou-se o Relator, Min. Gilmar Mendes:

> Esse novo modelo legal traduz, sem dúvida, um avanço na concepção vetusta que caracteriza o recurso extraordinário entre nós. Esse instrumento deixa de ter caráter marcadamente subjetivo ou de defesa de interesse das partes, para assumir, de forma decisiva, a função de defesa da ordem constitucional objetiva. Trata-se de orientação que os modernos sistemas de Corte Constitucional vêm conferindo ao recurso de amparo e ao recurso constitucional (*Verfassungsbeschwerde*). Nesse sentido, destaca-se a observação de Häberle segundo a qual "a função da Constituição na proteção dos direitos individuais (subjectivos) é apenas uma faceta do recurso de amparo", dotado de uma "dupla função", subjetiva e objetiva, "consistindo esta última em assegurar o Direito Constitucional objetivo" (Peter Häberle, O recurso de amparo no sistema germânico, *Sub Judice* 20/21, 2001, p. 33).[54]

Em termos mais amplos, a questão acha-se conectada diretamente com o fenômeno da ascensão normativa da Jurisprudência, inclusive em sistemas filiados à tradição romano-germânica (e não à *common law*), como o nosso. Assistimos, pouco a pouco, ao surgimento de variadas formas e graus de eficácia vinculante das decisões judiciais, espe-

---

[53] MARINONI, Luiz Guilherme, MITIDIERO, Daniel. *Op. cit.*, p. 69. E os autores trazem diversas decisões do STF nesse sentido: Reclamação nº 2986, Rel. Min. Celso de Mello (*Informativo* STF nº 379); Rec. Extraordinário nº 376852-SC, Rel. Min. Gilmar Mendes (DJU, 24/10/2003); RE nº 191898-RS, Rel. Min. Sepúlveda Pertence (DJU, 22/08/1997). E, ainda sobre essa verdadeira objetivação do recurso extraordinário, veja-se MANCUSO, Rodolfo de Camargo. *Recurso Extraordinário e Recurso Especial*, cit., p. 212: "Esse 'ir além' do interesse direto e imediato de recorrente e recorrido é, de resto, uma básica característica dos recursos de estrito direito, por isso mesmo ditos excepcionais, permitindo hoje falar-se numa objetivação do recurso extraordinário, por isso que nele sobreleva a finalidade de interesse público, sem embargo de que o STF, ao decidir o mérito do recurso, deflagra o efeito substitutivo (CPC, art. 512), assim 'aplicando o direito à espécie': Súmula 456 do STF". Grifos no original.

[54] Cf. STF, *Informativo* nº 481 (24 a 28 de setembro de 2007) – Seção "Transcrições", à disposição no *site* do tribunal na Internet.

cialmente dos Tribunais Superiores, e as inovações surgidas quanto ao recurso extraordinário inserem-se, inegavelmente, nesse panorama.[55]

6. A repercussão geral e a antiga argüição de relevância. Breve análise comparativa

A introdução do requisito da repercussão geral para o recurso extraordinário suscitou, desde logo, uma imediata – e, pode-se dizer, quase *intuitiva* – associação entre o novo instituto e a antiga *argüição de relevância da questão federal*, que durante algum tempo vigeu na ordem constitucional anterior. Entretanto, como bem assinala Luís Roberto Barroso, as semelhanças entre os dois institutos não vão muito além de uma certa "identidade de propósitos": o objetivo de racionalizar o volume assustador de trabalho que, já naquela época, chegava ao STF.[56] No fundo, há, na verdade, mais diferenças do que semelhanças, como se passa a verificar.

A argüição de relevância foi introduzida em nosso ordenamento jurídico pela Emenda Regimental nº 3, de 12/6/1975, que deu a seguinte redação ao art. 308 do Regimento Interno do STF (RI-STF):

> Art. 308. *Salvo* nos casos de ofensa à Constituição ou *relevância da questão federal*, não caberá o recurso extraordinário, a que alude o seu art. 119, parágrafo único, das decisões proferidas: (...)[57]

Já nessa primeira previsão normativa da argüição de relevância, uma constatação: a "relevância da questão federal" não era um requisito destinado a subtrair recursos extraordinários da apreciação do STF. Ao contrário, a demonstração de que a questão federal nele veiculada era "relevante" fazia com que o recurso que normalmente não seria cabível passasse a sê-lo.

---

[55] Sobre o tema, o instigante trabalho de MELLO, Patrícia Perrone Campos. Operando com Súmulas e Precedentes Vinculantes. *In:* BARROSO, Luís Roberto (Org.). *A Reconstrução Democrática do Direito Público no Brasil*. Rio de Janeiro: Renovar, 2007, p. 669-701.

[56] BARROSO, Luís Roberto. *O Controle de Constitucionalidade no Direito Brasileiro*, cit., p. 98.

[57] Grifo nosso. É bom relembrar que, no regime anterior, o recurso extraordinário acumulava as funções dos atuais recurso extraordinário e recurso especial, destinando-se a levar ao STF o conhecimento tanto de questões constitucionais quanto de questões federais infraconstitucionais. Daí a referência à "relevância da questão federal".

Em outras palavras: a presença, na questão federal debatida, da característica da *relevância* abria as portas do STF para o recurso extraordinário que, em tese, não seria apreciado.[58]

Em 13/04/1977, a argüição de relevância foi inserida formalmente no texto da Constituição então vigente pela Emenda Constitucional nº 7, que modificou o parágrafo único do art. 119 da Carta, renumerando-o para § 1º:

> Art. 119. (...)
>
> § 1º – As causas a que se refere o item III, alíneas *a* e *d*, deste artigo, serão indicadas pelo Supremo Tribunal Federal no regimento interno, que atenderá à sua natureza, espécie, valor pecuniário e *relevância da questão federal*.[59]

Em 1985, com a Emenda Regimental nº 2, o RI-STF passou a adotar técnica normativa diferente: ao invés de elencar as hipóteses em que *não* caberia recurso extraordinário (ressalvada a presença da relevância da questão federal), o art. 325 passou a enumerar os casos de *cabimento* do recurso, fora das quais este somente seria admissível se demonstrada a relevância da questão federal.[60] De todo modo, embora adotando uma distinta *técnica redacional*, a índole da argüição de relevância permanecia a mesma: permitir a apreciação de recursos extraordinários que, em princípio, não seriam cabíveis.

Esta é, realmente, uma diferença fundamental entre o velho instituto e a atual exigência de repercussão geral da questão constitucional: enquanto no regime anterior a presença da "relevância da questão

---

[58] A esse respeito, o trabalho clássico de ARRUDA ALVIM, José Manoel de. *A Argüição de Relevância no Recurso Extraordinário*. São Paulo: Revista dos Tribunais, 1988, especialmente p. 26 e segs. Cf. também MANCUSO, Rodolfo de Camargo. *Recurso Extraordinário e Recurso Especial*, cit., p. 81 e segs.

[59] Grifo nosso.

[60] Eis o texto do art. 325 do RI-STF, com a redação dada pela Emenda Regimental nº 2, de 4/12/1985: "Art. 325. Nas hipóteses das alíneas *a* e *d* do inciso III do artigo 119 da Constituição Federal, cabe recurso extraordinário: I – nos casos de ofensa à Constituição Federal; II – nos casos de divergência com a Súmula do Supremo Tribunal Federal; III – nos processos de crime a que seja cominada pena de reclusão; IV – nas revisões criminais dos processos de que trata o inciso anterior; V – nas ações relativas à nacionalidade e aos direitos políticos; VI – nos mandados de segurança julgados originariamente por Tribunal Federal ou Estadual, em matéria de mérito; VII – nas ações populares; VIII – nas ações relativas ao exercício de mandato eletivo federal, estadual ou municipal, bem como às garantias da magistratura; IX – nas ações relativas ao estado das pessoas, em matéria de mérito; X – nas ações rescisórias; XI – e*m todos os demais feitos, quando reconhecida a relevância da questão federal*" (grifo nosso).

federal" era um elemento de *abertura* do STF à apreciação de recursos que, *a priori*, não seriam conhecidos pelo tribunal, a "repercussão geral" é um elemento que *necessariamente tem que estar presente em todo recurso extraordinário, como verdadeiro requisito de admissibilidade*. A repercussão geral da questão constitucional ventilada no recurso extraordinário tem de ser *sempre* demonstrada pelo recorrente, mesmo estando ele subsumido numa das hipóteses de cabimento elencadas no inc. III do art. 102 da Constituição.

É como assinalam Marinoni e Mitidiero. A argüição de relevância possibilitava "o conhecimento deste ou daquele recurso extraordinário *a priori* incabível", sendo um instituto com "característica central inclusiva". Já a repercussão geral "visa a excluir do conhecimento do Supremo Tribunal Federal controvérsias que assim não se caracterizem".[61] Por isso, Eduardo de Avelar Lamy invoca sugestiva colocação de José Levi Mello do Amaral Júnior, no sentido de que "a repercussão geral é uma verdadeira argüição de relevância ao contrário", ou seja, "é uma argüição de 'irrelevância'. Em princípio, parece, presume-se a relevância. A irrelevância somente será reconhecida se nesse sentido manifestarem-se dois terços dos Ministros".[62]

Tais observações bastam para que se compreenda por que a *natureza* e o *procedimento de apreciação* da antiga argüição de relevância não podem repertir-se na repercussão geral. Prevaleceu no regime anterior a tese de que a argüição de relevância não tinha natureza verdadeiramente *jurisdicional*, e sim *política*, razão pela qual sua apreciação se dava em sessão secreta do STF (de natureza administrativa, e não jurisdicional), dispensando-se a motivação da decisão. Embora muito criticadas à época, tais características justificavam-se com base na própria razão de ser da argüição de relevância, que se aproxima, nesse ponto específico, da repercussão geral: a racionalização do trabalho do STF.[63]

---

[61] MARINONI, Luiz Guilherme, MITIDIERO, Daniel. *Repercussão Geral no Recurso Extraordinário*, cit., p. 30-31.

[62] AMARAL JÚNIOR, José Levi Mello do. Argüição de Relevância: instituto será bom filtro nas causas julgadas pelo STF (trabalho colhido na Internet: http://www.pge.sp.gov.br/noticias/diversos), p. 2, *apud* LAMY, Eduardo de Avelar. Repercussão Geral no Recurso Extraordinário: a Volta da Argüição de Relevância? *In*: WAMBIER, Teresa Arruda Alvim *et al.* (Coords.). *Reforma do Judiciário*, cit., p. 178, nota nº 33.

[63] Nesse sentido, confira-se, por todos, o trabalho do Min. SANCHES, Sydney. Argüição de Relevância da Questão Federal. *Revista dos Tribunais*, São Paulo, nº 627, jan. 1988, p. 257-263, especialmente p. 259-260.

Na atual ordem constitucional, naturalmente, essas características – *i.e.* a natureza "política"[64] e a desnecessidade de motivação – não poderão ser ostentadas pela repercussão geral,[65] em face da inequívoca determinação dos incs. IX e X do art. 93, da Constituição de 1988.

Outro dado curioso nessa comparação entre os dois institutos – e que não deve passar despercebido – é que, no regime anterior, o recurso extraordinário era *sempre* cabível nos "casos de ofensa à Constituição Federal", independentemente da necessidade de demonstrar-se a "relevância" da ofensa. Mesmo num regime autoritário, calcado na Carta de 1967/69, partia-se da premissa de que toda e qualquer ofensa à Constituição dava ensejo ao recurso extraordinário. Em outras palavras, pode-se talvez dizer que havia uma *presunção absoluta de relevância das questões constitucionais* (ou, pelo menos, das questões que dissessem respeito a ofensas à Constituição). A argüição de relevância só era aplicável às *questões federais*, num sistema em que o recurso extraordinário também exercia a função que hoje compete ao recurso especial.

Diversamente, a atual *repercussão geral* é um atributo que precisa ser demonstrado pelo recorrente com relação à *questão constitucional* ventilada no recurso extraordinário (que, no sistema atual, só pode

---

[64] Uma das tônicas da doutrina mais recente do Direito Público tem sido o repúdio à idéia de insindicabilidade jurisdicional das chamadas "questões políticas" e da discricionariedade, à luz de princípios constitucionais e direitos e garantias fundamentais, tais como o Estado de Direito, os princípios da razoabilidade e proporcionalidade e a inafastabilidade da tutela jurisdicional. Sobre o tema, veja-se o importante e, sob muitos aspectos, pioneiro trabalho de CASTRO, Carlos Roberto de Siqueira. *O Devido Processo Legal e a Razoabilidade das Leis na Nova Constituição do Brasil*. Rio de Janeiro: Forense, 1989, *passim*, e especialmente p. 245 e segs., tendo sido esta obra recentemente reeditada e atualizada pelo autor. Para maiores referências bibliográficas sobre o tema, confira-se REIS, José Carlos Vasconcellos dos. *As Normas Constitucionais Programáticas e o Controle do Estado*. Rio de Janeiro: Renovar, 2003, p. 223 e segs. Na doutrina mais recente, consulte-se TEIXEIRA, José Elaeres Marques. *A doutrina das questões políticas no Supremo Tribunal Federal*. Porto Alegre: Sérgio Antônio Fabris, 2005. Em outubro de 2007, o Min. Gilmar Mendes, foi Relator num mandado de segurança envolvendo interpretação do Regimento Interno da Câmara dos Deputados e seu controle judicial, e o texto de sua lavra faz uma alentada análise da sindicabilidade das questões ditas "políticas", com amplas referências doutrinárias e jurisprudenciais (cf. Informativo STF nº 483 – Seção "Transcrições", MS 26915 MC/DF, decisão publicada no *Diário de Justiça da União* de 16/10/2007).

[65] Registre-se, no entanto, a observação de Rodolfo de Camargo Mancuso no sentido de que "o conteúdo ou a natureza da 'repercussão geral' é de cunho *predominantemente político*, no melhor sentido (inclusive no senso de 'política judiciária')", e que isso se comprovaria pela irrecorribilidade da decisão de inexistência da repercussão geral, consoante o art. 326 do RI-STF, alterado pela ER 21/2007 (com o devido temperamento do § 1º do art. 557, do CPC, bem como com a observação de que os *embargos de declaração* são perfeitamente cabíveis). Cf. MANCUSO, Rodolfo de Camargo. *Recurso Extraordinário e Recurso Especial*, cit., p. 203-204.

mesmo veicular questões constitucionais, e não mais questões de direito federal infraconstitucional, que foram deixadas ao recurso especial, para o STJ). Por muito paradoxal que isso possa parecer, a Reforma do Judiciário, ao colocar o § 3º no art. 102 da Constituição, encampou a idéia de que há questões constitucionais que têm "repercussão geral" – e que seriam, falando prosaicamente, questões constitucionais "para valer" – e outras que não a têm, devendo apenas aquelas ser apreciadas pelo STF em sede de recurso extraordinário.

De todo modo, a exigência constitucional de motivação da decisão – notadamente a decisão que considera que certo recurso não ostenta repercussão geral – potencializa o controle democrático da atuação do STF, ainda que não se possa negar o fato de o instituto, por sua própria natureza e função, ser incompatível com uma fundamentação exaustiva e detalhada.[66]

Conclusão

Após estes apontamentos e reflexões, pode-se fazer uma breve síntese conclusiva das idéias expostas no texto, objetivamente, como se segue:

1) O recurso extraordinário sempre foi compreendido como um recurso "excepcional", de fundamentação vinculada, em que o recorrente não pode alegar quaisquer questões. É – assim como o recurso especial – destinado a veicular apenas *questões de direito*, e exige pressupostos de base constitucional para sua admissibilidade.

2) A EC 45/2004 veio trazer um novo requisito de admissibilidade para o recurso extraordinário: a necessidade de o recorrente demonstrar, expressa e fundamentadamente, que a questão constitucional versada no recurso apresenta *repercussão geral*. Esse conceito se compreende pela cumulação das características de *relevância* e *transcendência*, consoante a regulamentação trazida pela Lei 11.418/2006, complementada pelo Regimento Interno do STF, alterado pela Emenda Regimental nº 21/2007.

---

[66] Cf. BARROSO, Luís Roberto. *O Controle de Constitucionalidade no Direito Brasileiro*, cit., p. 101.

3) O juízo de admissibilidade do recurso extraordinário é exercido tanto no tribunal de origem quanto no STF. Entretanto, cabe exclusivamente a este a análise da efetiva presença da repercussão geral. A única avaliação, nessa matéria, que o tribunal *a quo* poderá fazer, é com relação ao aspecto formal, podendo não admitir o recurso extraordinário se nele não constar a demonstração expressa e fundamentada da repercussão geral da questão ali ventilada.

4) Não há um conceito categórico, fechado, taxativo de repercussão geral. Trata-se de conceito vago ou indeterminado, a ser paulatinamente esclarecido pela doutrina e, sobretudo, pelo STF, mediante uma análise tópica dos recursos extraordinários que cheguem à Corte.

5) Pode-se afirmar que há uma presunção favorável à presença da repercussão geral no recurso extraordinário, que só pode ser inadmitido, por esse fundamento, pelo voto de dois terços dos membros do STF (*i.e.* oito Ministros), um quórum bastante significativo. O procedimento interno de avaliação da repercussão geral no STF é bastante simplificado e racionalizado, tanto pela Lei 11.418/2006 quanto pela Emenda Regimental nº 21/2007 ao RI-STF, que não exigem a manifestação do Plenário da Corte em todos os recursos extraordinários interpostos. Entretanto, deve-se ter cautela para que a exigência constitucional de publicidade da decisão seja respeitada.

6) Com a disciplina trazida pela Lei 11.418/2006, que inseriu os arts. 543-A e 543-B no Código de Processo Civil, há inegavelmente uma eficácia vinculante nas decisões do STF em sede de recurso extraordinário, em tudo semelhante às decisões prolatadas pela Corte no controle abstrato de constitucionalidade e às súmulas vinculantes. Essa relevante alteração do Direito Positivo vem consagrar uma visão renovada do recurso extraordinário – ligada a um gradativo processo de "objetivação" do controle difuso de constitucionalidade –, que passa a ser encarado menos como instrumento de tutela do interesse subjetivo e individual das partes envolvidas no processo e mais como um mecanismo de "guarda da Constituição", para a tutela objetiva de sua *integridade* e da *unidade* do sistema jurídico.

7) As associações que se fazem entre a *repercussão geral* e a antiga *argüição de relevância* são mais intuitivas do que científicas. Os dois institutos são bem diversos, em índole e procedimento. A presença da "relevância da questão federal" era, na ordem constitucional anterior, um fator de *abertura* do STF à apreciação de recursos extraordinários que, *a priori*, não seriam conhecidos. Já a "repercussão geral" é um pressuposto que *necessariamente* tem que estar presente no recurso, para que ele possa ser admitido. Até por isso, os procedimentos de avaliação desses requisitos, pelo STF, são bem diversos. No atual instituto da repercussão geral, são inaceitáveis as antigas regras referentes à apreciação secreta e imotivada da argüição de relevância. Aplicam-se hoje, plenamente, as exigências constitucionais de *publicidade* e *motivação* das decisões judiciais, princípios estes que ostentam o *status* de verdadeiras garantias fundamentais do cidadão-jurisdicionado.

Referências Bibliográficas

ARRUDA ALVIM, José Manoel de. *A Argüição de Relevância no Recurso Extraordinário*. São Paulo: Revista dos Tribunais, 1988.

_____. A EC nº 45 e o Instituto da Repercussão Geral. *In:* WAMBIER, Teresa Arruda Alvim, WAMBIER, Luiz Rodrigues, GOMES JÚNIOR, Luiz Manoel, FISCHER, Octavio Campos, FERREIRA, William Santos (Coords.). *Reforma do Judiciário: Primeiros Ensaios Críticos sobre a EC nº 45/2004*. São Paulo: Revista dos Tribunais, 2005, p. 63-99.

BARBOSA MOREIRA, José Carlos. *Comentários ao Código de Processo Civil*, vol. V. 7ª ed. Rio de Janeiro: Forense, 1998.

BARROSO, Luís Roberto. *O Controle de Constitucionalidade no Direito Brasileiro*. 2ª ed. São Paulo: Saraiva, 2006.

_____. *O Direito Constitucional e a Efetividade de suas Normas: Limites e Possibilidades da Constituição Brasileira*. 8ª ed. Rio de Janeiro: Renovar, 2006.

_____. *Interpretação e Aplicação da Constituição: Fundamentos de uma Dogmática Constitucional Transformadora*. 3ª ed. São Paulo: Saraiva, 1999.

BINENBOJM, Gustavo. *A Nova Jurisdição Constitucional Brasileira*. Rio de Janeiro: Renovar, 2001.

CASTRO, Carlos Roberto de Siqueira. *O Devido Processo Legal e a Razoabilidade das Leis na Nova Constituição do Brasil*. Rio de Janeiro: Forense, 1989.

DINAMARCO, Candido Rangel. A Função das Cortes Supremas na América Latina. *Revista Forense*. Rio de Janeiro, vol. 94, nº 342, abr./jun. 1998, p. 3-12.

FERRAZ, Anna Cândida da Cunha. *Processos Informais de Mudança da Constituição*. São Paulo: Max Limonad, 1986.

JELLINEK, Georg. *Reforma y Mutación de la Constitución*. Trad. Pablo Lucas Verdú. Madrid: Centro de Estudios Constitucionales, 1991.

LAMY, Eduardo de Avelar. Repercussão Geral no Recurso Extraordinário: a Volta da Argüição de Relevância? *In:* WAMBIER, Teresa Arruda Alvim et al. (Coords.). *Reforma do Judiciário: Primeiros Ensaios Críticos sobre a EC nº 45/2004*. São Paulo: Revista dos Tribunais, 2005, p. 167-180.

MANCUSO, Rodolfo de Camargo. *Recurso Extraordinário e Recurso Especial*. 10ª ed. São Paulo: Revista dos Tribunais, 2007.

MARINONI, Luiz Guilherme, MITIDIERO, Daniel. *Repercussão Geral no Recurso Extraordinário*. São Paulo: Revista dos Tribunais, 2007.

MEDINA, José Miguel Garcia, WAMBIER, Luiz Rodrigues, WAMBIER, Teresa Arruda Alvim. Repercussão Geral e Súmula Vinculante: Relevantes Novidades Trazidas pela EC nº 45/2004. *In:* WAMBIER, Teresa Arruda Alvim et al. (Coords.). *Reforma do Judiciário: Primeiros Ensaios Críticos sobre a EC nº 45/2004*. São Paulo: Revista dos Tribunais, 2005, p. 373-389.

MELLO, Patrícia Perrone Campos. Operando com Súmulas e Precedentes Vinculantes. *In:* BARROSO, Luís Roberto (Org.). *A Reconstrução Democrática do Direito Público no Brasil*. Rio de Janeiro: Renovar, 2007, p. 669-701.

MENDES, Gilmar Ferreira. *Jurisdição Constitucional: o Controle Abstrato de Normas no Brasil e na Alemanha*. 3ª ed. São Paulo: Saraiva, 1999.

MOREIRA NETO, Diogo de Figueiredo. *O Sistema Judiciário Brasileiro e a Reforma do Estado*. São Paulo: Celso Bastos Editor, 1999.

REIS, José Carlos Vasconcellos dos. *As Normas Constitucionais Programáticas e o Controle do Estado*. Rio de Janeiro: Renovar, 2003.

_____. *Interpretação Evolutiva e Raciocínio Tópico no Direito Constitucional Contemporâneo*. Revista de Direito do Estado, Rio de Janeiro, nº 6, abr./jun. 2007, p. 145-184.

SANCHES, Sydney. *Argüição de Relevância da Questão Federal*. Revista dos Tribunais, São Paulo, nº 627, jan. 1988, p. 257-263.

SILVA, Celso de Albuquerque. *Do Efeito Vinculante: sua Legitimação e Aplicação*. Rio de Janeiro: Lumen Juris, 2005.

SILVA, José Afonso da. *Do Recurso Extraordinário*. São Paulo: Revista dos Tribunais, 1963.

SILVA, Ovídio Baptista da. *A Função dos Tribunais Superiores: Sentença e Coisa Julgada*. 4ª ed. Rio de Janeiro: Forense, 2003.

TEIXEIRA, José Elaeres Marques. *A Doutrina das Questões Políticas no Supremo Tribunal Federal*. Porto Alegre: Sérgio Antônio Fabris, 2005.

3 JUDICIÁRIO E REFORMA DO ESTADO: ALGUNS IMPASSES

Frederico Maia Mascarenhas

Aluno da Faculdade de Ciências Sociais Aplicadas/Ibmec-RJ. Estagiário do Núcleo de Reforma do Poder Judiciário em 2006 e 2007, como pesquisador de Iniciação Científica do CNPq, sob a orientação da professora Maria Guadalupe Piragibe da Fonseca. Estagiário do Tribunal Federal Regional da 2ª Região.

Resumo

O objetivo do trabalho é apresentar os primeiros resultados da pesquisa do Núcleo de Estudos sobre o Poder Judiciário da Faculdade de Ciências Sociais Aplicadas/Ibmec-RJ, que propôs uma análise da crise do Poder Judiciário no contexto da reforma do Estado. Neste artigo, aponta-se algumas causas da crise a partir do estudo da Emenda Constitucional (EC) nº 45 de 2004 sobre a reforma do Judiciário e discute-se o tema da politização do Judiciário. Utilizou-se como base (moldura teórica) das análises a leitura de autores clássicos e contemporâneos do campo da teoria social e jurídica para se tentar uma avaliação da procedência e eficácia das reformas do Poder Judiciário já introduzidas, bem como, debater as mudanças ainda em aberto no Congresso.

Palavras-chave

Direito Público; Judicialização da Política; Reforma do Poder Judiciário.

Agradecimentos

Ao PIBIC/CNPq, à Faculdade de Direito Evandro Lins e Silva – Ibmec, às professoras Maria Guadalupe Piragibe da Fonseca, Adriana Ramos Costa e Simone Cuber Araújo Pinto, ao amigo Allan Fallet, colaborador na primeira etapa da pesquisa e aos colegas Felippe Salgado e Gabriel Teruz, colaboradores nesta segunda fase.

Introdução

Pretende-se aqui apontar alguns elementos denunciadores de dois fatos. O primeiro é o uso desvirtuado do Poder Judiciário pela Administração Pública; o segundo a judicialização (no sentido de busca de solução judicial de conflitos) exagerada de feitos, muitos dos quais poderiam ser resolvidos pelo acordo. Esses elementos, aparentemente apontam para um fenômeno caracterizado pelo inchaço do jurídico e esvaziamento do político.

Antes de mais, tratou-se de levantar as inovações trazidas pela Constituição da República Federativa do Brasil de 1988 e suas implicações para a análise da atividade do Poder Judiciário nesse contexto. Diversos questionamentos feitos ao longo da pesquisa estão refletidos neste trabalho, por exemplo, o tema das motivações que impulsionaram o Poder Judiciário a atuar em searas que seriam de atividade privativa de outros órgãos do Estado. Por outro lado, a jurisprudência demonstra uma razoável receptividade dos Tribunais para aceitar e decidir acerca de questões de cunho político-social. Esse particular dado provocou a reflexão a respeito de um possível novo papel do juiz no contemporâneo Estado Democrático de Direito. Esta é a razão porque a "nova atribuição" do magistrado também se apresenta aqui como um objeto de estudo, na medida em que possui estreita relação com a problemática focalizada.

As indagações levantadas no transcorrer da pesquisa parecem encaminhar para a conclusão que, os aspectos econômicos, políticos e sociais da crise vivenciada pela sociedade democrática brasileira – semelhante a das sociedades nos países em desenvolvimento – se refletem na situação das instituições político-jurídicas, com ênfase no Judiciário, um dos palcos onde a crise se explicita. De fato, nas sociedades contemporâneas o Estado deixa a desejar quanto ao que seria a sua função garantidora dos direitos fundamentais relativos à saúde, educação, cultura etc. Esse vácuo deixado pelas políticas públicas, principalmente no tocante à saúde, educação, moradia, acirra dúvidas e conflitos que acabam desaguando no Judiciário.

A reforma do Estado brasileiro encontra-se em andamento e são várias as dimensões desse processo que merecem ou exigem uma revisão, algumas mais prementes que outras.[1] Além da reforma do Poder Judiciário, outras reformas no âmbito do Estado estão se processando, tais como, as tributária, agrária, trabalhista, urbanística. A consideração dessas propostas de mudança de modo interligado é uma exigência. Afinal, todas essas reformas dizem respeito, muito de perto, ao cotidiano da vida das pessoas, dadas as conseqüências importantes para a segurança, a certeza e ao mesmo tempo a autonomia no campo das relações sociais.

O Poder Judiciário, nos últimos anos quinze anos, no Brasil, vem sendo objeto de debates, não só a respeito de aspectos de seu funcionamento, mas principalmente em relação ao papel político que lhe cabe, embora nem sempre conscientizado pelos juízes. Esse papel político pode ser melhor explicado levando-se em consideração dois aspectos: o processo de modernização econômica, determinante da grande ingerência do governo no ordenamento jurídico, o que vem acontecendo principalmente através de medidas provisórias e a vigência da Constituição de 1988, que introduziu uma série de novos direitos e garantias processuais individuais e coletivas. Nesse contexto onde, por um lado, as garantias constitucionais aumentam, mas por outro lado, as políticas públicas são deficientes, os conflitos se multiplicam. Nessas condições, o Poder Judiciário fica em evidência, dada a sua condição de local onde as reivindicações e os conflitos são comumente enviados para solução. Diante do fato do acúmulo de ações que assola o Judiciário emerge a questão da obsolescência desse órgão do poder. Nunca ficaram perfeitamente definidos os vários aspectos do envelhecimento e inadequação do Judiciário brasileiro, apesar dos quinze anos decorridos desde o primeiro projeto de reforma. Parece ter ficado, contudo, acertado que a reforma do Judiciário não pode ficar reduzida à lentidão da prestação jurisdicional, esta é mais uma conseqüência do que uma causa dos problemas. Sem dúvida, a lentidão da justiça é uma circunstância importante, porém não faz sentido quando abordada isoladamente. Há outras dimensões extremamente relevantes ligadas à questão da morosidade.

---

[1] Data de 1995 o Plano Diretor da Reforma do Aparelho do Estado.

A importância da reforma do Poder Judiciário explica-se, principalmente, em face da posição assumida pelo Judiciário com o fato, já mencionado, do advento da Constituição Federal de 1988. Nesse momento, o Judiciário ganha uma dimensão política, fracamente implementada até o momento. Para atender a essa responsabilidade constitucional aumentada, as mudanças se impõem, mas não apenas técnicas, como se o problema começasse e terminasse na necessidade de "azeitar" a máquina judicial. Alterações tão superficiais não responderiam às mudanças políticas trazidas pela Constituição que correspondem, afinal, a fortes mudanças no campo social. A reforma precisa frisar o papel político do Poder Judiciário. A importância desse novo papel do Judiciário transparece, de certa forma, nas palavras de Mauro Cappelletti (1993): *"Os juízes deverão aceitar a realidade da transformada concepção do direito e da nova função do Estado".*

O projeto de reforma do Judiciário tramita desde 1992 e alguns tópicos mais polêmicos contidos na Emenda Constitucional nº 45 de 2004 que englobam diversos grupos de interesses só vieram a ser votados recentemente pelo Legislativo. Dois pontos são aqui ressaltados como sendo dos mais importantes:

- a criação de um Conselho Nacional de Justiça, responsável pelo o controle externo da magistratura;
- a instituição da súmula vinculante.

As discussões sobre os temas mencionados ocorreu no interior de forte confronto ideológico. Essa circunstância e a natural repercussão na mídia, direcionaram a atenção e os olhares, tanto de estudiosos como de populares, para esse silencioso órgão do Estado, que emergiu das sombras em que sempre se manteve para a opinião pública, passando a objeto de debates e opiniões. Estudos na área das ciências sociais ressaltaram, a partir de então, o papel político, que cabe ser assumido pelo Poder Judiciário na democracia brasileira, papel que sempre exerceu, mas que, por motivos ideológicos, sempre negou. No bojo desses estudos apontou-se o fenômeno denominado por Werneck Vianna de "judicialização da política".[2]

---

[2] Ver *Judicialização da Política e das Relações Sociais no Brasil*, coordenação de Werneck Vianna, 1999.

As propostas legislativas referentes às mudanças consideradas importantes no Judiciário foram sendo feitas, sem grande sucesso, até que, por pressão da sociedade civil e da mídia, estabeleceu-se um verdadeiro pacto nacional por um Judiciário, mais ágil e republicano, acordado por representantes dos três poderes. A partir de então, as divergências políticas pelo menos não mais impediram que se tratasse a reforma do Judiciário como prioridade.

O processo da reforma e as divergências entre diversos grupos e diferentes interesses trazem, de um lado, o processo de modernização econômica fortemente mascarado pela politização da justiça, tendo as medidas provisórias como sua "arma" principal. Por outro lado, a vigência de uma nova Constituição que ampliou as formas individuais e coletivas de acesso ao Judiciário, repleta de novos direitos substantivos e garantias processuais individuais umas, de caráter coletivo outras.

A crise do Judiciário deve ser entendida como uma crise sistêmica.[3] Os principais sintomas dessa crise são a lentidão e a ineficiência desse órgão do poder que pode ser traduzida na defasagem entre o aumento de conflitos judiciais que transformados em ações judiciais chegam ao Poder Judiciário e de outro lado, o número de sentenças que são produzidas para solucionar tais conflitos.

Para Joaquim Falcão,[4] não existe apenas uma única maneira de diminuir a defasagem entre demanda e oferta judicial. Existem três possibilidades:

- acelerar a produção de sentenças;
- reduzir o número de demandas que chegam ao Judiciário;
- combinar essas duas estratégias e promover simultaneamente a redução do *input* e o aumento do *output* do sistema.

A aceleração de produção de sentenças parece ser uma das propostas da própria reforma do Judiciário. A produção tardia de sentenças tem sido explicada pelo acúmulo de demandas e a má distribuição das

---

[3] Essa é a ótica de Joaquim Falcão em *Estratégias para a Reforma do Poder Judiciário*. In: Reforma do Judiciário, São Paulo: Saraiva, 2005. p. 16.
[4] FALCÃO, Joaquim de Arruda, *op. cit.*

mesmas. Não se trata apenas de incrementar a infra-estrutura dos tribunais, mas sobretudo, de repensar as competências jurisdicionais.

No que se refere à redução do número de demandas que chegam ao Judiciário a questão está estreitamente vinculada ao tema da judicialização como também ao tema do caminho da solução negociada dos conflitos, assunto visto com desconfiança pelos operadores do direito.

As propostas atuais se concentram apenas em agilizar o sistema, ou seja, dar maior rapidez e eficiência ao Judiciário. Mas, é preciso também reduzir o número de casos que ingressam no sistema. Deve-se ainda discutir dois canais de acesso ao Judiciário: a do passivo contencioso da Administração Pública e a da crescente demanda social.

Joaquim Falcão sugere que se parta da concepção do Poder Judiciário como um sistema, de modo a que se possa identificar o que denomina de "quatro frentes da reforma":[5]

a) A frente legislativa, cujo *locus* privilegiado é o Congresso Nacional e cujos atores principais são os deputados ou senadores.

b) A frente administrativa, que tem como *locus* principal o Poder Judiciário e, como protagonistas juízes, serventuários e tribunais.

c) A frente do passivo contencioso da administração pública cujo *locus* privilegiado é o Poder Executivo e tem como atores principais os procuradores e advogados da União.

d) Finalmente, a frente da crescente demanda social que tem seu *locus* preferencial nos interesses sociais em conflito – empresariais, individuais, trabalhistas e comunitários.

As duas primeiras frentes são bastante conhecidas. A terceira frente é a que nos interessa preferentemente neste estudo. Sua análise permite alguns comentários sobre o uso abusivo do aparelho judicial pela Administração Pública com o intuito de dificultar e adiar suas obrigações com os cidadãos. Vale citar alguns exemplos: o conhecido acordo com os demandantes do FGTS; milhares de ações contra o INSS, e o protelamento do pagamento de dívidas públicas. O desafio que se propõem aos magistrados é o de atuar de maneira a não permitir o uso do

---

[5] FALCÃO, Joaquim de Arruda, *Estratégias para a Reforma do Poder Judiciário*. In: Reforma do Judiciário, São Paulo: Saraiva, 2005, p. 18.

Judiciário pela Administração Pública para esses fins. Com relação a quarta frente poderia ser reduzida na medida em que se buscasse a solução dos conflitos pelas vias alternativas, cabendo também aos magistrados estimular esses caminhos do consenso e do acordo zelando pelas condições de solução isonômica.

O uso desvirtuado pela Administração Pública do Poder Judiciário pode ser aqui identificado a partir do que dispõe esta ementa encontrada no banco de dados do Supremo Tribunal Federal:[6]

Nesse caso, o Ministro Celso de Mello ressaltou em seu voto o seguinte:

> "A educação infantil, por qualificar-se como direito fundamental de toda criança, não se expõe, em seu processo de concretização, a avaliações meramente discricionárias da Administração Pública, nem se subordina a razões de puro pragmatismo governamental. – Os Municípios – que atuarão, prioritariamente, no ensino fundamental e na educação infantil (CF, art. 211, § 2º) – não poderão demitir-se do mandato constitucional, juridicamente vinculante, que lhes foi outorgado pelo art. 208, IV, da Lei Fundamental da República, e que representa fator de limitação da discricionariedade político-administrativa dos entes municipais, cujas opções, tratando-se do atendimento das crianças em creche (CF, art. 208, IV), não podem ser exercidas de modo a comprometer, com apoio em juízo de simples conveniência ou de mera oportunidade, a eficácia desse direito básico de índole social.
>
> – *Embora inquestionável que resida, primariamente, nos Poderes Legislativo e Executivo, a prerrogativa de formular e executar políticas públicas, revela-se possível, no entanto, ao Poder Judiciário, ainda que em bases excepcionais, determinar, especialmente nas hipóteses de políticas públicas definidas pela própria Constituição,*

---

[6] Ementa: criança de até seis anos de idade, atendimento em creche e em pré-escola, educação infantil, direito assegurado pelo próprio texto constitucional (cf, art. 208, IV), compreensão global do direito constitucional à educação. dever jurídico cuja execução se impõe ao poder público, notadamente ao município (cf, art. 211, § 2º), recurso extraordinário conhecido e provido. – A educação infantil representa prerrogativa constitucional indisponível, que, deferida às crianças, a estas assegura, para efeito de seu desenvolvimento integral, e como primeira etapa do processo de educação básica, o atendimento em creche e o acesso à pré-escola (CF, art. 208, IV). – Essa prerrogativa jurídica, em conseqüência, impõe, ao Estado, por efeito da alta significação social de que se reveste a educação infantil, a obrigação constitucional de criar condições objetivas que possibilitem, de maneira concreta, em favor das "crianças de zero a seis anos de idade" (CF, art. 208, IV), o efetivo acesso e atendimento em creches e unidades de pré-escola, sob pena de configurar-se inaceitável omissão governamental, apta a frustrar, injustamente, por inércia, o integral adimplemento, pelo Poder Público, de prestação estatal que lhe impôs o próprio texto da Constituição Federal.

sejam estas implementadas, sempre que os órgãos estatais competentes, por descumprirem os encargos político-jurídicos que sobre eles incidem em caráter mandatório, vierem a comprometer, com a sua omissão, a eficácia e a integridade de direitos sociais e culturais impregnados de estatura constitucional". **(Destaque nosso.)**

A intuito de adiar do Estado – sob forma de Administração Pública – a prestação da educação infantil fica neste caso facilmente configurada. Mesmo diante de inequívoca previsão constitucional estabelecendo a especial obrigação de fazer ao Estado (CF, arts. 208, IV e 227, *caput*), a tentativa de protelar o cumprimento dessa obrigação está clara. Observe-se que a ementa aqui trazida é do Supremo Tribunal Federal, ou seja, o feito se desenrolou até a última instância de discussão dentro do sistema jurídico brasileiro.

Um outra situação marcante de uso abusivo do Poder Judiciário pela Administração Pública pode ser observada no caso decidido pelo Supremo Tribunal Federal em 1989 favoravelmente aos trabalhadores, reconhecendo o direito de cada um à correção de 42,72% sobre o saldo do FGTS em dezembro de 1988 (o reajuste até então aplicado, devido ao Plano Verão, tinha sido de apenas 22,35%). Não havendo recursos financeiros suficientes para saldar integralmente o débito de todos, a Administração Pública optou por uma estratégia que resultaria no aumento do inchaço do Poder Judiciário. Essa judicialização do *déficit* público é mais do que um uso abusivo do Poder Judiciário. Traz consigo gastos tremendos como: honorários de advogados, salários de juízes, oficiais de justiça, custas judiciais, processos, papéis, computadores, telefone, energia, imóveis etc.

Os órgãos públicos que atualmente respondem a um maior número de ações na Justiça Federal[7] são o INSS (com 2,1 milhões de ações) e a Caixa Econômica Federal (com cerca de 215 mil). Caso esses dois órgãos se dispusessem a negociar com as partes, diminuiria consideravelmente o acúmulo de processos nos Tribunais Regionais Federais e, conseqüentemente, se economizaria tempo e recursos. A judicialização dos feitos resulta visivelmente, nesse caso como em centenas de outros semelhantes, da intenção da Administração Pública de protelar o pagamento de dívidas do Estado.

---

7 FALCÃO, Joaquim de Arruda, *Estratégias para a Reforma do Poder Judiciário*. In: Reforma do Judiciário, São Paulo: Saraiva, 2005, p. 20.

No que concerne a judicialização exagerada de feitos que poderiam ser resolvidos pelo acordo (inchaço do jurídico e esvaziamento do político), intimamente vinculado a questão do controle de políticas públicas pelo Poder Judiciário, o professor Luiz Werneck Vianna[8] na obra *Judicialização da Política e das Relações Sociais no Brasil*, analisa a questão expondo duas correntes que se contrapõe que assim podem ser resumidas como se segue.

A primeira, que seria chamada a dos *procedimentalistas*, representada, dentre outros, por Jurgen Habermas e Antoine Garapon, entende que o incremento do controle judicial prejudica o exercício da cidadania ativa, pois envolve uma postura paternalista. De tal sorte, favorece a desagregação social e o individualismo, dado que o indivíduo, enquanto sujeito de direitos, fica totalmente dependente do Estado. Torna-se um *cidadão-cliente* e o Judiciário o seu *fornecedor de serviços*. Portanto, não representa situação desejada, mas situação crítica, correlata a uma crise institucional que precisa ser superada. Nessas condições, os cidadãos deixam de ser autores e tornam-se meros destinatários do direito. Isto porque, para que sejam autores não é necessária a mediação do Judiciário, mas antes a "criação" ou conquista de *canais comunicativos*, que levem o poder democrático do centro para a periferia. Para esses autores, dado que a lei não é a vontade direta do povo, este precisa ter meios de expressar sua própria vontade. Assim, a Constituição deve apenas garantir a existência desses meios ou procedimentos, para que os cidadãos criem seu próprio direito. Os princípios constitucionais não devem, portanto, expressar conteúdo substantivo, mas somente instrumentalizar os direitos de participação e comunicação democrática. Assim, o controle de constitucionalidade seria necessário apenas nos casos que tratam do procedimento democrático e da forma deliberativa da formação da vontade política (*democracia deliberativa*). Isso porque não caberia ao Judiciário dizer sobre *o que decidir* (conteúdo), mas apenas *como decidir* (procedimento democrático), para que os cidadãos decidam como lhes convier. Seria apenas o caso de garantir procedimentos para ampla deliberação democrática, sem exclusões. No entanto, isso demanda uma prévia *cultura política da liberdade*, de base social estável, a que alude

---

[8] VIANNA, Luiz Werneck (Coord.). *Judicialização da Política e das Relações Sociais no Brasil*. Rio de Janeiro: Revan, 1999.

Habermas, capaz de produzir consenso democrático, bem como, a existência de partidos fortes e livres das pressões econômicas, pautados em instituições firme.

A segunda corrente, que conta os argumentos de Mauro Capelletti e Ronald Dworkin, é a dos chamados *substancialistas*, que entendem que o Judiciário precisa adquirir novo papel ante a função intervencionista do Estado e passar a ser o intérprete do justo na prática social. Se as políticas ganharam mais relevância que a própria lei, o Judiciário necessita constituir-se em poder estratégico, capaz de assegurar que as políticas públicas garantam a democracia e os direitos fundamentais e não interesses hegemônicos específicos. Nessa linha, caberia à Constituição a positivação do ideal de justiça mediante leis básicas, mas incisivas, cuja implementação pelo Judiciário transformaria progressivamente a sociedade e as instituições, conduzindo-as à realização dos valores fundamentais e ao exercício da cidadania. De fato, vê-se que a lei não é criada por um processo substancialmente, mas formalmente democrático. Entretanto, mesmo na democracia direta prevalecem os interesses da maioria, em prejuízo das minorias. Assim sendo, não seria diferente, no sentido de não ser preferível, a "criação" jurisprudencial do direito oriunda da interpretação constitucional, que a conformação das políticas públicas a esse entendimento. Destarte, a *judicialização* das políticas públicas encontra seu fundamento no primado da supremacia da Constituição, tida como *lei fundamental*. Nessa ordem de idéias, o Judiciário não invade o âmbito do Executivo, apenas aplica a Constituição, está sim superior a todos os Poderes Estatais, por serem poderes constituídos, ou seja, o Judiciário apenas exerce sua função, aplica a norma (constitucional).

O Supremo Tribunal Federal[9] entendeu no julgamento da Argüição de Descumprimento de Preceito Fundamental nº 45-9/DF (DJU 04.05.04, p. 12) em decisão monocrática do Ministro Celso de Mello que:

---

[9] "argüição de descumprimento de preceito fundamental. a questão da legitimidade constitucional do controle e da intervenção do poder judiciário em tema de implementação de políticas públicas, quando configurada hipótese de abusividade governamental, dimensão política da jurisdição constitucional atribuída ao supremo tribunal federal, inoponibilidade do arbítrio estatal à efetivação dos direitos sociais, econômicos e culturais, caráter relativo da liberdade de conformação do legislador, considerações em torno da cláusula da 'reserva do possível', necessidade de preservação, em favor dos indivíduos, da integridade e da intangibilidade do núcleo consubstanciador do 'mínimo existencial', viabilidade instrumental da argüição de descumprimento no processo de concretização das liberdades positivas (direitos constitucionais de segunda geração)". Embora a decisão final tenha sido no sentido de considerar prejudicado o pedido – diante da implementação da política por lei posterior – o teor da decisão merece referência, diante de sua sintonia perfeita com o aqui disposto.

"se e quando os órgãos estatais competentes, por descumprirem os encargos político-jurídicos que sobre eles incidem, vierem a comprometer, com tal comportamento, a eficácia e a integridade de direitos individuais e/ou coletivos impregnados de estatura constitucional, ainda que derivados de cláusulas revestidas de conteúdo programático".

Existindo este papel do Poder Judiciário, há que se considerar, na determinação da implementação da política pública, o princípio da "reserva do possível", mas apenas na estrita medida em que esta reserva se mostre, efetivamente, existente. Ainda que reconheça a necessária vinculação da implementação dos direitos sociais aos limites financeiros do Estado, ressalta a decisão que isto não implica a liberdade plena do Estado em, a seu juízo, concretizar ou não a norma garantidora do direito fundamental. A "reserva do possível" não poderá, portanto, ser invocada sem qualquer critério, com o intuito apenas de exonerar o Poder Público de cumprir com sua função constitucional de implementar os direitos fundamentais. Ressalta ainda que:

"Não se mostrará lícito, no entanto, ao Poder Público, em tal hipótese – mediante indevida manipulação de sua atividade financeira e/ou político-administrativa – criar obstáculo artificial que revele o ilegítimo, arbitrário e censurável propósito de fraudar, de frustrar e de inviabilizar o estabelecimento e a preservação, em favor da pessoa e dos cidadãos, de condições materiais mínimas de existência. Cumpre advertir, desse modo, que a cláusula da 'reserva do possível' ressalvada a ocorrência de justo motivo objetivamente aferível – não pode ser invocada, pelo Estado, com a finalidade de exonerar-se do cumprimento de suas obrigações constitucionais, notadamente quando, dessa conduta governamental negativa, puder resultar nulificação ou, até mesmo, aniquilação de direitos constitucionais impregnados de um sentido de essencial fundamentalidade".

Conclusão

Se a finalidade da ação do Poder Público é defender o interesse público, e, tanto o Executivo, o Legislativo, quanto o Judiciário são componentes desse Poder, ao invés de apelarem de maneira inadequada para o princípio da divisão dos Poderes, deveriam identificar, juntos, o interesse público mais relevante na questão. Não estará o juiz usurpando a atribuição de qualquer representante de outra função do

Estado? Não estará agindo como legislador, já que sua preocupação não é a de criar a política pública, mas apenas a de exprimir a vontade da lei em relação à condução dela pelo Estado? Também o Poder Judiciário não estará se auto-atribuindo o papel de agente do Executivo, especialmente quando se percebe que a sua função se limita a indicar a direção a ser trilhada pelo Estado?

Não se espera que o Judiciário domine os demais Poderes visto que não há superioridade de um dos poderes sobre os demais, nem subordinação entre os mesmos. O Judiciário não pode tampouco se ater, apenas e simplesmente, a julgar de maneira formal e tecnicista, conforme determinou o legislador ou conforme previu o administrador público. O papel do Judiciário é também o de estar constantemente revendo suas próprias decisões e tentando, através das mesmas, realizar a sua função social. Deve haver interligação entre os poderes como também de respeito aos espaços de cada um pois, só através dessa igualdade de condiçõs para atuar conseguiremos ver o progresso e a melhoria da dinâmica do Estado e, conseqüentemente, da qualidade de vida da população.

Referências Bibliográficas

ÁPPIO, Eduardo. *Controle Judicial das Políticas Públicas no Brasil.* Curitiba: Juruá, 2005.

BARCELLOS, Ana Paula de. Neoconstitucionalismo, direitos fundamentais e controle das políticas públicas. *Revista Diálogo Jurídico*, ano 7, nº 15, janeiro/março de 2007. Salvador, 2007, p. 2-31.

CAPPELLETTI, Mauro. *Juízes Legisladores?* Porto Alegre: S. A. Fabris, 1993.

COMPARATO, Fábio Konder. Ensaio sobre o juízo de constitucionalidade de políticas públicas. *Revista Interesse Público*, ano 4, nº 16, outubro/dezembro de 2002. Porto Alegre: Notadez, 2002, p. 49-63,

FALCÃO, Joaquim. *Estratégias para a Reforma do Judiciário*. In: RENAULT, Sergio Rabelo Tamm e BOTTINI, Pierpaolo (coords.). *Reforma do Judiciário*. São Paulo: Saraiva, 2005.

KRELL, Andreas J. *Direitos Sociais e Controle Judicial no Brasil e na Alemanha:* Os (dez) caminhos de um direito constitucional "comparado". Porto Alegre: Sérgio Antônio Fabris, 2002.

VIANNA, Luiz Werneck (Coord.). *Judicialização da Política e das Relações Sociais no Brasil*. Rio de Janeiro: Revan, 1999.

4 UMA ANÁLISE DA CONSTITUCIONALIDADE DA REFORMA DO ESTADO BRASILEIRO

Fábio de Oliveira

Mestre e Doutor em Direito pela Universidade do Estado do Rio de Janeiro. Pós-Gradução *Lato Sensu* e Pesquisador Visitante na Faculdade de Direito da Universidade de Coimbra. Pós-Doutorando em Direito na Universidade Federal de Santa Catarina. Professor da Pós-Graduação em Direito da UERJ e da Universidade Cândido Mendes. Professor e Coordenador do Núcleo de Direito Constitucional do Ibmec-RJ.

Resumo

O texto tem por objeto uma análise da teoria do Estado a partir da teoria da Constituição. O foco está em construir um juízo de compatibilidade e/ou incompatibilidade entre reformas do Estado e o modelo estatal preconizado pela Lei Fundamental. Parte-se da idéia de que a teoria do Estado não pode ser trabalhada, compreendida, apartada da teoria da Constituição. Ora, é a Constituição que funda o Estado, conquanto não esgote a sua disciplina, o seu funcionamento. O Estado configurado pela Constituição, o Estado Constitucional.

Palavras-chave

Estado, Reforma, Constitucionalidade.

Sumário

1. Nota inicial. 2. Introdução. 3. A reforma do Estado vista da Constituição: hipóteses de investigação. 4. Vozes sobre a problemática. 5. Reforma na normatividade da Constituição: as emendas. 6. Reforma na normatividade da legislação infraconstitucional: o Plano Nacional de Desestatização. 7. Considerações finais. 8. Referências Bibliográficas.

1. Nota inicial

Este texto é representativo das pesquisas e conversações desenvolvidas pelo Núcleo de Direito Constitucional do Ibmec-RJ, durante o período de abril até julho de 2007.[1] Com alterações, computados os acréscimos,[2] o conteúdo deste trabalho segue a linha daquele apresentado na *II Jornada Carioca de Iniciação Científica*, realizada pelo Ibmec-RJ, em setembro do mesmo ano.

Tendo em vista a alta complexidade e vasta abrangência do objeto, das graves polêmicas que permeiam o assunto, da delicadeza da abordagem, o que pode explicar o pouco trato que a doutrina jurídica nacional empresta ao assunto, a pesquisa empreendida, em razão também do tempo da sua execução e observada a sua natureza, vem a ensejar um recorte da matéria, um traçado geral, um mapeamento da problemática, a qual, ao lado de se ressentir da carência analítica sob o ângulo aqui assumido, é envolta por paixões pessoais e ideológico-partidárias, em disputas políticas, elementos econômicos, influxos internacionais, além, entretanto, e tal é a sede própria da corrente investigação, de demandar a compreensão da plataforma constitucional, com as suas aberturas e fechamentos.

De fato, enfrenta-se o intricado tema, que, por vezes é esquecido ou desconsiderado, e em outras, não é tratado com o cuidado que se impõe da compatibilidade entre a reforma do Estado e a Carta Magna. É ver a reforma do Estado brasileiro com os olhos da Lei Fundamental de 1988. Afinal, o que e em que medida a Constituição tem a dizer sobre as modificações do arquétipo estatal? Poder-se-ia fazer ainda uma indagação prévia: a Constituição possui realmente algo a dizer? A reforma do Estado está sujeita ao controle de constitucionalidade?

O intuito do ensaio está em proporcionar respostas ou caminhos para tais interrogações.

---

[1] Desde a sua criação, no primeiro semestre de 2007, o Núcleo de Direito Constitucional, sob a minha coordenação, é composto pelos discentes Carolina Pieri Moreira Pinto, Gustavo Savedra Nunes, João Manoel de Lima Junior e Stefan Doerzapff Alvino, todos comprometidos e competentes. A associação do esforço, interesse, da contribuição de cada um, possibilita que se tenha, verdadeiramente, uma atividade de grupo.

[2] O artigo se beneficia das discussões e estudos em curso no Pós-Doutorado da Faculdade de Direito da UFSC, sob a grata e douta supervisão do Professor Sergio Cademartori.

2. Introdução

De saída, importa fixar uma premissa que transcorre por toda a exposição. Nada é estranho à Constituição. Ou ela prevê, explicitamente, sobre o caso, seja proibindo, facultando ou exigindo, ou ela não prescreve expressamente, o que não significa um *vazio constitucional*, uma ausência de normatização, pois que a existência, sempre presente, de regulação implícita. Por outros termos: a Lei Maior, através das suas regras e princípios, força, *e.g.*, do art. 5º, § 2º, tem, invariavelmente algo a dizer, não se cala, independente da hipótese. Calha ressaltar que a inocorrência de disciplina explícita não leva, necessariamente, à conclusão da permissividade. A falta de comando expresso não impede que a inteligência revele interdição. Ora bem: a normatividade imanente, tal qual a outra, pode denotar obrigação de fazer, de não fazer, de dar, ou liberalidade. Não se admite, tanto pelo pressuposto quanto pela ilação, o ditado *quem cala, consente*. Não há, no fiel, *silêncio constitucional*. A resposta é certa, incontornável.[3]

Cumpre afirmar: para toda causa confrontada com a Lei Fundamental, posta nos lindes da aferição de constitucionalidade, uma vez chamada a jurisdição, somente se colocam duas alternativas: 1ª) declarar a constitucionalidade; 2ª) declarar a inconstitucionalidade. Não há uma terceira alternativa, intermédia, sem tomada de posição: 3ª) nem constitucional e nem inconstitucional, meio constitucional e meio inconstitucional. A terceira opção, absurda, incogitável, equivale, na verdade, a um *non liquet*, parece traduzir uma abstenção de julgar pelo hiato de solução, uma neutralidade frente à carência de norma a resolver o caso. Bem notado, porém, tal comportamento manifesta uma complacência, um atestado de validade, de constitucionalidade. Toda vez que o Judiciário se furta a apreciar, aduz que não é legítimo para julgar, ao tempo em que viola a inafastabilidade do controle jurisdicional (art. 5º, XXXV, CF), desconhecendo os mecanismos de integração do direito (art. 4º, LICC; art. 126, CPC), avaliza, sem nem tomar conhecimento do ponto *sub judice*, sem examinar a questão posta à sua ciência e veredicto, a regularidade do ato, a sua licitude.

---

[3] Adota-se, em linha, a *teoria da única resposta certa*, formulada por Ronald Dworkin, de alto impacto metodológico, hermenêutico, que subjaz a uma compreensão de vigorosa força vinculante da Constituição, restringindo, conformando, a esfera da discricionariedade. Entre outros, clássico, *Taking rights seriously*. Cambridge, Massachusetts: Harvard University Press, 1977. Tb. OLIVEIRA, Fábio de. *Por uma Teoria dos Princípios: o Princípio Constitucional da Razoabilidade*. 2ª ed. rev. atual. ampl. Rio de Janeiro: Lumen Juris, 2007, p. 127-135, p. 192-197.

O que se quer asseverar, de acordo com os contornos deste ensaio, é que a reforma do Estado deve respeito aos ditames constitucionais, está submetida, como todo o mais, à fiscalização jurisdicional de constitucionalidade. E não é difícil de entender a razão. A Constituição funda o Estado, estabelece o seu modelo, determina a sua índole. Isto em virtude dos valores constantes na sociedade, dos objetivos a alcançar, dos direitos fundamentais. Na instância jurídica, a primeira fonte para se saber o tipo de Estado, o tipo preconizado, é exatamente a Carta Maior. É ela que empreende o desenho estatal. Não interessa, aqui, perscrutar, propriamente, a relação entre o *Estado Jurídico*, aquele constitucionalmente traçado, o *dever ser*, e o *Estado Real*, aquele faticamente disposto, o *ser*.[4] O que importa é redargüir a outra interrogação. O Estado, conforme estipulado pela *Lex Legum*, pode ser plenamente reformado, sem quaisquer limites e condicionamentos, ou a reforma encontra subordinações, isto é, no que tange a presente investigação, há um Estado, configurado constitucionalmente que não admite reforma?

Sustenta-se que há uma dimensão do Estado brasileiro, consoante o protótipo da Carta Constitucional, que não pode ser afetado por revisões, que está isenta, protegida, de toda reforma. A reforma estatal, se ocorrente por meio da normatividade constitucional, pelo recurso a emendas, retrata poder constituinte derivado e, assim, encontra conformações, não pode tudo. Se em trâmite pela legislação infraconstitucional, está obrigada, em função da hierarquia das normas, a não violar a Carta Magna. Tendo em vista a unidade da Constituição, a coerência e a influência recíproca entre seus mandamentos, o molde estatal é parte do todo constitucional e, portanto, é convertível a um núcleo, a uma base intocável, à essência da Lei Fundamental. Defende-se, pois, que o Estado possui um âmago inexpugnável, um mínimo a ser preservado, sob pena da sua descaracterização, uma esfera vedada a qualquer mudança. Reformar não é destruir tudo para, desta feita, construir a partir do nada. É sim modificação parcial. Por outras palavras: no seu íntimo, o Estado brasileiro ostenta um arquétipo, espelho do seu caráter, que consolida cláusula pétrea, porque do espírito da Constituição.

É evidente que quanto menos a Constituição versa acerca do Estado, quanto menor o delineamento constitucional, mais liberdade de reforma há, maior a flexibilidade. Vale salientar, outrossim, que muito

---

[4] As expressões *Estado Jurídico* e *Estado Real* são um paralelismo com os termos *Constituição Jurídica* e *Constituição Real*, cunhadas por Ferdinand Lassalle.

da estruturação estatal não é constante da Carta Magna, acha formatação na legislação infraconstitucional e, inclusive, em atos administrativos.

A assimilação da fisionomia do Estado, com a determinação daquilo que se abre à reforma ou não, implica adentrar no mérito da Constituição Dirigente, isto é, levar em conta a programática vertida, as incumbências, metas, atribuídas ao Poder Público, o papel da comunidade, a margem decisória dos Governos. Imprescindível definir a vinculação advinda do dirigismo, sem esquecer dos embates sobre a sua valia e atualidade.[5]

Cabe anotar ainda que o cenário é formado pelos aportes da cartilha neoliberal e pelos impulsos da globalização.

Resta, assim, patente a indissociabilidade entre a teoria do Estado e a teoria da Constituição.

3. A reforma do Estado vista da Constituição: hipóteses de investigação

Enfoca-se, em especial, a compatibilidade entre reformas implementadas ao Estado brasileiro e à Constituição Federal de 1988, nomeadamente em dois motes: as emendas constitucionais e, na legislação ordinária, o *Plano Nacional de Desestatização*.

No que tange ao *Plano Nacional de Desestatização*, haja vista a sua característica de pauta ordenadora das privatizações, a análise objetiva responder se tal programa se coaduna com os limites permitidos para mudança do perfil estatal através da via infraconstitucional. Já as emendas à Constituição são perquiridas a fim de estabelecer se as alterações introduzidas exorbitaram dos limites próprios do poder constituinte derivado.

---

[5] V. CANOTILHO, José Joaquim Gomes. *Constituição Dirigente e vinculação do legislador: contributo para a compreensão das normas constitucionais programáticas*. 2ª ed. Coimbra: Coimbra Editora, 2001. Tb. OLIVEIRA, Fábio de. *Morte e vida da Constituição Dirigente: compreensão geral e brasileira*. Tese de Doutorado. Universidade do Estado do Rio de Janeiro, Faculdade de Direito, 2006; *A Constituição Dirigente: morte e vida no pensamento do Doutor Gomes Canotilho*. In: Revista Brasileira de Direito Comparado, Rio de Janeiro: Instituto de Direito Comparado Luso-Brasileiro, nº 28, p. 195-228, 2005; *A Constituição Dirigente está morta... Viva a Constituição Dirigente!* In: A reconstrução democrática do Direito Público no Brasil. (Org. Luís Roberto Barroso) Rio de Janeiro: Renovar, p. 83-112, 2007.

A empreitada se depara, então, com três desafios: o primeiro é o de definir os alicerces que caracterizam o perfil do Estado plasmado pela Constituição; o segundo é concluir pela constitucionalidade ou inconstitucionalidade do *Plano Nacional de Desestatização*; o terceiro é verificar a validade ou invalidade de emendas feitas à Carta Magna.

Vê-se uma acentuada celeuma doutrinária, onde é possível identificar duas grandes vertentes. Uma defensora da necessidade de modificar o modelo estatal no intuito de um Estado Mínimo, na tradução de uma inspiração que se poderia ter como neoliberal. Outra vertente sustenta a impossibilidade de reformas sob tal inspiração. Renomados doutrinadores, tais como Eros Roberto Grau, Lenio Luiz Streck e Paulo Bonavides, defendem a inconstitucionalidade de mudanças operadas no perfil do Estado brasileiro.

De todo modo, o debate sobre a anunciada crise do *Welfare State*, modelo constitucional do Estado brasileiro, a transição para um Estado Regulador, a postulação da inevitabilidade de se reconhecer um Estado Débil, que tem a sua capacidade cogente reduzida, enfraquecida, diluída, um Estado Negociador, que precisa conversar com os agentes antagônicos ou rebeldes, que perdeu poder impositivo.[6]

Ademais, uma aproximação ou absorção do modelo de administração, regime, da iniciativa privada, capaz de otimizar a ação do Poder Público, propiciando uma conduta mais transparente, apta a responder, com maior eficiência, menos burocracia, aos reclames da sociedade.

Por intermédio do *Plano Nacional de Desestatização*, Lei nº 9.491, de 9 de setembro de 1997, que revogou a Lei nº 8.031/90, esta a primeira versão, foi promovida uma diminuição da atuação direta do Poder Público, identificada como uma retração da presença estatal. Recebe, normalmente, a qualificação de medida de cariz neoliberal. Questiona-se a existência de conflito com o molde do Estado Providência, conforme marcado pela Lei Maior. Por seu lado, a Constituição mesma incorporou variadas emendas, as quais operaram mudanças de relevo na feição estatal.

Compete realçar que, para os efeitos deste escrito, não interessa uma opinião, exclusivamente, sobre a pertinência ou não das reformas,

---

[6] AVELÃS NUNES, António José. *Breve reflexão sobre o chamado estado regulador.* In: Seqüência, Revista do Curso de Pós-Graduação em Direito da Universidade Federal de Santa Catarina, ano XXVII, n. 54, p. 9-17, jul. de 2007.

se boas ou más, em uma idéia tão apenas individual, se oportunas ou não, convenientes ou não. Não se trata de concordar ou não com as reformas, mas sim de atestar a consonância delas com o preceituado pela Carta de 1988.

4. Vozes sobre a problemática

A partir do primeiro governo do Presidente Fernando Henrique Cardoso deu-se início a uma série de emendas que implicaram em importantes mudanças no sistema constitucional, com destaque primordial para as áreas econômica e administrativa. Em acordo com a política econômica levada avante pelo Governo Federal, foram extintos monopólios estatais, eliminados impedimentos ao capital estrangeiro e abolidos favorecimentos ao capital nacional. Em consonância com as modificações de estatura constitucional, seguiu a legislação ordinária. Com esteio no plano veiculado pela Lei nº 9.491/97, executou-se um largo processo de desestatização, com a privatização de entidades outrora classificadas como estratégicas.

Sobre o contexto em voga, Eros Roberto Grau, atual Ministro do Supremo Tribunal Federal, afirma: "A política *neoliberal* também nessa matéria implementada pelo governo Fernando Henrique é incompatível com os fundamentos do Brasil, afirmados no art. 3º da Constituição de 1988, e com a norma veiculada pelo seu art. 170".[7] Ao identificar o modelo econômico do bem-estar social como o estipulado pela Constituição brasileira, assevera o Ministro do Supremo Tribunal Federal:

> Esse modelo, desenhado desde o disposto nos seus arts. 1º e 3º, até o quanto enunciado no seu art. 170º, não pode ser ignorado pelo Poder Executivo, cuja violação pelas definições constitucionais de caráter conformador e impositivo é óbvia. Assim, os programas de governo deste e daquele Presidente da República é que devem ser adaptados à Constituição, e não o inverso, como se tem pretendido. A incompatibilidade entre qualquer deles e o modelo por ela definido consubstancia situação de inconstitucionalidade, institucional e/ou normativa.[8]

---

[7] GRAU, Eros Roberto. *A Ordem Econômica na Constituição de 1988*. 5ª ed. rev. atual. São Paulo: Malheiros, 2000, p. 36.

[8] *Idem*, p. 37.

Segundo Lenio Luiz Streck, existe uma contradição entre o neoliberalismo e a normatividade da *Constituição Social* brasileira. Assinala o autor que, enquanto já se observa um refluxo das teses neoliberais, no Brasil prega-se o recrudescimento destas políticas: o Estado Absenteísta a substituir o Estado Providência.[9] Conforme averba Streck,

> a inefetividade da Constituição está assentada em um plano mais complexo, a partir da negativa dos Tribunais (assumindo maior relevância, aqui, os Tribunais Superiores) em dar efetividade aos princípios e às assim denominadas "normas programáticas", ainda consideradas como "meramente" programáticas. Veja-se a dificuldade em fazer valer o valor da parametricidade do art. 3º da Constituição, que consubstancia o Estado Social na Constituição. Uma hermenêutica adequada aponta, por exemplo, para a inconstitucionalidade de muitas das privatizações realizadas nos últimos oito anos; muito embora tais teses tenham recebido guarida na justiça federal, foram esvaziadas em grau de recurso pelo STJ e pelo STF.[10]

Paulo Bonavides sustenta que houve uma "ruptura da ordem institucional", um "golpe branco que alterou as bases do sistema, com o Estado, a soberania e a Constituição mutiladas por uma política desnacionalizadora da economia e geradora de colossal dívida interna e externa".[11] Assevera Bonavides:

> "A política de sujeição colide, por inteiro, com os artigos cardeais da Constituição. Se houvesse efetivamente neste País um tribunal constitucional, as regras dessa política já teriam sido fulminadas de absoluta inconstitucionalidade e os atos executivos que lhe deram concreção declarados nulos de pleno direito".[12]

Em outra margem, o Presidente Fernando Henrique Cardoso contesta os entendimentos de que o seu governo promoveu a implantação de uma política de cunho neoliberal. Em um trecho:

---

[9] STRECK, Lenio Luiz. *Hermenêutica Jurídica e(m) Crise: uma Exploração Hermenêutica da Construção do Direito*. 2ª ed. rev. ampl. Porto Alegre: Livraria do Advogado, 2000, p. 26 e 27.

[10] STRECK, Lenio Luiz. *Jurisdição Constitucional e Hermenêutica: uma Nova Crítica do Direito*. 2ª ed. Rio de Janeiro: Forense, 2004, p. 78.

[11] BONAVIDES, Paulo. *A Ideologia da Globalização e o Antagonismo Neoliberal à Constituição*. In: *Teoria Constitucional da Democracia Participativa: por um Direito Constitucional de Luta e Resistência, por uma Nova Hermenêutica, por uma Repolitização da legitimidade*. São Paulo: Malheiros, 2001, 77.

[12] BONAVIDES, Paulo. *A Globalização e a Soberania: Aspectos Constitucionais*. In: *Teoria Constitucional da Democracia Participativa*, cit., p. 91.

"Por motivos de luta político-ideológica, assim como por pouca informação, muita gente quer confundir ou confunde esta nova postura com o antigo 'neoliberalismo'. Mas a verdade é que (...) o que se trata é da reconstrução do Estado para ser capaz de, respeitadas as limitações do mercado, atender com não menor devoção aos anseios de solidariedade e de novas formas de atuação. Nunca, porém, de destruição ou de minimização do Estado e da ação dos governos".[13]

Vem de longa data, desde antes até da entrada em vigor da Carta de 1988, o *discurso da ingovernabilidade*, pronunciado já à época pelo Presidente José Sarney, de que a Constituição tornaria o país ingovernável. A Constituição teria trazido uma normatividade vetusta, anacrônica, cerrada, que, por isto então, necessitaria de alterações centrais.

Nesta esteira, o pensamento de Diogo de Figueiredo Moreira Neto:

> A Constituição de 1988 foi saudada como um auspicioso marco de progresso para o País. O que há de realidade nesse otimismo fica muito a depender do conceito que se tenha do progresso.
>
> Entendido como um processo de amplo conteúdo de aperfeiçoamento das sociedades humanas, não podemos deixar de conotá-lo aos vários campos em que se desdobra a vida societária; nessa perspectiva, a nova Carta, *analisada como instrumento de desenvolvimento econômico*, é muito mais conservadora que progressista.
>
> Curiosamente, a Constituição de 1988, que em tantos aspectos foi inovadora e até ousada, não rompeu com vícios estatizantes que herdamos de cerca de meio século de experiência desenvolvimentista, dos quais trinta e cinco anos sob regimes autoritários.
>
> O estatismo, tão em moda durante toda a primeira metade deste século, arraigou-se e reforçou-se entre nós desde a Revolução de Trinta a tal ponto que hoje, enquanto o mundo retoma o caminho do progresso pela competição e pela cooperação, enclausuramo-nos num modelo obsoleto, marcado por vícios políticos e econômicos que estão sendo superados até nos países socialistas, onde a estatização atingiu seus extremos.[14]

---

[13] CARDOSO, Fernando Henrique. Notas sobre a Reforma do Estado. *Revista Novos Estudos*, nº 50, CEBRAP, mar./1998, p. 7.

[14] MOREIRA NETO, Diogo de Figueiredo. *O Estado e a Economia na Constituição de 1988*. In: *Revista de Informação Legislativa*, nº 152, p. 5-20, out./dez. 2001, p. 5.

Segundo Diogo de Figueiredo Moreira Neto, "o fato de a Carta política brasileira de 1988 ter sido um último e extremado modelo de texto analítico dirigente" é causa da sua instabilidade.[15] Preconiza uma *adaptabilidade*, uma *flexibilização constitucional*.

Na literatura nacional, contam-se posições bastante diferentes, diametralmente opostas, acerca tanto da qualificação das reformas quanto da constitucionalidade das mesmas.

5. Reforma na normatividade da Constituição: as emendas

São enumeradas as emendas constitucionais que refletem as mencionadas transformações do Estado brasileiro.

A Emenda Constitucional nº 5, de 15 de agosto de 1995, veio a permitir a concessão da exploração de serviços de gás por empresas privadas, quando antes o Estado só poderia delegar tal atividade para empresas estatais.

A Emenda nº 6, da mesma data, suprimiu o art. 171 da Constituição, que conceituava empresa brasileira de capital nacional e conferia a ela preferências, proteções e benefícios especiais. Modificou o inciso IX do art. 170 que privilegiava as empresas brasileiras de capital nacional de pequeno porte. Com o advento da emenda, o tratamento favorecido é devido a todas as empresas de pequeno porte constituídas sob as leis brasileiras e que tenham sua sede e administração no território pátrio, não importando serem de capital nacional ou estrangeiro.

A Emenda Constitucional nº 8, igualmente da mesma data, autorizou a delegação de serviços de telecomunicações e de radiodifusão sonora e de sons e imagens a entidades privadas, porquanto antes apenas a empresas sob controle acionário do Estado. Modificou-se a redação do art. 176, § 1º, para admitir que a pesquisa e lavra de recursos minerais e o aproveitamento dos potenciais de energia hidráulica sejam efetuados por empresas constituídas de acordo com as leis brasileiras e que possuam sede no país, não mais havendo a exigência do capital nacional.

---

[15] MOREIRA NETO, Diogo de Figueiredo. *Legitimidade Constitucional*. In: *Direito Empresarial Público*. (Coords. Marcos Juruena Villela Souto e Carla C. Marshall) Rio de Janeiro: Lumen Juris, páginas 3-18 do artigo, 2002, página 6 da citação.

A Emenda Constitucional nº 9, de 9 de novembro do mesmo ano, relativizou o monopólio estatal do setor petrolífero, permitindo que a União utilizasse os serviços de empresas privadas nas pesquisas e na lavra das jazidas de petróleo e gás natural, na refinação do petróleo nacional ou estrangeiro, na importação e exportação dos produtos e derivados básicos, bem como no transporte marítimo do petróleo bruto nacional ou derivados produzidos no país e o transporte, por meio de conduto, de petróleo bruto, derivados e gás natural de qualquer origem.

A Emenda nº 13, de 21 de agosto de 1996, abriu o setor de resseguros à iniciativa privada.

A Emenda Constitucional nº 19, denominada *Emenda da Reforma Administrativa*, de 4 de junho de 1998, eliminou o regime jurídico único do serviço público; determinou a avaliação especial de desempenho como condição para adquirir a estabilidade; previu a perda do cargo do servidor estável na hipótese de insuficiência de desempenho a ser comprovada em processo administrativo que assegure ampla defesa; estabeleceu a possibilidade de exoneração dos servidores não estáveis e estáveis para compatibilizar as despesas com pessoal ativo e inativo aos limites fixados por lei complementar.

A Emenda Constitucional nº 20, intitulada *Reforma da Previdência*, datada de 15 do mesmo ano, estabeleceu, como teto para o valor das aposentadorias e pensões no serviço público, o limite máximo do regime geral de previdência social, facultando à Administração Pública, para compensar eventuais perdas financeiras, a adoção de fundos de previdência complementar, além de estabelecer novos requisitos para aposentadoria do servidor público.

A Emenda Constitucional nº 41, de 19 de dezembro de 2003, uma das Emendas Constitucionais mais polêmicas, em combate ao anunciado *déficit* da Previdência, promoveu várias mudanças de relevo, dentre as quais: o cálculo das aposentadorias e pensões dos servidores públicos passa a ser feito com esteio na média das remunerações utilizadas como base para as contribuições, não mais no valor da última remuneração; fim da paridade entre servidores ativos e inativos, resguardado este direito aos já aposentados e pensionistas ao tempo da publicação da emenda; redução do valor da pensão, que deixa de ser integral; contribuição previdenciária de servidores inativos.

A Emenda nº 47, de 5 de julho de 2005, dispôs normas de caráter administrativo e previdenciário, acrescentando algumas regras específicas, mas sem se afastar da linha das reformas precedentes. Dentre uma das suas novidades, a determinação de que a lei venha a disciplinar "um sistema especial de inclusão previdenciária para atender a trabalhadores de baixa renda e àqueles sem renda própria que se dediquem exclusivamente ao trabalho doméstico no âmbito de sua residência, desde que pertencentes a famílias de baixa renda, garantindo-lhes acesso a benefícios de valor igual a um salário-mínimo."

A Emenda nº 48, de 10 de agosto de 2005, acrescentou um terceiro parágrafo ao art. 215 para preceituar que a lei estabelecerá o *Plano Nacional de Cultura*. O *Plano*, de duração plurianual, visa ao desenvolvimento cultural do País e à integração das ações do Poder Público, tendo por objetivos: a defesa e valorização do patrimônio cultural brasileiro; a produção, promoção e difusão de bens culturais; a formação de pessoal qualificado para a gestão da cultura em suas múltiplas dimensões; a democratização do acesso aos bens de cultura; a valorização da diversidade étnica e regional.

A Emenda nº 49, de 8 de fevereiro de 2006, rompeu o monopólio da União para a *produção*, a *comercialização* e a *utilização de radioisótopos de meia-vida curta*, para usos *médicos*, *agrícolas* e *industriais*.

6. Reforma na normatividade da legislação infraconstitucional: o Plano Nacional de Desestatização

O *Plano Nacional de Desestatização*, Lei nº 9.491/97, teve como principal escopo estruturar a mudança na estratégia do Estado brasileiro no âmbito econômico. Por mudança se entende o processo de privatizações de *empresas* estatais. Ou seja, o Estado, baseado ou guiado por esta lei, promove alienações à iniciativa privada, retrai a sua estrutura. Este processo importa em acentuadas mudanças na forma de participação do Estado na economia. O Estado deixa de ser um Estado Empreendedor para ser um Estado Regulador. Fica delegada à iniciativa privada (ao *mercado*) a função de realizar atividades e negócios com relevante potencial de impacto na sociedade. Setores como, por exemplo, o bancário, o de telecomunicações e o de mineração.

A referida lei, logo em seu artigo 1º, inciso I, menciona o propósito e a fundamentação, quando informa que visa a "reordenar" a posição do Estado na economia, passando à iniciativa privada atividades exercidas "indevidamente" pelo Estado. É justamente no termo "indevidamente" que reside um ponto importante para o debate. Tendo em vista que este termo carrega em seu bojo um juízo valorativo, uma *opinião* acerca do que o Estado pode, deve ou não fazer. Todavia, os deveres estatais, conquanto versados, por vezes, em fórmulas indeterminadas, envergam uma densidade mínima. Assim, é cogitar qual conformação pode ser extraída da Carta Constitucional, isto é, qual a concretização cabível, alcançável, de maneira a considerar as atividades estatais em uma discriminação de prestação direta pelo Poder Público ou de execução por pessoas privadas.

Confira-se a redação legal:

> "Art. 1º O Programa Nacional de Desestatização tem como objetivos fundamentais: I – reordenar a posição estratégica do Estado na economia, transferindo à iniciativa privada atividades indevidamente exploradas pelo setor público; II – contribuir para a reestruturação econômica do setor público, especialmente através da melhoria do perfil e da redução da dívida pública líquida; III – permitir a retomada de investimentos nas empresas e atividades que vierem a ser transferidas à iniciativa privada; IV – contribuir para a reestruturação econômica do setor privado, especialmente para a modernização da infra-estrutura e do parque industrial do País, ampliando sua competitividade e reforçando na capacidade empresarial nos diversos setores da economia, inclusive através da concessão de crédito; V – permitir que a Administração Pública concentre seus esforços nas atividades em que a presença do Estado seja fundamental para a consecução das prioridades nacionais; VI – contribuir para o fortalecimento do mercado de capitais, através do acréscimo da oferta de valores mobiliários e da democratização da propriedade do capital das empresas que integrarem o Programa".

Nesse diapasão, houve a privatização, por exemplo, da Companhia Siderúrgica Nacional, da USIMINAS, da Companhia Vale do Rio Doce, da Telebrás, da LIGHT e da Rede Ferroviária Federal, além de várias outras instituições no âmbito dos Estados-Membros e dos Municípios, com destaque para os Bancos Estaduais (BANERJ, BANESPA, BEMGE, entre outros). Acompanhando a dinâmica, foram criadas as Agências

Reguladoras: a Agência Nacional de Telecomunicações (ANATEL), a Agência Nacional de Energia Elétrica (ANEEL), a Agência Nacional do Petróleo (ANP), *e.g.*

A questão é determinar quais atividades estão entre aquelas que devem ter atuação direta ou monopólio pela Administração Pública e quais não. Não se contesta que a desestatização deve representar ganho para a sociedade, as privatizações devem ser proveitosas para os direitos fundamentais.

Esta a razão por trás da celeuma envolvendo a constitucionalidade da política de privatizações, pois para que a constitucionalidade desta política seja firmada a Administração Pública deve poder demonstrar os seguintes fatores:

1) que a maneira mais eficaz para o alcance das finalidades (programas) estatais de promoção e garantia dos direitos fundamentais é abster-se de empreender determinadas atividades econômicas;

2) que a adoção desta política está situada dentro das fronteiras de atuação estabelecidas pela Constituição, ou seja, na esfera do juízo discricionário;

3) que as privatizações/desestatizações, em nenhuma medida, alteram o cerne, o núcleo, da natureza do Estado erguido constitucionalmente.

Indaga-se, pois, se, ao preferir regular ao invés de empreender, o Governo estaria indo contra a Constituição, isto é, se estaria fazendo uma opção onde não há liberdade de escolha. Em outros termos, se o Governo estaria se furtando ao cumprimento dos programas impostos pela Lei Maior. Ao se confirmar tal hipótese, as privatizações estariam eivadas de inconstitucionalidade, já que a Lei Fundamental limita e condiciona o proceder estatal tanto em sua finalidade quanto em seus meios de conduta.

7. Considerações finais

Tendo por finco somente a tese de que o Estado, conforme arquitetado pela redação originária da Constituição de 1988, ostenta um núcleo imodificável, não é difícil perceber o embaraço de assegurar a inconstitucionalidade das citadas reformas perpetradas ao Estado.

Não se está a aventar outros fundamentos de inconstitucionalidade, como o direito adquirido no caso da contribuição dos inativos, argumento, como se sabe, rejeitado pelo Supremo Tribunal Federal quando julgou pela validade da Emenda nº 41.[16] Não se está desconsiderando a possibilidade de vícios nas privatizações ocorridas, análise pontual, caso a caso.

O que se está argüindo é o cabimento de afirmar que a exploração de serviços de gás por empresas privadas, autorizada pela Emenda nº 5, ou que a relativização do monopólio estatal do setor petrolífero, instituída pela Emenda nº 9, vulneram a Carta Magna, ou seja, o núcleo essencial do Estado. A viabilidade de afirmar que o *Plano Nacional de Desestatização*, em si mesmo, está em confronto com a Lei Maior, em choque com o projeto constitucional.

Já diverso, porém não isento de sérios obstáculos, é perguntar se privatizações, em tese, como as da Telebrás ou da LIGHT ferem o desenho constitucional do Estado brasileiro.

É imprescindível demonstrar, evidenciar a vulneração da Carta Política, deixar patente que não há espaço para a deliberação em questão, que a deliberação não está sediada na *reserva de Governo*.

Uma coisa é discordar de uma emenda ou das privatizações em bloco ou em particular, outra é propugnar pela inconstitucionalidade. Repita-se: o ponto nuclear é averiguar se a Carta Maior deixa campo aberto para as decisões tomadas, porque, se há liberdade para escolher a linha da política pública ou da reforma estatal, então é legítimo, válido, o juízo adotado.

---

[16] Ação Direta de Inconstitucionalidade nº 3.105-8. DJU, 18.02.2005. Veja-se a ementa: "Inconstitucionalidade. Seguridade social. Servidor público. Vencimentos. Proventos de aposentadoria e pensões. Sujeição à incidência de contribuição previdenciária. Ofensa a direito adquirido no ato de aposentadoria. Não ocorrência. Contribuição social. Exigência patrimonial de natureza tributária. Inexistência de norma de imunidade tributária absoluta. Emenda Constitucional nº 41/2003 (art. 4º, *caput*). Regra não retroativa. Incidência sobre fatos geradores ocorridos depois do início de sua vigência. Precedentes da Corte. Inteligência dos arts. 5º, XXXVI, 146, III, 149, 150, I e III, 194, 195, *caput*, II e § 6º, da CF, e art. 4º, *caput*, da EC nº 41/2003. No ordenamento jurídico vigente, não há norma, expressa nem sistemática, que atribua à condição jurídico subjetiva da aposentadoria de servidor público o efeito de lhe gerar direito subjetivo como poder de subtrair *ad aeternum* a percepção dos respectivos proventos e pensões à incidência de lei tributária que, anterior ou ulterior, os submeta à incidência de contribuição previdencial. Noutras palavras, não há, em nosso ordenamento, nenhuma norma jurídica válida que, como efeito específico do fato jurídico da aposentadoria, lhe imunize os proventos e as pensões, de modo absoluto, à tributação de ordem constitucional, qualquer que seja a modalidade do tributo eleito, donde não haver, a respeito, direito adquirido com o aposentamento".

De todo modo, é importante perceber como o problema se põe no contexto brasileiro, país de *capitalismo tardio ou de modernidade tardia* (Lenio Streck). É preciso notar as diversidades de cenário: debater o neoliberalismo na Inglaterra ou nos Estados Unidos não é o mesmo que debater no Brasil ou no Equador.

Em atenção ao cenário nacional, a assertiva de Luís Roberto Barroso:

> Como se percebe, o projeto da modernidade não se consumou. Por isso, não pode ceder passagem. Não no direito constitucional. A pós-modernidade, na porção em que apreendida pelo pensamento neoliberal, é descrente do constitucionalismo em geral, e o vê como um entrave ao desmonte do Estado social.[17]

É certo que um Estado Mínimo, ausente, passivo, um Estado que não seja prestacional, está em desacordo com a pauta da Carta Magna e, se políticas são planejadas e executadas nesta direção, então são contaminadas, inquinadas de inconstitucionalidade. Não existe dúvida de que a Constituição edifica um Estado Social, que, como já assentado, não pode ser desnaturado, porque representativo de um programa que não pode ser abandonado, porquanto longe de ser satisfeito.

O Poder Judiciário, no Brasil como em outras partes do mundo, vem sendo chamado a se posicionar acerca das reformas, seja em nível constitucional ou infraconstitucional. No que se convencionou denominar de *juridicização da política* ou *politização da Justiça*, o Judiciário é um dos protagonistas dos acontecimentos.

Por fim, devido registrar que emendas constitucionais vieram na linha da confirmação ou mesmo do reforço do Estado Providência. É o caso da Emenda Constitucional nº 26, de 14 de fevereiro de 2000, que alterou a redação do art. 6º para incluir, expressamente, entre os direitos sociais ali enumerados, o direito fundamental à moradia. A hipótese da Emenda nº 29, de 13 de setembro de 2000, que dispôs sobre recursos mínimos a serem aplicados para o financiamento dos serviços públicos de saúde e ensino. A Emenda nº 31, de 14 de dezembro de 2000, acrescentou artigos ao Ato das Disposições Constitucionais Transitórias para

---

[17] BARROSO, Luís Roberto. *Fundamentos teóricos e filosóficos do novo direito constitucional brasileiro: pós-modernidade, teoria crítica e pós-positivismo*. In: Anuario Iberoamericano de Justicia Constitucional, 5, 2001 – Separata, p. 17.

criar, no âmbito do Executivo Federal, o Fundo de Combate e Erradicação da Pobreza, a vigorar até 2010, prevendo que também os Estados, o Distrito Federal e os Municípios criem Fundos desta natureza. Já a Emenda nº 47, de 5 de julho de 2005, veio a disciplinar "um sistema especial de inclusão previdenciária para atender a trabalhadores de baixa renda e àqueles sem renda própria que se dediquem exclusivamente ao trabalho doméstico no âmbito de sua residência, desde que pertencentes a famílias de baixa renda, garantindo-lhes acesso a benefícios de valor igual a um salário-mínimo."

Repita-se, em função do mote desta pesquisa: o juízo sobre a constitucionalidade das aludidas reformas estatais toma por parâmetro, exclusivamente, a índole do Estado edificada pela Lei Magna. Isto a partir da tese de que é possível identificar, através da interpretação da Constituição, em conjugação com o ambiente empírico, o *núcleo duro* do Estado brasileiro, o seu âmago, que não pode ser atingido por qualquer reforma.

É notório que o ímpeto de reformas, no Brasil e alhures, tem inspiração neoliberal e alavanca na globalização. Como anotado, não há dúvida de que o Estado (Neo)Liberal é diferente, antagônico, ao modelo estatal construído pela Carta de 1988. Contada a complicação da adjetivação, resta a pergunta: toda a proposta de colorido neoliberal, que tenha apoio nesta matriz, é, só por isto, inconstitucional? Sustenta-se que não, sem embargo de algumas postulações ou medidas já nascerem com a presunção de inconstitucionalidade.

Urge investir na construção, por meio da aliança entre a teoria do Estado e a teoria da Constituição, de uma teoria consistente, concretizadora, do Estado Constitucional (Zagrebelsky) brasileiro. A empreitada é árdua, sofisticada. Requer, por ilustração, enfrentar o conceito de democracia.[18] A tarefa é indispensável a fim de conferir balizas seguras para a conferência entre as reformas postuladas ou implementadas ao Estado e a normatividade da Constituição.

---

[18] V., *e.g.*, CADEMARTORI, Daniela Mesquita Leutchuk de; CADEMARTORI, Sergio Urquhart de. *A relação entre Estado de direito e democracia no pensamento de Bobbio e Ferrajoli*. In: *Seqüência*, Revista do Curso de Pós-Graduação em Direito da Universidade Federal de Santa Catarina, ano XXVI, nº 53, p. 145-162, dez. de 2006.

Referências Bibliográficas

AVELÃS NUNES, António José. *Breve Reflexão sobre o Chamado Estado Regulador.* In: Seqüência, Revista do Curso de Pós-Graduação em Direito da Universidade Federal de Santa Catarina, ano XXVII, nº 54, p. 9-17, jul. de 2007.

BARROSO, Luís Roberto. *Fundamentos Teóricos e Filosóficos do Novo Direito Constitucional Brasileiro: Pós-modernidade, Teoria Crítica e Pós-positivismo.* In: Anuario Iberoamericano de Justicia Constitucional, 5, 2001 – Separata.

BONAVIDES, Paulo. *A Globalização e a Soberania: Aspectos Constitucionais.* In: Teoria Constitucional da Democracia Participativa: por um Direito Constitucional de Luta e Resistência, por uma Nova Hermenêutica, por uma Repolitização da Legitimidade. São Paulo: Malheiros, 2001.

_____. *A Ideologia da Globalização e o Antagonismo Neoliberal à Constituição.* In: Teoria Constitucional da Democracia Participativa: por um Direito Constitucional de Luta e Resistência, por uma Nova Hermenêutica, por uma Repolitização da Legitimidade. São Paulo: Malheiros, 2001.

CADEMARTORI, Daniela Mesquita Leutchuk de; CADEMARTORI, Sergio Urquhart de. *A Relação entre Estado de Direito e Democracia no Pensamento de Bobbio e Ferrajoli.* In: Seqüência, Revista do Curso de Pós-Graduação em Direito da Universidade Federal de Santa Catarina, ano XXVI, nº 53, p. 145-162, dez. de 2006.

CANOTILHO, José Joaquim Gomes. *Constituição Dirigente e Vinculação do Legislador: Contributo para a Compreensão das Normas Constitucionais programáticas.* 2ª ed. Coimbra: Coimbra Editora, 2001.

CARDOSO, Fernando Henrique. Notas sobre a reforma do Estado. *Revista Novos Estudos*, nº 50, CEBRAP, mar./1998.

DWOKIN, RONALD. *Taking Rights Seriously.* Cambridge, Massachusetts: Harvard University Press, 1977.

GRAU, Eros Roberto. *A Ordem Econômica na Constituição de 1988.* 5ª ed. rev. atual. São Paulo: Malheiros, 2000.

MOREIRA NETO, Diogo de Figueiredo. *Legitimidade Constitucional.* In: Direito Empresarial Público. (Coords. Marcos Juruena Villela Souto e Carla C. Marshall) Rio de Janeiro: Lumen Juris, p. 3-18, 2002.

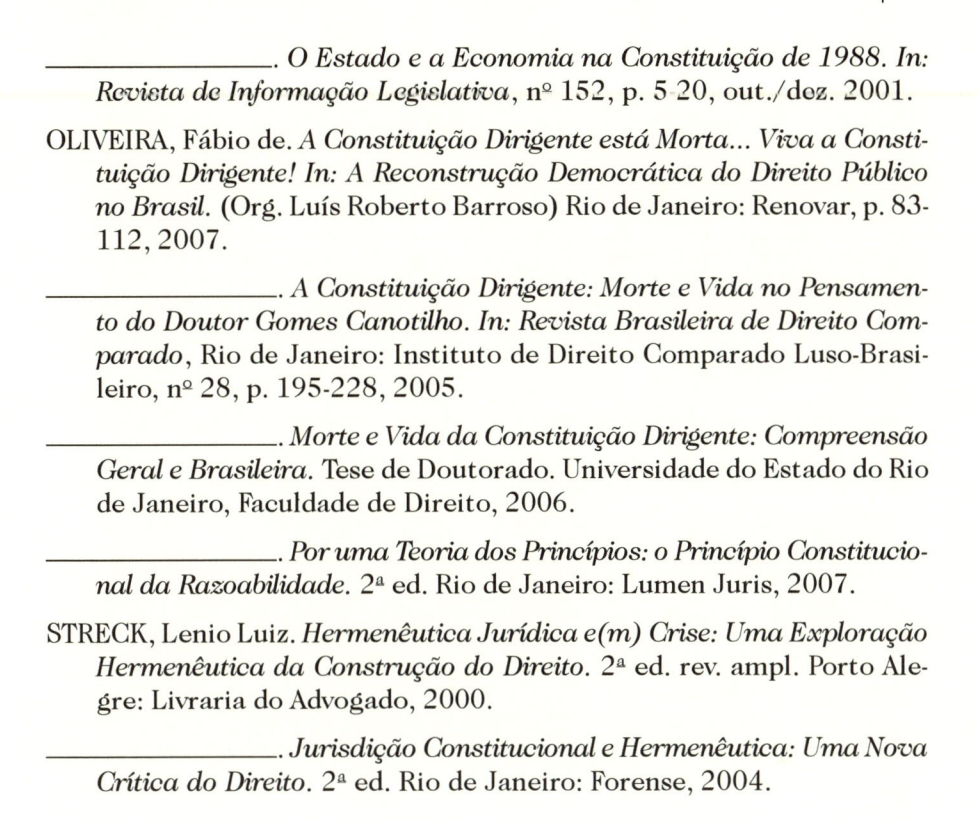

_____. *O Estado e a Economia na Constituição de 1988*. In: *Revista de Informação Legislativa*, nº 152, p. 5-20, out./dez. 2001.

OLIVEIRA, Fábio de. *A Constituição Dirigente está Morta... Viva a Constituição Dirigente! In: A Reconstrução Democrática do Direito Público no Brasil.* (Org. Luís Roberto Barroso) Rio de Janeiro: Renovar, p. 83-112, 2007.

_____. *A Constituição Dirigente: Morte e Vida no Pensamento do Doutor Gomes Canotilho*. In: *Revista Brasileira de Direito Comparado*, Rio de Janeiro: Instituto de Direito Comparado Luso-Brasileiro, nº 28, p. 195-228, 2005.

_____. *Morte e Vida da Constituição Dirigente: Compreensão Geral e Brasileira*. Tese de Doutorado. Universidade do Estado do Rio de Janeiro, Faculdade de Direito, 2006.

_____. *Por uma Teoria dos Princípios: o Princípio Constitucional da Razoabilidade*. 2ª ed. Rio de Janeiro: Lumen Juris, 2007.

STRECK, Lenio Luiz. *Hermenêutica Jurídica e(m) Crise: Uma Exploração Hermenêutica da Construção do Direito*. 2ª ed. rev. ampl. Porto Alegre: Livraria do Advogado, 2000.

_____. *Jurisdição Constitucional e Hermenêutica: Uma Nova Crítica do Direito*. 2ª ed. Rio de Janeiro: Forense, 2004.

5 LIBERDADE DE EXPRESSÃO E DIREITO À PRIVACIDADE

Um Desafio à Harmonia e à Inteireza na Ordem Constitucional Pátria

José Eduardo Junqueira

Resumo

Pretende este artigo suscitar a reflexão sobre as conseqüências práticas e quotidianas da colisão, no plano concreto, de princípios constitucionais do mais elevado quilate, quais sejam, as liberdades de expressão e de imprensa, de um lado, e a privacidade e a intimidade, de outro.

Assim, pretende-se, neste trabalho, abordar os desafios jurídicos que emanam da necessidade, permanente e indisponível, de, a um só tempo, garantir a diversidade e a hamonia entre as diversas gamas de conceitos e valores consagrados no Texto Constitucional

Palavras-chave

Colisão de Princípios; Liberdade de Expressão; Vida Privada; Privacidade; Direitos da Personalidade; Interesse Público.

O tema do presente trabalho tem, por inspiração, os ventos democráticos que sopram, muito apropriadamente, no Brasil, nas últimas três décadas e que têm, como corolário imediato, o vasto rol de direitos e garantias fundamentais do indivíduo, contemplados na ordem constitucional vigente.

Assim, visa-se a analisar e discutir as manifestações da tutela à liberdade de expressão e ao direito à privacidade, como os mesmos se interagem, se relacionam e até mesmo se contradizem, ainda que inseridos no seio de um sistema unitário e harmônico.

Antes de tecermos quaisquer digressões acerca do objeto em tela, imprescindível se apresenta o delineamento da relevância e atualidade da *quaestio* sob comento.

Atualmente, vem sendo relembrado, estudado e analisado, com muita acuidade, o golpe de Estado que instaurou, no ano de 1964, um regime de exceção no país. Tal período, como de conhecimento público, foi marcado pela consagração da ampla liberdade de atuação do poder central, permitindo-se à administração pública atuação extremamente abrangente e ao cidadão, em contrapartida, restritíssima salvaguarda jurídica.

Neste diapasão, a ordem legal que vigia à época se utilizava, em larga escala, de restrições às mais diversas manifestações da liberdade individual, com o desiderato de impor seu modo de governo e sua atuação policial, legitimando-se em milagres econômicos e eficiente propaganda oficial.

No que pertine especificamente ao objeto do presente artigo, durante o referido período totalitário, todas as formas de manifestação do pensamento e de emissão de informação eram rigorosamente controladas pelo ente público, com o escopo, muitas vezes, de silenciar tanto o indivíduo quanto os meios de comunicação, no que tange aos abusos e ilegalidades perpetrados pelo regime de exceção.

Neste diapasão, pode-se afiançar que os princípios da liberdade de expressão e de informação – abrangendo o direito de informar e ser informado – em nosso sistema restaram absolutamente mitigados em tal momento histórico.

Com o desiderato de exemplificar tal quadro opressivo das garantias individuais socorremo-nos à recente e muito comentada obra literária da lavra do jornalista Elio Gaspari, que esmiúça o período aduzido.

Na referida obra, o autor narra casos absolutamente pitorescos, mas que trazem, em seu bojo, visceral relação com os fins do presente trabalho, que busca, em última análise, identificar os exatos limites da propagação informativa sob a tutela juridicidade. Neste sentido, narra o autor forte ingerência estatal na liberdade de informação, ao se proibir noticiar-se um surto de meningite meningocócica na cidade do Rio de Janeiro, fato que levou à morte milhares de pessoas.[1]

Tal hipótese concreta se mostra emblemática, no que tange ao delineamento das restrições impostas à manifestação da expressão e da informação, que sobrelevavam, inclusive, temáticas de interesse e relevância pública.

Em suma, direitos, que atualmente poderiam ser taxados como comezinhos, no seio de um Estado de Direito, alicerçado sobre os pilares do respeito à dignidade humana e da democracia, naquela época eram objeto de mais vigorosos vilipêndios.

No que concerne especificamente aos direitos que fundam este trabalho, quais sejam, a liberdade de expressão e a vida privada, tal momento sociopolítico se apresenta deveras traumático admitindo-se sua sobrelevação, em nome da proteção a uma determinada forma de governo e da garantia da segurança nacional.

Assim, sob tais escusas, admitia-se a mais plena devassa na esfera privada do indivíduo, não se cogitando refúgio privado a que o ente estatal não tivesse acesso. Na mesma linha e pelos mesmos fundamentos, a expressão e a informação eram fiscalizadas, podadas, censuradas, só se concebendo seus exercícios após vigorosa aprovação da Administração Pública.

Com o advento do regime democrático em 1985, após o intervalo ditatorial de 21 anos, procedeu-se ao desmonte do aparelho liberticida e abriu-se caminho ao novo poder constituinte.

Destarte, no ano de 1988, promulga-se a Constituição Federal, sob a alcunha de "Constituição Cidadã", de caráter extremamente libertário e democrático, em cujo preâmbulo já se contemplam os objetivos de-

---

[1] GASPARI, Elio. *A Ditadura Derrotada*. 1ª ed. São Paulo: Cia. das Letras, 2004, p. 127.

mocráticos e plurais que hão de nortear toda a Carta Política. Neste sentido, no inaugurar do Texto Maior se colaciona, *in verbis*:

> Nós, representantes do povo brasileiro, reunidos em Assembléia Nacional Constituinte para instituir um Estado Democrático, destinado a assegurar o exercício dos direitos sociais e individuais, a liberdade, a segurança, o bem-estar, o desenvolvimento, a igualdade e a justiça como valores supremos de uma sociedade fraterna, pluralista e sem preconceitos, fundada na harmonia social e comprometida, na ordem interna e internacional, com a solução pacífica das controvérsias, promulgamos, sob a proteção de Deus, a seguinte CONSTITUIÇÃO DA REPÚBLICA FEDERATIVA DO BRASIL.

Verifica-se, pois, um texto constitucional, preocupado eminentemente com os valores humanos e democráticos, buscando garantir a salvaguarda do homem, tanto individualmente considerando, quanto integrado ao tecido social.

Neste diapasão, a Constituição vigente assegura, textualmente, como direitos fundamentais do indivíduo, a liberdade de expressão e a vida privada, garantindo, de um lado, a sua interveniência no meio social, através da plena manifestação do pensamento e, de outro, o seu refúgio privado, em atmosfera alheia à intromissão social, o que se viabiliza pelo direito à privacidade.

Note-se, pois, que tais direitos têm, por suas próprias naturezas, predisposição à interação recíproca. Assim, há de se grifar que tais direitos não vedam o exercício do outro, muito pelo contrário, complementam-se, obrigando ao operador do Direito o patrocínio do manejo equilibrado e harmonioso entre ambos.

Recentemente, vivenciamos exemplo do intrincado mister do exegeta, quando debruçado sobre a identificação do liame de legalidade, ou não, de determinada manifestação da expressão, quando enveredada nas férteis terras da vida privada.

Estamos a nos referir a ato do Excelentíssimo Senhor Presidente da República, que se sentiu pessoalmente ofendido por reportagem produzida por jornalista estrangeiro e exibida em periódico americano, imputando-lhe condutas etílicas, de cunho freqüente e desmedido, que estariam preocupando a população brasileira e embaçando-lhe a eficiência governamental.

Sem entrarmos na seara da veracidade de tais postulados, estamos diante de um típico choque entre a liberdade de manifestar o pensamento individual, de um lado, e o direito do homem de se manter numa redoma privada intangível ao acesso público, de outro. Como veremos no momento oportuno, tal complexa relação tem, por critério resolutivo, o interesse público na propalação coletiva de determinada informação. Neste diapasão, prender-nos-emos à exaustiva análise do verdadeiro sentido de interesse público, examinando os elementos essenciais de sua configuração.

1. A sociedade da informação como órbita de conflitos principiológicos

Imprescindível para que possamos atingir os propósitos do presente artigo se mostra o exame do ambiente social, onde se materializa o conflito principiológico, objeto desta exposição, qual seja, a afamada "sociedade da informação".

Hodiernamente, tem-se, como uníssona, a constatação do singular significado da informação no meio social, e estamos a tratar a informação em seu sentido mais amplo, albergando o que Guilherme Doring Cunha Pereira[2] definiu como:

> qualquer notícia sobre a realidade, proveniente da comunicação, feita por outras pessoas ou adquirida pela observação ou raciocínio próprios; em suma, informação enquanto correlata ao ato de conhecer.

Não se concebe, nos dias atuais, a vida social sem uma gama de conhecimentos informativos. Assim, necessitamos de informação para sairmos de casa e irmos com exatidão ao destino que pretendemos; necessitamos de informação para trabalhar, estudar, para nos divertirmos e, até, para nos aborrecermos, necessitamos de informação. Neste sentido, como sintetizou Aluízio Ferreira,[3] "deter informação é questão de sobrevivência tanto individual (física, emocional e psíquica) quanto social e política".

---
[2] PEREIRA, Guilherme Doring Cunha. *Liberdade e Responsabilidade dos Meios de Comunicação*. São Paulo: Editora Revista dos Tribunais, 2002, p. 23.
[3] FERREIRA, Aluízio. *Direito à Informação, Direito à Comunicação*. São Paulo: Celso Bastos/IBDC, 1997, p. 80.

Esta relação nítida de dependência social, quanto ao domínio informativo, deu azo ao que hoje concebemos como "sociedade da informação".

Segundo a lição de William J. Martin[4] a sociedade da informação é vislumbrada como:

> uma sociedade na qual a qualidade de vida, bem como as perspectivas de transformação social e de desenvolvimento econômico, dependem crescentemente da informação e da sua exploração.

E prossegue Martin afirmando que:

> Isso se evidencia em um crescente acúmulo de produtos e serviços de elevado grau de intensidade de informação, difundidos por um extenso leque de meios de comunicação.

A chamada "sociedade da informação" identifica-se pela propulsão de grandes conglomerados empresariais cuja atividade reside exatamente na captação, seleção e divulgação de material informativo. Tal sistemática, nascedouro dos conhecidos bancos de dados, das listas de informações e dos cadastros pessoais, acabou por colocar tais instituições em extremo destaque, em uma sociedade regida pela globalização, pela volatilidade das relações e a impessoalidade do tratamento.

Neste sentido Denis de Moraes[5] assevera que:

> A indústria global da comunicação gravita em torno de corporações capazes de operar, ao mesmo tempo, em ramos correlatos ou cruzados, sem limites geográficos ou culturais.

Destarte, nos meandros da "sociedade da informação" possibilita-se, por meio de uma rede interligada de instrumentos tecnológicos, a captação de informações, sobre as mais diversas temáticas, envolvendo as mais variadas personalidades, e, principalmente, sua imediata e irrestrita veiculação.

Tal emaranhado informativo coaduna instrumentos veiculativos eminentemente tradicionais como o telefone, o rádio, a televisão e os jornais, em paralelo ao grande fenômeno da comunicação moderna, a

---

[4] MARTIN, William J. *The Global Information Society*. Vermont: Brookfield, 1995, p. 3.
[5] MORAES, Denis de. *O Concreto e o Virtual – Mídia, Cultura e Tecnologia*. Rio de Janeiro: DP&A Editora 2001, p.13.

Internet, que, com o auxílio de avançados utensílios de informática, possibilita uma verdadeira pulverização informativa por todo o globo terrestre, em tempo real.

Em suma, qualifica-se a sociedade da informação por estar arrimada em uma rede global de veículos de comunicação, que permitem a coleta, armazenagem e transmissão de dados, numa velocidade e extensão jamais imaginada.

Por todo o exposto, se materializa a sociedade da informação no campo onde se entrelaçam os interesses em voga, uma vez que, ao mesmo tempo em que o homem busca dar ao mundo uma unidade interativa através da informação e da comunicação, pretende o mesmo homem manter para si um microcosmo de individualidade absoluta, denominada privacidade. Esta incongruência é, precisamente, o objeto deste estudo.

2. A colisão principiológica e a ponderação de interesses

O termo "princípio" tem sua origem etimológica advinda do latim *principium*, que significa início, começo, origem, nascedouro. Segundo aponta Paulo Bonavides,[6] citando Luiz Diez Picazo, o emprego de tal vocabulário deriva da geometria, onde designa as verdades primeiras.

Vislumbrando o termo princípio sob tal prisma, Celso Antônio Bandeira de Mello[7] definiu princípio constitucional como:

> ... "mandamento nuclear de um sistema, verdadeiro alicerce dele, disposição fundamental que se irradia sobre diferentes normas compondo-lhes o espírito e servindo de critério para sua exata compreensão e inteligência, exatamente por definir a lógica e a racionalidade do sistema normativo, no que lhe confere a tônica e lhe dá sentido harmônico".

Na esteira de tal entendimento, Cármen Lúcia Antunes Rocha[8] conceitua os princípios constitucionais como:

---

[6] BONAVIDES, Paulo. *Curso de Direito Constitucional*. 7ª ed. São Paulo: Malheiros, 1998, p. 228.

[7] MELLO, Celso Antônio Bandeira de. *Curso de Direito Administrativo*. 8ª ed. São Paulo: Malheiros Editores, 1996. p. 545-546.

[8] ROCHA, Cármem Lúcia Antunes. *Princípios Constitucionais da Administração Pública*. Belo Horizonte: Del Rey, 1994, p. 25.

conteúdos primários diretores do sistema jurídico-normativo fundamental de um Estado. Dotados de originalidade e superioridade material sobre todos os conteúdos que formam o ordenamento constitucional, os valores firmados pela sociedade são transformados pelo Direito em princípios.

Atualmente, a partir da denominada dogmática pós-positivista dos princípios, deixaram estes de serem concebidos como meros instrumentos de interpretação e integração das normas, passando a serem concebidos como verdadeiras formas de expressão destas. Estamos a nos referir ao reconhecimento da teoria da eficácia normativa dos princípios.

É o que se extrai da lição de Jorge Miranda,[9] ao expor que:

> os princípios não se colocam, pois, além ou acima do Direito (ou do próprio Direito positivo); também eles – em uma visão ampla, superadora de concepções positivistas, literalistas e absolutizantes das fontes legais – fazem parte do complexo ordenamental. Não se contrapõem às normas, contrapõem-se tão-somente aos preceitos; as normas jurídicas é que se dividem em normas-princípios e normas-disposições.

Com arrimo em tal lição pode-se asseverar que, na fase pós-positivista, os princípios são reconhecidos como normas jurídicas, podendo, assim como as regras, impor obrigação legal.

A essência normativa dos princípios também tem assento nas linhas de Norberto Bobbio,[10] que vislumbra os princípios como "normas fundamentais ou generalíssimas do sistema, as normas mais gerais".

Fundamenta Bobbio[11] sua convicção em uma dupla vertente. Segundo os seus singulares termos:

> Para sustentar que os princípios gerais são normas, os argumentos são dois, e ambos válidos: antes de mais nada, se são normas aquelas das quais os princípios gerais são extraídos, através de um procedimento de generalização sucessiva, não se vê por que não devam ser normas também eles: se abstraio da espécie animal obtenho sempre animais, e não flores ou estrelas. Em segun-

---

[9] MIRANDA, Jorge. *Manual de Direito Constitucional*. V. 1, 4ª ed. Coimbra: Coimbra, 1990, p. 198.
[10] BOBBIO, Norberto. *Teoria do Ordenamento Jurídico*. 7ª ed. Brasília: UNB, 1996, p. 159.
[11] *Ibid*.

do lugar, a função para qual são extraídos e empregados é a mesma cumprida por todas as normas, isto é, a função de regular um caso. E com que finalidade são extraídos em caso de lacuna? Para regular um comportamento não-regulamentado: mas então servem ao mesmo escopo que servem as normas. E por que não deveriam ser normas?

O reconhecimento da teoria que os princípios possuem eficácia normativa se materializa no cerne deste trabalho, visto que exatamente em tal propósito reside a possibilidade de conflitos, no exame do caso concreto, entre interesses juridicamente tutelados. Isto porque, como os princípios se notariarizam por sua generalidade e abstração, não raras vezes, dois ou mais princípios passam a reger o mesmo caso concreto.

Segundo Robert Alexy,[12] os princípios coexistem harmonicamente, sendo eventuais conflitos resolvidos por um exercício de ponderação, implementado sobre os interesses envolvidos no caso concreto, por meio do qual se possibilita a identificação daquele interesse que se apresente preponderante em relação aos demais, conforme as peculiaridades da hipótese concreta.

Tal assertiva se fulcra no entendimento de Alexy de que:

> princípios e ponderações são dois lados do mesmo objeto. Um é do tipo teorico-normativo, o outro, metodológico. Quem efetua ponderações no direito pressupõe que as normas, entre as quais é ponderado, têm a estrutura de princípios e quem classifica normas como princípios deve chegar a ponderações. A discussão sobre a teoria dos princípios é, com isso, essencialmente, uma discussão sobre ponderação.

Interessante grifar que, no caso de colisão principiológica, como vimos acima, o balanceamento de valores e interesses, atrelados ao caso concreto, possibilita a obtenção de uma atmosfera de co-existência harmoniosa, entre os diversos princípios em rota colidente.

Tal assertiva se arrima na forte lição de Edilsom Pereira de Farias:[13]

---

[12] ALEXY, Robert. Colisão de Direitos Fundamentais e Realização de Direitos Fundamentais no Estado de Direito Democrático. *Revista de Direito Administrativo*. Trad. por Luís Afonso Heck, Rio de Janeiro, nº 217, 1999, p. 145.

[13] FARIAS, Edilsom Pereira de. *Colisão de Direitos – A Honra, a Intimidade, a Vida Privada e a Imagem Versus a Liberdade de Expressão e Informação*. 2ª ed. Porto Alegre: Sergio Antonio Fabris Editor, 2000, p. 120.

Vale dizer: não se resolve a colisão entre dois princípios suprimindo um em favor do outro. A colisão será solucionada levando-se em conta o peso ou a importância relativa de cada princípio, a fim de escolher qual deles no caso concreto prevalecerá ou sofrerá menos constrição do que o outro.

Com base no acima narrado, pode-se concluir que a solução da colisão de princípios constitucionais operacionaliza-se no âmbito valorativo, ou seja, sopesando as circunstâncias, que cercam o caso concreto, com o fito de se identificar, dentre os preceitos colidentes, o que possui maior peso, segundo as peculiaridades do caso concreto.

Contudo, há de se frisar que a precedência de determinado princípio constitucional, nos casos de tensão principiológica, não resulta na invalidação de um deles, mas tão-somente no seu afastamento para aplicação normativa de outro princípio, também integrante da ordem constitucional, que se mostre, pelas peculiaridades do caso, jungido de maior relevo.

Em suma, quando da colisão, entre dois ou mais princípios constitucionais, há de prevalecer aquele que, levando-se em conta as peculiaridades do caso concreto, se apresente dotado de maior nobreza, o que o credencia a regular a hipótese concreta.

Assim, desde o momento em que se verificou que certo fato está sob a égide protetiva de dois princípios constitucionais, que divergem entre si nas soluções apresentadas, deve-se atuar, impondo constrições recíprocas, sobre os interesses protegidos pelos princípios em voga, buscando-se um ponto de equilíbrio, de forma que a limitação seja a menos gravosa possível, possibilitando-se uma convivência pacífica entre ambos.

Segundo ensina Canotilho:[14]

> as idéias de ponderação (*Abwägung*) ou de balanceamento (*balancing*) surgem em todo o lado onde haja necessidade de "encontrar o Direito" para resolver "casos de tensão" (*Ossenbühl*) entre bens juridicamente protegidos.

O procedimento a ser adotado pelo intérprete terá que primar pela realização de um balanço comparativo, entre o peso genérico que cada princípio tenha na hipótese concreta. Quanto a tal ponto, vale lembrar

---

[14] CANOTILHO, J. J. Gomes. *Direito Constitucional e Teoria da Constituição*. 2ª ed. Coimbra: Editora Almedina, 1998, p. 1109.

que existe uma total ausência de hierarquia, entre as normas constitucionais, o que importa dizer que a amplitude de restrição, a ser conferida a cada um dos princípios em discussão, dependerá da intensidade com que eles estejam envolvidos na situação concreta.

No que concerne à ressalva oposta a cada princípio, esta deve ser a mais adequada possível, a fim de assegurar a permanência do outro princípio, no seio da ordem constitucional.

Em suma, pode-se afirmar que o balanceamento valorativo, empreendido pela ponderação, há de evidenciar o interesse casuisticamente preponderante, impondo, todavia, a menor restrição possível ao interesse contraposto.

3. A liberdade de expressão a a vida privada: o encontro conflitivo

Findado o exame da estrutura conceitual do objeto deste artigo, impõe-se a análise das hipóteses de colisão entre os interesses postos a exame, bem como a pertinência da ponderação de interesses, como mecanismo resolutivo desses conflitos e, por conseguinte, garantidor da unidade do ordenamento constitucional.

Como expusemos anteriormente, a colisão entre direitos de inscrição constitucional, contemplativos de interesses antagônicos, implica no manejo da ponderação de interesses, como técnica determinadora do preponderante direito, segundo as particularidades do caso concreto.

Este o entendimento do Ministro Celso de Mello[15] que magistra que:

> Entendo que a superação dos antagonismos existentes entre princípios constitucionais há de resultar da utilização, pelo Supremo Tribunal Federal, de critérios que lhe permitam ponderar e avaliar, *hic et nunc*, em função de determinado contexto e sob uma perspectiva axiológica concreta, qual deva ser o direito a preponderar no caso, considerada a situação de conflito ocorrente.

Quanto à tal temática conflitiva, não querendo, de forma alguma, conceder excessivo relevo ao objeto da presente, de fino talho se apresenta a relação potencialmente belicosa que une o binômio, liberdade de expressão-vida privada.

---
[15] BRASIL. Supremo Tribunal Federal. MS 24.369-DF. Rel. Min. Celso de Mello, DJU de 16/10/2002.

A veracidade de tal assertiva advém da análise da essência, manifestamente conflitiva, de tais institutos, uma vez que, se de um lado, o livre pensar garante ao seu titular a prerrogativa de conhecer e se manifestar sobre os fatos da vida social, de outro, a privacidade garante ao seu detentor o direito de erigir uma capa protetiva de vedação da cientificação alheia dos seus mais privados aspectos.

Embora tal conclusão, à primeira vista, pudesse soar como manifesto paradoxo, propiciador, inclusive, da implosão de todo o arcabouço jurídico constitucional, se analisarmos tal evento, tendo por fundamento o tecido social eminentemente complexo e heterogêneo a que se destina a nossa ordem constitucional, concluiremos pela inarredável e até lógica consagração, em patamar de igualdade, de direitos com efetiva expressão antagônica.

Tal asseveração se fulcra no fato de que a regulação constitucional originária pátria tem, por pano de fundo, um espectro social absolutamente diversificado e, em muitos casos, desarmonioso. Sob tal prisma, um texto constitucional como o nosso, pautado em princípios democráticos, tende a agasalhar todo o rol de tendências sociais existentes, dando azo à contemplação de valores e interesses absolutamente desconexos.

No que concerne ao agasalho constitucional destinado à privacidade, a Carta Magna vigente se dedicou à confecção do mais completo e amplo arcabouço protetivo da vida privada na história do constitucionalismo pátrio.

A veracidade de tal assertiva repousa cristalina na consagração, como direitos fundamentais do indivíduo, da tutela expressa da privacidade, bem como de várias de suas manifestações, tais como o sigilo de correspondência, telefônico e de dados.

Neste sentido, prescreveu-se no art. 5º, inciso X da Carta Magna, *verbis*:

> X – ... são invioláveis a intimidade, a vida privada, a honra e a intimidade das pessoas, assegurado o direito à indenização pelo dano material ou moral decorrente de sua utilização.

Tal dicção normativa que, como exposto, acolheu ineditamente a vida privada como direito fundamental expresso em nosso sistema, poderia, à primeira vista, possibilitar o advento de errôneo entendimento acerca de uma pretensa tutela absoluta da privacidade.

Todavia, a privacidade, enquanto elemento de um sistema normativo amplo, complexo e heterogêneo como o nosso, possui, como qualquer direito constitucionalmente consagrado, restrições em sua caracterização como direitos absolutos.

Assim, embora a própria narrativa do dispositivo sob comento contemple uma inviolabilidade sem limitações expressas, não nos restam dúvidas acerca da submissão da privacidade, enquanto integrante do sistema normativo, às manifestações identicamente tuteladas que, no exame casuístico, se mostrem dotadas de maior nobreza.

Neste diapasão, dissertou o Ministro Celso de Mello,[16] que:

> não há, no sistema constitucional brasileiro, direitos ou garantias que se revistam de caráter absoluto, mesmo porque razões de relevante interesse público ou exigências derivadas do princípio de convivência das liberdades legitimam, ainda que excepcionalmente, a adoção, por parte dos órgãos estatais, de medidas restritivas das prerrogativas individuais ou coletivas, desde que respeitados os termos estabelecidos pela própria Constituição.

Daí se dizer que a ponderação de interesses, diante da hipótese conflitiva concreta, tem o condão de preservar e garantir a inteireza do ordenamento constitucional, propiciando o juízo valorativo necessário ao perfeito e adequado diagnóstico do interesse que, segundo os particularismos do caso concreto, se mostre munido de maior nobreza e relevância.

Superada a análise da vida privada, enquanto direito fundamental submetido a restrições sistêmicas que a fazem, em muitos casos, ceder para aplicação de outro interesse que se apresente, casuisticamente, dotado de maior quilate, passemos ao exame de sua específica e peculiar relação com a liberdade de expressão.

Embora, como vimos, tenha o constituinte originário acolhido a liberdade de expressão como direito fundamental do indivíduo,[17] impôs, em contrapartida, a tal prerrogativa eminentemente democrática, o seu exercício em consonância com os demais direitos e garantias consagrados no sistema.

---

[16] BRASIL. Supremo Tribunal Federal. MS 23452 – RJ. Rel. Ministro Celso de Mello – j. 16/9/99 – DJU 12/5/00 – Unânime.

[17] Vide Art. 5º, IV da Constituição Federal vigente.

Neste sentido, dispõe o Art. 220 da Carta Maior que:

> Art. 220 – A manifestação do pensamento, a criação, a expressão e a informação, sob qualquer forma, processo ou veículo não sofrerão qualquer restrição, observado o disposto nesta Constituição.

Tal dispositivo tem singular importância no que tange à estipulação de restrições ao exercício da expressão, uma vez que demonstra a inarredável preocupação do constituinte originário com a manutenção da inteireza do ordenamento e a garantia da harmonia, que deve reger a relação entre todos os direitos e garantias que integram tal sistema.

Em suma, pode-se asseverar que, ao consagrar a liberdade de expressão como direito fundamental do indivíduo e, textualmente, atrelar seu pleno e válido exercício à observância de tudo o mais consagrado no texto constitucional, o constituinte tornou inequívoca a preocupação com a garantia da unidade da Constituição.

Assim, sob tais postulados, surgem os direitos da personalidade, como gênero e a privacidade, como espécie, como as mais visíveis e profundas imposições restritivas ao pleno e absoluto exercício da liberdade de expressão, constantes de nossa Carta Constitucional.

Destarte, enquanto dotados de quilate constitucional, a liberdade de expressão e os direitos da personalidade devem se compatibilizar, coexistir harmonicamente, garantindo a inteireza e a completude de um sistema complexo, heterogêneo e aberto.

Neste diapasão, leciona Celso Ribeiro Bastos[18] que:

> Ele (intérprete) terá de avaliar as contradições, antagonismos e antinomias. As Constituições compromissárias, sobretudo, apresentam princípios que expressam ideologias diferentes. Se, portanto, do ponto de vista estritamente lógico, elas podem encerrar verdadeiras contradições, do ponto de vista jurídico são sem dúvida passíveis de harmonização desde que se utilizem as técnicas próprias de direito. A simples letra da lei é superda mediante um processo de cedência recíproca. Dois princípios aparentemente contraditórios podem harmonizar-se desde que abdiquem da pretensão de serem interpretados de forma absoluta. Prevalecerão,

---

[18] BASTOS, Celso Ribeiro e MARTINS, Ives Gandra da Silva. *Comentários à Constituição Brasileira.* V. 1, 2ª ed. São Paulo: Saraiva, 1989, p. 348.

afinal, apenas até o ponto em que deverão renunciar à sua pretensão normativa em favor de um princípio que lhe é antagônico ou divergente.

Nesta linha, repita-se, pela preponderância do tema, que o manejo da ponderação se apresenta de singular importância, para o perfeito atendimento ao escopo protetivo constitucional, uma vez que se trata de técnica possibilitadora de um exercício valorativo delineador da maior relevância, de um ou de outro interesse, no caso concreto.

Enquanto manifestação da personalidade, a vida privada se materializa em importante marco limitativo do pleno e absoluto exercício da liberdade de expressão, estabelecendo, com este, permanente liame conflitivo, cujo juízo de validade da intromissão alheia ou do resguardo privado variará de acordo com as particularidades de cada caso.

A partir de tal delicada relação, busca o intérprete a compatibilização do direito de privacidade ao exercício da liberdade de expressão e de informação, aqui vislumbrada em seu duplo efeito, direito a informar e ser informado, garantindo a inserção do indivíduo numa atmosfera protetiva de seus privados caracteres e, paralelamente, possibilitadora do acesso de terceiros a tais caracteres quando munidos de manifesto interesse público.[19]

Neste sentido, cumpre aduzir que o ponto de dissolução do conflito principiológico sob exame se materializa na indicação do interesse público como critério distintivo entre a intromissão indevida na vida privada e o exercício regular da liberdade de expressão.

O real interesse coletivo, na ciência de aspectos privados da vida de terceiros, é que concede a veste legitimadora da revelação de aspectos da privacidade.

Quanto à exata e adequada configuração do interesse coletivo, precisa a lição de Otávio Frias Filho para quem:

> deve distinguir o interesse público do interesse do público. Aquele compreende os assuntos que dizem respeito à comunidade, seus problemas e valores, seu futuro; este último expressa, sob a forma de fenômeno coletivo, o que não passa de bisbilhotice, frívola ou mórbida.[20]

---

[19] BRASIL. Supremo Tribunal Federal. Recurso Especial nº 58101/SP, Rel. César Asfor Rocha, julgado em 16.09.1997; in: *Revista do Superior Tribunal de Justiça*, nº 104 (abr/98); p. 326/332.

[20] "Morte de Diana desperta uma cruzada purificadora em luta por maneiras de (não) melhorar a imprensa." *Folha de S. Paulo*, São Paulo, 5 out. 1997. Caderno 8, p. 5.

De tal entendimento se extrai que a mera curiosidade, a fragilidade humana de conhecimentos fúteis e imprestáveis, acerca da vida alheia, não tem o condão de legitimar o exercício, válido e legal, da liberdade de expressão, sujeitando seu agente às imputações constitucionais e legais, advindas de ato ofensivo a esta singular manifestação da personalidade, a vida privada.

Assim, perfeitamente delineada a importância da plena compreensão do conceito "interesse público", para os fins científicos da presente obra, apresenta-se imprescindível trazermos à baila a construção doutrinária de Gilberto Haddad Jabur,[21] para quem o sentido exato de tal expressão advém da conjugação de quatro elementos: verdade, necessidade, utilidade e adeqüação.

Para o mencionado autor, a construção do interesse público perpassa, indisponivelmente, pela veracidade do conteúdo informativo a ser ventilado; pela necessidade indisponível de sua divulgação para o pleno desenvolvimento social; pela utilidade da veiculação, ou seja, pelo seu manejo, como instrumental possibilitador do alcance de interesses superiores; pela apresentação informativa de forma adequada, privilegiando o equilíbrio entre o conteúdo informativo e a extensão veiculativa a este destinado.

Assim, com arrimo em tal magistério, podemos asseverar que quando nos referimos à indicação do interesse público, como paradigma para identificação de qualquer prática excessiva da livre manifestação do pensamento, há de se impor que a satisfação do interesse público permeia, inclusive, a forma de elaboração, apresentação e divulgação informativa.

Assim, só condizem com o anseio público e, por conseguinte, só legitimam uma veiculação de aspectos privados da vida alheia, por satisfazerem o interesse coletivo, as informações que tenham origem verídica e cuja exposição se efetive de forma responsável e real.

Neste diapasão, de fino talho o Aresto[22] abaixo colacionado:

> A manifestação do pensamento é livre, como é livre a expressão da atividade de comunicação social, sem prejuízo da inviolabilidade do direito a intimidade, a vida privada, a honra e a imagem das pessoas. Se periódico da imprensa noticia fatos da vida social de

---

[21] JABUR. *Op. cit.*, nota 73, p. 341-345.
[22] BRASIL. Tribunal de Justiça do Estado do Rio de Janeiro. Ap. Cível. nº 1994.001.00909. 5ª CC. Rel. Desembargador Ronald Valladares, j. 16/12/97.

maneira responsável, com base em denuncias autênticas encaminhadas a vários setores da administração pública, para conveniente apuração, não há falar-se em açodamento ou precipitação em divulgar os acontecimentos, sobretudo quando se inclui referência à fonte das informações, utilizando-se expressões compatíveis, e não se atribui, diretamente, crime a pessoa que se considera ofendida. Ausência de tipicidade delituosa no procedimento da editora responsável pelas reportagens impugnadas.

Contemplando, ainda, a necessidade inarredável da veracidade informativa, para satisfação do interesse público, cumpre mencionar o caso em que o cantor e compositor Chico Buarque de Hollanda, certa feita, no bojo de uma entrevista, narrou ter sido objeto de ameaças, por se negar a participar de um festival de música, promovido durante a ditadura militar. Segundo o renomado artista, tal evento teria ocorrido na sede do antigo DOPS.

Com arrimo em tais asseverações, uma das pessoas citadas em tal entrevista, sentindo-se ofendida pelas mesmas, aforou pleito indenizatório, o qual restou improvido, em sede de Embargos Infringentes,[23] sob o fundamento, de além de se tratar de informações verídicas, não houve, por parte do agente prolator, o anseio de ofender a quem quer que fosse.

No mesmo sentido, interessante caso se apreciou perante a Corte de Nova York, que reconheceu o direito ressarcitório de um renomado jogador de baseball, por violação de sua privacidade, causada pela publicação de biografia não autorizada, contendo considerações manifestamente errôneas de sua vida, tais como: ter recebido medalha de bronze na 2ª Grande Guerra, bem como acerca de fatos advindos de seu relacionamento matrimonial ou profissional, que jamais tiveram assento fático real.[24]

Assim, pode-se asseverar que, para perfeito atendimento ao interesse público, há de se analisar, ainda, a forma, a maneira como se propala a informação, se o faz em bases sólidas, com vasto suporte probatório, calcada em elementos consistentes e fidedignos. A conjugação de todos esses elementos se apresenta de cunho indisponível, para

---

[23] BRASIL. Tribunal de Justiça do Estado do Rio de Janeiro. Embargos Infringentes nº 249/95, 2º Grupo, Relator: Desembargador João Webhi Dib.
[24] CARVALHO, Luís Gustavo Grandinetti de. *Direito de Informação e Liberdade de Informação*. Rio de Janeiro: Renovar, 1999, p. 46.

o pleno exercício do juízo distintivo entre a caracterização da relevância da manifestação ou da intromissão lesiva à privacidade alheia.

Um importante traço, a ensejar intromissão danosa à vida privada, materializa-se na necessidade de a liberdade de expressão ser manejada com o fito de trazer a lume fatos novos, desconhecidos de terceiros e que transpareçam com detalhes internos da vida, do quotidiano, ou mesmo de esparsos momentos de outrem, não havendo de se vislumbrar ilicitude na mera reprodução de elementos de domínio público pretérito.

Na esteira, cumpre mencionar o Aresto lavrado nos autos da ação indenizatória, movida pelas filhas do falecido jogador de futebol Garrincha, em virtude da publicação de biografia não autorizada do renomado atleta. A obra, denominada *Estrela Solitária – um brasileiro chamado Garrincha*, da lavra do escritor Rui Castro, ateve-se ao exame da vida profissional e pessoal do polêmico atleta que, reconhecidamente, alternou momentos de inigualável arte e de insofismável drama.

Assim, deteve-se tal obra, entre outros assuntos, ao detalhamento da atribulada vida sexual de Garrincha, de sua tumultuada relação com o álcool, de seus hábitos absolutamente desregrados para um atleta profissional.

Vislumbrando, em tais narrativas, intromissão excessiva nos particularismos da vida privada do jogador, suas filhas intentaram pleito ressarcitório requerendo, dentre outros pedidos, a reparação dos danos morais, experimentados pelo que reputavam uma devassa, não autorizada, na vida de seu finado pai.

Tal pretensão, levada a exame perante o Tribunal de Justiça do Estado do Rio de Janeiro,[25] restou rejeitada, sob o fundamento de que:

> Os fatos narrados no livro são públicos e notórios e estão estampados no tempo em todos os jornais e revistas de então.
>
> Quanto a tal temática, há de se grifar que não estamos aqui, de forma alguma, a aduzir que a reprodução de fatos ofensivos a qualquer indivíduo, desde que já dotados do conhecimento público, não ensejaria dano moral ao retratado. O que estamos a sustentar é que tal lesão atingiria qualquer outro direito da personalidade, que não a vida privada. Nestes casos, o pleito

---

[25] BRASIL. Tribunal de Justiça do Estado do Rio de Janeiro. Ap. Cível nº 2001.001.02270. Rel. Des. Gustavo Kuhl Leite, j. 17/7/01 in *Revista de Direito do Tribunal de Justiça do Estado do Rio de Janeiro*, vol. 53, p. 220, *Revista Forense*, v. 366, p. 254.

indenizatório comumente se arrima em manifestações da personalidade, tais como a imagem ou a honra, jamais a privacidade.

Destarte, por todo o exposto, pode-se concluir que a intrincada necessidade de se erigir um marco delimitador da compatibilização entre as manifestações da liberdade de expressão e da vida privada propicia o manejo da ponderação de interesses, como juízo valorativo dos particularismos envolvidos na *quaestio*, exercido com o desiderato básico de realçar qual espécie de interesse merece maior realce na hipótese concreta, o público ou o privado.

Quanto ao tema, peculiar ainda a situação das pessoas públicas, visto que se esta possuem uma clara e lógica proteção à privacidade menos acentuada do que um cidadão comum, incontroverso se apresenta, contudo, o integral resguardo aos seus caracteres privados, que nenhuma ligação guardem com a motivação de sua notoriedade.

Nas palavras de Jabur:[26]

> não é qualquer motivo, fato ou pretensa notícia que legitima a quebra, mesmo que parcial, da privacidade, a intromissão no círculo recôndito da pessoa.

Assim, existem acontecimentos e detalhes sobre a vida de uma pessoa que, por se distanciarem da motivação de sua notoriedade, permanecem integralmente resguardados pelo direito à privacidade.

Neste sentido, entendemos que já haja uma regulação espontânea do meio social, quanto à maior fragilidade dos atributos da vida privada de uma pessoa notória, no que tange, especificamente, ao fator que a torne pública, vindo a pessoa a gozar de tutela comum da privacidade, nos demais atos de sua vida corriqueira, que não o ato que motive a sua notoriedade.

Conclusão

Liberdade de expressão e vida privada: O Conflito principiológico e a garantia da harmonia e inteireza sistêmica

Como expusemos desde o inaugurar desta, num ambiente social absolutamente complexo e heterogêneo, uma Constituição democrá-

---

[26] *Ibid.*

tica, instituidora de um Estado de Direito, tende a albergar os valores e interesses dos mais diversos segmentos. Neste diapasão, não raras vezes, assumem assento constitucional institutos jurídicos com real e iminente potencial conflitivo.

Sob tal atmosfera, a vida privada e a liberdade de expressão surgem como direitos fundamentais do indivíduo munidos de singular predisposição conflitiva. Tal assertiva se fundamenta na própria natureza de tais garantias uma vez que, enquanto a liberdade de expressão preconiza a integral e irrestrita manifestação exterior do pensamento humano, a vida privada, por seu turno, objetiva a inserção do indivíduo em uma atmosfera protetiva dos seus mais privados caracteres.

Em suma, enquanto um direito preocupa-se com a garantia da atividade, da participação, e, por que não dizer, da intromissão do cidadão no meio social, o outro, contrariamente, se atém ao erguimento de uma capa impedidora da intromissão coletiva nos meandros privados do indivíduo.

Assim, com arrimo em tais apertadas linhas conclusivas podemos constatar que, enquanto inseridos em um mundo globalizado, integral e permanentemente interligado pelos mais diversos instrumentos veiculativos da informação, onde o regime democrático se apresenta, pelos menos no Ocidente, como o ideal de governo a ser perseguido, a relação entre liberdade de expressão e privacidade há de se apresentar absolutamente intrincada.

Sob tal perspectiva, surge a ponderação de interesses como instrumento prático, possibilitador da garantia da unidade e inteireza do sistema quando tais pressupostos se apresentarem ameaçados por eventuais desconformidades frontais ente dois princípios identicamente consagrados pelo ordenamento. No caso de colisão principiológica, como vimos, o balanceamento de valores e interesses atrelados ao caso concreto, possibilita a obtenção de uma atmosfera de coexistência harmoniosa entre os diversos princípios em rota colidente.

Neste sentido, em um modelo constitucional como o pátrio, munido de essência eminentemente democrática, advindo de um diversificado tecido social, onde se procede à consagração de vastíssimo arcabouço principiológico, comezinha se apresenta a possibilidade de certo caso concreto ser, ao mesmo tempo, objeto de proteção de dois princípios constitucionais, que acabam por divergirem entre si quanto às soluções possibilitadas ao caso.

Nestes casos, norteado pela unidade da Constituição e manejando a ponderação, o exegeta atua no caso concreto de forma a satisfazer, ao mesmo tempo, a pretensão normativa concreta e garantir a própria inteireza do ordenamento constitucional

A partir de tais considerações nos foi possível concluir que, enquanto dotados de quilate constitucional, a liberdade de expressão e a privacidade, devem se compatibilizar, coexistir harmonicamente, garantindo a inteireza e a completude de um sistema complexo, heterogêneo e aberto.

Neste diapasão, se pode aduzir que tais direitos fundamentais, enquanto integrantes do sistema, se relativizam reciprocamente, impondo ao intérprete a obrigação de avaliar, com profundo cuidado, as nuances do caso concreto. Tal juízo valorativo busca identificar até que ponto a intromissão externa na esfera privada do indivíduo se apresenta como produto do exercício de um direito fundamental ou, muito ao revés, se materializa em uma conduta ilícita, passível de conseqüências na seara cível e criminal.

Como instrumento norteador de tal sensível atividade interpretativa, surge o conceito de manifesto interesse público como critério distintivo entre a intromissão indevida na vida privada e o exercício regular da liberdade de expressão. Nesta linha, se pode aduzir que o real interesse coletivo na ciência de aspectos privados da vida de terceiros, é que concede a veste legitimadora da revelação de aspectos da privacidade.

Desta forma, chegamos ao findar deste artigo, absolutamente convencidos de que não há de se cogitar qualquer intervenção legislativa prévia, sob qualquer justificativa que o seja, que se proponha à solução antecipada do tensionamento entre tais conceitos. Isso porque, enquanto direitos fundamentais, consagrados por uma ordem constitucional unitária e harmônica, a privacidade e a liberdade de expressão coexistem, se relativizando reciprocamente, impondo a análise casuística para se aferir, no caso concreto específico, o interesse que há de prevalecer.

6 REPENSANDO A GESTÃO PÚBLICA LOCAL

Maria Cristina Ortigão Sampaio Schiller

Doutora em Engenharia de Produção. Professora Adjunta Ibmec-RJ.

Resumo

Este capítulo analisa o desempenho das atividades ambientais dos municípios brasileiros à luz da teoria institucional. Parte-se da hipótese que no binômio meio ambiente e abordagem institucional, as relações de cooperação contribuem para criar estratégias de desenvolvimento sustentável. O objetivo é trazer à tona a trajetória dos atores locais na análise dos aspectos socioambientais. O que está efetivamente em jogo é a transformação de uma realidade com a abertura de canais para a participação da sociedade civil no processo decisório. Como a questão ambiental problematiza as próprias bases da produção, a democratização da gestão pública com a adoção de iniciativas e programas não só amplia a cidadania como concorre para a construção de futuros pos-síveis fundados nos limites da natureza e nos potenciais ecológicos. A proposta deste capítulo é traçar o perfil da estrutura do meio ambiente dos municípios brasileiros e contém cinco seções: a introdução, a reflexão teórica, a gestão local e meio ambiente, as experiências municipais e finalmente a conclusão.

Palavras-chave

Instituições; Gestão Local; Meio Ambiente.

1. Introdução

O objetivo deste capítulo é contribuir para o debate sobre desempenho das atividades ambientais à luz da teoria institucional a partir de uma análise crítica da experiência dos municípios brasileiros. A justificativa para se examinar o assunto repousa que a experiência brasileira ainda é pouco expressiva a despeito da preocupação com o tema. Parte-se da hipótese que no binômio meio ambiente e abordagem institucional, as relações de cooperação contribuem para dinamizar a economia. Recorre-se ao instrumental teórico-conceitual oferecido pela abordagem institucional. A economia institucional é um dos ramos da teoria econômica desenvolvida nas décadas de 1980 e 1990. Compreende uma linha relativamente recente de pesquisa, tais como a economia dos custos de transação, a escola dos direitos de propriedade e a nova história econômica. A questão fundamental para a relação entre instituições e desempenho econômico é a cooperação entre os agentes econômicos. Torna-se pertinente recorrer ao instrumental teórico-conceitual oferecido por esta corrente para analisar as questões ambientais nos municípios brasileiros.

As questões ambientais tornaram-se temas das grandes discussões da mídia e dos debates dos políticos. No entanto, ainda é uma questão que permanece em estudo dado a complexidade e multidisplinaridade do tema. Encerram uma nova forma de tratar o desenvolvimento econômico e social das sociedades contemporâneas dentro da ótica de melhor aproveitamento dos recursos, de um menor custo imposto aos ecossistemas pela atividade humana e de uma maior solidariedade entre os povos e gerações. Corresponde às aspirações das sociedades pós-materialistas.

As questões ambientais devem ser tratadas em diferentes escalas do global ao local. O global refere-se à idéia de governança mundial do meio ambiente e o local refere-se às menores unidades de análises geográficas. Elas atingem todas as esferas da vida privada e pública desde a gestão do meio ambiente, o crescimento econômico, desenvolvimento urbano até as questões sociais. Sendo um tema transversal assume dimensões econômicas, sociais e ambientais. O ritmo de crescimento econômico e demográfico vem despertando o interesse por estas questões.

A adoção de práticas de promoção do desenvolvimento voltadas para o desenvolvimento local em bases sustentáveis surge como estratégia recomendada para as ações do Estado. Portanto, órgãos do governo e organizações não-governamentais vêm realizando esforços no sentido de responder às dificuldades encontradas pelo Estado brasileiro em cumprir certas funções. Não se trata de um processo espontâneo, a partir de demandas da sociedade, mas da tentativa de suprir carências. A intervenção do Estado, voltada para induzir dinâmicas de desenvolvimento sustentável, tem exigido a implementação de ações de capacitação das comunidades. Este capítulo contém cinco seções: a introdução, a reflexão teórica, a gestão local e meio ambiente, as experiências municipais e finalmente a conclusão.

2. Reflexão teórica

A principal proposição da Nova Economia Institucional (NORTH, 1990) revela que as instituições sociais e econômicas se formam para resolver, com níveis distintos de eficiência, o problema da cooperação. Segundo os novos institucionalistas, os mecanismos que promoveriam a cooperação entre os indivíduos não emergem espontaneamente como fica implícito na mão invisível. Para que a cooperação inerente ao funcionamento de uma economia de mercado possa ocorrer de forma sistemática, os indivíduos precisam confiar naqueles que estão negociando ou nas instituições que restringem o comportamento individual em favor da cooperação. Sociedades distintas desenvolvem instituições diferentes as quais operam com graus distintos de eficiência para permitir que transações interpessoais aconteçam. Assim, as transações comerciais ora se baseiam em princípios, como critérios personalistas de raça, parentesco ou religião, ora em mecanismos impessoais como direitos de propriedade e instituições como meio de garantir esses direitos. As formas mais impessoais se mostram mais eficientes, pois reduzem os custos de transação entre as partes. Uma matriz institucional é constituída por regras, normas formais e informais, bem como pelas instituições que garantem a aplicação das regras.

As instituições referem-se às regras do jogo numa sociedade. Já as mudanças institucionais reportam-se à forma pela qual a sociedade evolui ao longo do tempo. As instituições fornecem a estrutura para o nosso dia-a-dia, definem e limitam as escolhas individuais e se expressam tanto sob a forma de leis escritas como sob a forma de códigos informais de conduta. É essencial a distinção entre instituições e organizações, devendo ficar claro que sendo as instituições as regras, as organizações são os jogadores. Nas organizações incluem-se os grupos políticos traduzidos pelos partidos políticos, pelo senado, pelas câmaras municipais e pelas agências reguladoras; os grupos econômicos expressos pelas empresas e cooperativas; os grupos sociais formalizados nas religiões e clubes e finalmente, os grupos educacionais representados pelas escolas e pelas universidades. Nos últimos trinta anos, alguns economistas e cientistas sociais questionaram a sua ausência na teoria neoclássica e foram descobrindo a importância do entendimento da natureza da coordenação e cooperação. Apesar dos economistas terem demorado muito a integrar as instituições nos seus modelos teóricos, estas adquirem um papel relevante ao considerar os custos de transações. Os estudos sobre as instituições (NORTH, 1990), foram construídos a partir de uma teoria sobre o comportamento humano combinada com aquela sobre custo de transação.

O custo de transação é o custo de aplicação das regras e controle de acordos. As regras legais, as formas de organização, o policiamento, e as normas de conduta compõem o sistema institucional que caracteriza a forma do direito de posse dos indivíduos, ou seja, como estes se apropriarão dos bens, serviços e do próprio trabalho. Assim, as instituições criam a estrutura de troca que, junto com a tecnologia empregada, determinarão os custos de transação e transformação. O bom desempenho das instituições em solucionar os problemas de coordenação e produção é determinado pela motivação e capacidade dos agentes em decifrar e ordenar esse ambiente.

As normas formais são resultantes da transformação de tradições e costumes não-escritos em leis escritas e está claramente relacionada à especialização e à visão do trabalho nas sociedades mais complexas. As normas formais podem complementar e aumentar a eficácia das normas informais, diminuindo o custo de informação, monitoração e policiamento (*enforcement*), possibilitando assim, soluções para formas mais complexas de troca. Um modelo institucional demanda a presença de contratos informais, de regras legais, e de uma forma de policiamento. Nas regras formais, incluem-se regras políticas, econômicas e contratos. As regras políticas definem a estrutura política e sua estrutura de decisão. As regras econômicas definem os direitos de propriedade e os contratos definem as regras específicas de cada tipo particular de acordo. Estabelece-se uma hierarquia, das regras políticas às regras econômicas, e das regras econômicas aos contratos. Assim, os contratos serão derivados das estruturas econômicas, que, por sua vez, serão derivados da estrutura política. É relevante mencionar que a existência de regras formais não implica na maior eficiência da economia, já que o interesse privado é, em grande parte, o fator que determina a estrutura de regras formais, em detrimento do interesse coletivo.

Em um sistema de trocas impessoais torna-se muito complicado a criação de um efetivo sistema de policiamento sem a presença do terceiro agente, o Estado, já que existe um número grande de indivíduos envolvidos e informação imperfeita. Conclui-se que em um mundo baseado na busca por maiores ganhos monetários, com um complexo sistema contratual, a captura de ganhos dessas trocas impessoais deve ser acompanhada por algum tipo de sistema de policiamento adotado por este terceiro agente, o Estado. Na teoria neoclássica o custo de transação é zero e o controle (*enforcement*) é perfeito, não havendo necessidade de instituições. Mas com a presença de informações incompletas, as formas de cooperação já não se sustentam a não ser que instituições sejam criadas para gerenciar os possíveis desvios de conduta e propiciar um baixo custo de transação. Nesse contexto é que a proposta deste capítulo se insere analisando as experiências municipais sobre o meio ambiente à luz da economia institucional.

3. A gestão local e o meio ambiente

O modo pelo qual se dá o uso de recursos naturais é determinante no processo de desenvolvimento, em qualquer uma de suas dimensões. É fundamental que a sociedade incorpore a visão de que os recursos naturais só estarão disponíveis para a atual e as futuras gerações se utilizados de modo racional, compatível com a preservação e recuperação dos que forem utilizados. Ocorre que a regeneração nem sempre atende à reprodução do capital acarretando ameaças ao ecossistema. Esse é o grande desafio da questão ambiental do mundo de hoje.

A idéia de progresso faz parte da hegemonia cultural tecida a partir do Iluminismo. O progresso considerado como um direito de todos, se transforma em imposição, trazendo a idéia de que igualdade só pode ser contemplada com desenvolvimento sem questionar as trajetórias percorridas. A questão ambiental nos convida a buscar reflexões e alternativas. O debate acerca dos limites da utilização dos recursos começou a se tornar público a partir de manifestações que denunciavam os riscos que a humanidade e o planeta passaram a correr em função de um modelo de desenvolvimento que não considerava os limites para a intervenção humana na natureza.

A crise ambiental é o produto da irracionalidade na apropriação dos recursos ambientais. Neste aspecto, a questão ambiental é um problema social e cultural que se apresenta segundo os fins que movem a degradação motivando cada vez acadêmicos, intelectuais, políticos, cientistas a se envolverem na busca de soluções que mitiguem a crise.

Alguns deles apresentam como ponto de partida de seu pensamento, a racionalidade econômica mercantil (LEFF, 1998), tendo como resultado a continuidade da estratégia desenvolvimentista através de um discurso liberal do desenvolvimento (SACH, 2004), que, transformado em "verde", está sendo um discurso popular de desenvolvimento sustentável desenhado pela Comissão Brundland (WCED, 1987).

Ainda que este discurso sustentável promovido pelas instâncias burocráticas internacionais e algumas Organizações Não-Governamentais (ONG's) dos países industrializados seja somente uma camuflagem da racionalidade capitalista, tem sido o inspirador das concepções alternativas baseadas na apropriação, localização, e reorientação da configuração dominante. Estes discursos e perspectivas têm sido cultivados por teóricos, intelectuais e técnicos que estão trabalhando em localidades e em contatos com processos sociais que articulam suas demandas em termos de defesa do território, desenvolvimento alternativo, autonomia, sustentabilidade e eficiência.

Pretende-se aqui analisar a relação entre o meio ambiente e as questões institucionais através das experiências municipais com base nos dados do Banco de Dados Municipais do Instituto Brasileiro de Geografia e Estatística (IBGE). A partir das informações disponibilizadas pelo IBGE sobre o meio ambiente nos municípios foram selecionados alguns indicadores que mapeiam a trajetória das políticas ambientais adotadas. Em cada município, foram identificadas as ações relacionadas com o meio ambiente. Desta forma, foi possível identificar nos municípios a presença de consórcios, convênios, acordos de cooperação técnica, Agenda 21 e outros tipos de ações que induzem à promoção do desenvolvimento do meio ambiente.

O meio ambiente constitui uma das áreas mais recorrentes de intervenção do poder público municipal em função da proximidade dos diferentes agentes. Percebe-se, pela forma como são apresentados os projetos, que já existe uma consciência ecológica formada. A presença de uma massa crítica local é uma condição muito importante. Destarte a degradação ambiental por queimadas, desmatamentos, alterações de microclimas, pode-se identificar uma preocupação da municipalidade com a questão ambiental. As administrações municipais buscam resolver seus problemas dentro dos seus espaços territoriais, o que tornam suas ações perfeitamente meritórias.

Em função da natureza e do crescente processo de conscientização das questões ambientais, as ações no meio ambiente podem ser classificadas de macro e pontuais. As primeiras referem-se às ações que dizem respeito à manutenção do meio ambiente, preservação de manguezais, substituição de atividades extrativistas por culturas não agressivas ao meio ambiente, controle de ocupação dos rios, reflorestamento, recuperação de bacias hidrográficas, envolvendo muitas vezes vários municípios. Já as ações pontuais referem-se àquelas empreendidas no meio urbano e tratam de assuntos como coleta e tratamento de resíduos sólidos, coleta seletiva de lixo e reciclagem, tratamento de esgoto sanitário, qualidade e controle de águas. Esses projetos demandam a criação de consórcios intermunicipais como forma extrapolar as instâncias municipais e enfrentar problemas comuns a vários municípios configurando o processo de articulação da sociedade civil.

Uma ebulição no nível municipal revela a importância de crescentes articulações que podem incitar um novo posicionamento da sociedade civil frentes aos problemas econômicos sociais. A valorização da instância local em detrimento da federal é o reflexo das mudanças que vem ocorrendo no mundo contemporâneo, exigindo repensar o papel do Estado e da Sociedade. A presença de problemas cada vez mais complexos e extensos tem levado a uma transferência dos mesmos para os governos locais. Entretanto, as razões são múltiplas e não se limitam a esta somente. Não podemos deixar de mencionar a crescente participação da sociedade civil. Se por um lado o fortalecimento dos níveis subnacionais é visto como fator positivo para a democracia, de outro, a crítica localiza nestes centros a presença de clientelismo, ineficiência e irresponsabilidade fiscal. O certo é que com a Constituição de 1988, a União perdeu boa parte dos recursos financeiros e antes tarefas assumidas pelo poder central foram incorporadas aos níveis subnacionais. Desta forma, o nível municipal não deve ser mero reflexo da instância federal, mas sim o desenvolvimento de uma autonomia própria derivada não de mudanças constitucionais, mas de um novo posicionamento ideológico. Cada município através de ações inovadoras busca soluções inéditas.

A redefinição do papel do Estado no que tange os municípios abrange áreas de mudanças na estrutura fiscal federativa, nas diferenças socioeconômicas entre os municípios e na dinâmica política típica do âmbito municipal. A crise do Estado central tem levado os municípios a incrementarem sua arrecadação própria e a adotarem uma postura de responsabilidade fiscal. Desta forma, a institucionalização das formas de cooperação e negociação tem conduzido à adoção de formas democráticas de gestão. Essa postura reflete um estímulo maior ao desenvolvimento econômico local consubstanciado no incremento de parcerias com a iniciativa privada e com o próprio setor público, definindo novas formas de relação. O município passa a entender a importância do comportamento da sociedade civil organizada e a incorporá-la como um ator social importante. Em face das novas demandas da sociedade, das novas formas de comunicação geradas pelo avanço tecnológico, o município precisa apresentar novas soluções. Como resultado deste processo, novas práticas gerenciais centradas na qualidade e no exercício da participação tornaram-se mais freqüentes. A melhoria da qualidade de vida, a democratização do poder e a defesa do meio ambiente se constituíram nas novas bandeiras das ações municipais. A criação de consórcios intermunicipais, conselhos municipais são exemplos típicos de uma nova forma de gestão especialmente na área ambiental. As atuais experiências de gestão abandonaram a cultura administrativa baseada no poder centralizado e autoritário e caminharam no sentido de uma cultura administrativa democrática. Essa postura converge para uma busca de soluções de problemas complexos como o meio ambiente.

Os municípios passam a assumir questões de maior complexidade relacionadas não só à oferta de bens como também às intervenções na área ambiental incluindo aquelas além dos limites geográficos. Este fato se deve à presença de um grupo da população que imbuído de uma postura dinâmica enaltece a participação ativa e consciente da sociedade civil. Assim, explica-se esta nova conduta das administrações municipais buscando acrescentar programas de distribuição de renda, de geração de emprego e de investimentos em infra-estrutura. Não se trata de eximir os Estados nacionais das suas responsabilidades. Entretanto, observa-se que os recursos não têm sido transferidos dos níveis nacional e estadual para os municípios para atender suas novas atribuições. Muitas críticas são desenvolvidas no sentido do esgotamento progressivo da capacidade governativa do Estado central, levando os governos municipais a atuarem em áreas que transcendem as funções que assumiam anteriormente.

4. As experiências municipais

O novo quadro institucional propugna que os municípios são a via natural para acelerar o desenvolvimento sustentável, isto por que são aqueles que melhor conhecem a realidade local. O reconhecimento da diversidade da realidade municipal brasileira e a vontade política de acelerar o desenvolvimento com a efetiva participação dos municípios passa necessariamente pela constituição de uma nova ordem institucional baseada na confiança. Para tanto, faz-se necessário dar maior liberdade aos municípios na aplicação dos seus recursos, o que não quer dizer que estarão submetidos a rígidos controles por parte das entidades que têm esta responsabilidade.

A experiência tem mostrado que a diversidade de realidade encontrada no país faz suspeitar que o estabelecimento de rígidas vinculações na aplicação dos recursos, cujas necessidades certamente não são iguais por toda parte, pode redundar no desperdício dos limitados recursos que o poder público dispõe. As dificuldades encontradas pelos municípios na arrecadação de seus tributos estão relacionadas à má distribuição de renda da população e à redução da massa salarial ocorrida nos últimos anos. Segundo dados levantados pelo IBGE na pesquisa sobre Perfil dos Municípios Brasileiros, o índice de inadimplência em relação ao imposto Predial e Territorial Urbano, que representa a segunda fonte de arrecadação tributária para o conjunto dos municípios do País, chega a níveis alarmantes. Em 20,2% dos municípios, o índice de inadimplência é superior a 80% e, em apenas 12,6% dos municípios o índice é inferior a 20% do valor lançado. Os dados demonstram que os municípios não deixam de pagar seus impostos, mas a população não tem capacidade contributiva para efetuar o pagamento. Existem, portanto, dois tipos de dificuldades enfrentadas pelos municípios: em primeiro lugar, os tributos municipais são aqueles que possuem menores alíquotas além da contribuição ser custosa, pois, representa uma tributação direta sobre o contribuinte; em segundo lugar, os impostos urbanos têm sua base de tributação ligada ao meio urbano quando se sabe que, apenas 9,5% dos municípios podem ser considerados efetivamente urbanos. Estes poucos concentram 72% da população urbana e 79,7% da renda das pessoas (IBGE, MUNIC,2002). Isso representa dizer que a maioria dos municípios depende das transferências constitucionais.

Considerando estes grandes constrangimentos, a população dos municípios vem criando novas demandas relacionadas a serviços, infra-estrutura, e a construção de um meio de vida sustentável. São demandas não somente relacionadas diretamente à construção da materialidade de seus lugares de moradia, mas à promoção do capital social representado pelas pessoas do lugar. Os problemas ambientais dizem respeito às condições de vida dos habitantes que vão buscar nas formas de associação respostas e soluções para questões não resolvidas pela gestão pública.

Outro constrangimento a destacar nos municípios diz respeito à questão do licenciamento. Poucos municípios possuem hoje em dia, capacidade para atuar no licenciamento ambiental. A dificuldade consiste na tentativa de dar mais autonomia aos municípios, mas ressalva-se a diversidade entre as regiões que não permite uma definição uniforme e rígida do impacto local. Entretanto, um avanço nesse sentido foi dado pelo Ministério do Meio Ambiente que assinou em 2005, convênios com 17 Estados, para capacitar gestores e habilitar os municípios a fazer licenciamento. Entretanto, só o estado do Rio Grande do Sul apresenta um bom índice de prefeituras capacitadas. Em Minas Gerais apenas três cidades reúnem as condições de boa capacitação e em São Paulo, apenas uma, Santo André. As dificuldades para estes números pouco relevantes residem na carência de recursos humanos e na situação fiscal dos municípios.

O número crescente de processos nos governos estaduais e no IBAMA dificultou os licenciamentos. A demanda por licenciamentos aumentou como resposta a uma mudança cultural dos empresários, a uma maior atuação dos órgãos ambientais e do Ministério Público, a decisão das empresas de evitar passivos ambientais e ao Protocolo Verde.

A diversidade de realidade dos municípios não se explica exclusivamente pelas desigualdades regionais, mas também pelas desigualdades intra-regionais. Esses diferenciais são evidenciados pela distribuição dos municípios segundo o número de habitantes que apresenta seus reflexos sobre a estrutura do meio ambiente assim como sobre a estrutura econômica, social e financeira. A distribuição segundo o número de habitantes mostra que 49,5% dos municípios brasileiros possuem menos de 10 mil habitantes sendo que as regiões que apresentam percentuais acima desta média são a Sul (67,5%), Centro-Oeste (56,7%) e a Sudeste (50,4%). Conforme foi observado, as maiores concentrações de municípios de pequeno porte demográfico, que geralmente contemplam aqueles classificados como os mais pobres, paradoxalmente se encontram relativamente em maior quantidade nas regiões consideradas as mais desenvolvidas.

Com o objetivo de analisar os municípios, adotou-se a segmentação de acordo com a população. O que podemos observar através do quadro abaixo é uma forte concentração de municípios no Brasil com população na faixa de 5000 e 20000 habitantes. Pretende-se, portanto, investigar quantos destes municípios possuem uma estrutura de meio ambiente.

Tabela 1: Municípios segundo a classe populacional, Brasil, 2002.

População	Total de Municípios existentes
Até 5.000	1.371
5.001 – 20.000	2.666
20.001 – 100.000	1.292
100.000 – 500.000	198
Mais 500.000	33
Total	5.560

Fonte: MUNIC, IBGE, 2002.

Podemos identificar na Tabela 2, aqueles que dispõem de uma estrutura de meio ambiente. Percebe-se que os municípios com tamanho de 5.000 a 20.000 habitantes são os que mais apresentam estrutura de meio ambiente. Ademais, são os mais numerosos no país. Todavia, os municípios com maior número de habitantes de 20.000 a 100.000

habitantes apresentam uma estrutura exclusiva de meio ambiente. Dos 5.560 municípios existentes, 68% dispõem de uma estrutura de meio ambiente.

Tabela 2: Municípios com estrutura de meio ambiente
e serviços terceirizados, Brasil, 2002.

População	Estrutura de meio ambiente	Estrutura exclusiva meio ambiente	Estrutura meio ambiente associada à outra área
Até 5.000	694	33	218
5.001 – 20.000	1.753	102	669
20.001 – 100.000	1.098	124	449
100.000 – 500.000	191	52	82
Mais 500.000	33	15	8
Total	3.769	326	1.426

Fonte: MUNIC, IBGE, 2002.

Constatando que existe um número representativo de municípios com a estrutura de meio ambiente atrelada à outra área da administração municipal, torna-se importante investigar em qual secretaria municipal os problemas ambientais são solucionados.

Tabela 3: Alocação da estrutura ambiental dos municípios em
outras áreas da administração municipal, Brasil, 2002.

População	Agricultura	Defesa Civil	Educação e Cultura	Indústria	Obras	Pesca	Planejamento	Saúde	Turismo	Outras
Até 5.000	146	1	5	10	11	2	4	45	29	22
5.001 – 20.000	461	14	39	50	59	38	27	74	150	81
20.001 – 100.000	274	11	18	22	40	23	27	33	90	91
100.001 – 500.000	28	2	1	8	13	6	17	4	11	29
Mais 500.000	1	–	–	–	1	–	3	–	–	6
Total	910	28	63	90	124	78	78	156	280	229

Fonte: MUNIC, IBGE, 2002.

Concluímos que a estrutura ambiental se encontra presente nas respectivas secretarias de Agricultura de forma bastante representativa seguida das de Turismo e ainda Saúde e Obras. Este fato se explica pela identificação dos problemas ambientais com os problemas agrícolas em municípios localizados fora das regiões metropolitanas cujo setor de maior peso na atividade econômica é o setor primário. Uma nova concepção vem sendo fortalecida baseada na importância de atividades produtivas outras que não somente a industrialização. A oferta de outros produtos e serviços que interferem na qualidade de vida e que representam novas possibilidades de aumento de emprego e renda cada vez mais se fazem presentes em municípios de menor porte segundo o número de habitantes. Igualmente nesse sentido devem-se mencionar as políticas referentes ao processo de interiorização de desenvolvimento.

No contexto marcado pelo ambiente participacionista da Constituição de 1988, a década de 1990 foi caracterizada pela regulamentação nacional das diversas políticas sociais, com a incorporação da participação da sociedade na sua gestão e controle.

Os conselhos se transformam, assim, no formato institucional que materializa os artigos da Constituição Federal que estabelecem essa participação, presentes em diversos artigos. Os conselhos foram instituídos no âmbito federal, sendo obrigatórios em todos os níveis do governo, vinculados ao repasse de recursos do governo federal para os governos estaduais e municipais. Assim, os conselhos apresentam características diversas. São temáticos, ligados a políticas específicas. Apresentam caráter semi-representativo, com mandatos não remunerados e são em geral deliberativos, abrangentes e permanentes. São espaços ligados ao poder público, mas dotados de autonomia em suas atribuições. Como esferas de participação institucionalizada, os conselhos de gestão apresentam uma grande diferença em relação a experiências anteriores caracterizadas por projetos pontuais. Representam uma inovação institucional na gestão de políticas abrindo um caminho para maior interação entre o governo e a sociedade. Os conselhos revelam o compromisso político do governo com as esferas públicas e representam os interesses dos grupos sociais.

A novidade é que os conselhos representam espaços públicos institucionalizados de participação política estimulados pelo papel que desempenham, tanto no que tange às decisões que ocorrem junto a diferentes níveis administrativos e órgãos do poder executivo federal, estadual, municipal e distrital quanto na dimensão de suas vinculações com a capacidade organizativa do movimento sindical e popular do país. Daí a importância de se descrever os processos participatórios dos conselhos, os tipos de conselhos existentes destacando suas características fundamentais. Eles cumprem um papel importante no contexto das políticas públicas setoriais. Participam das decisões e revelam graus diferentes de envolvimento dos indivíduos nos conselhos. Torna-se relevante analisar o arcabouço institucional que estabelece as regras de funcionamento do fórum de modo que se possa revelar a existência de espaços públicos de participação. Além do arcabouço institucional sobre o modo de funcionamento dos conselhos, a organização da sociedade civil e o papel do gestor público são importantes para obtenção de resultados satisfatórios.

A Tabela 4 apresenta os resultados sobre conselhos municipais de políticas de meio ambiente que visam analisar os fatores que afetam as condições de desenvolvimento sustentável. Importantes são as modalidades das relações entre o poder público e os interesses privados, principalmente no que tangem à natureza da forma da atuação governamental ou privada.

Tabela 4: Municípios com Conselhos Municipais de meio ambiente, Brasil, 2002.

População	Total de Conselhos	Conselhos com Reuniões a cada 12 meses	Conselho Consultivo	Conselho Deliberativo	Representação da Sociedade Civil em 50%
Até 5.000	292	220	157	135	132
5.001 – 20.000	795	608	417	378	340
20.001 – 100.000	630	487	312	318	273
100.001 – 500.000	149	112	59	90	64
Mais 500000	29	24	8	21	16
Total	1.895	1.451	953	942	825

Fonte: MUNIC, IBGE, 2002.

As informações acima sinalizam a importância da presença de conselhos em municípios com 20.000 a 100.000 habitantes seguidos dos municípios menores com população na faixa de 5.000 a 20.000 habitantes. Assim, os conselhos são mais atuantes também nestes municípios, com reuniões anuais. Da mesma forma, também nestes municípios encontram-se os conselhos consultivos e deliberativos com a representação marcante da sociedade civil. As atuais experiências de gestão caminham no sentido do aparecimento de uma comunidade mais ativa junto ao poder público. Os programas de participação da sociedade civil deixam de lado as propostas assistencialistas buscando ações em programas de construção de infra-estrutura urbana, combate à pobreza e valorização da educação. A valorização do nível municipal no combate às externalidades negativas e à desigualdade vem sendo cada vez mais confirmada pelo papel crescente dos conselhos municipais.

Trata-se de uma nova perspectiva materializada no paradigma neoliberal e estruturada através de ações pontuais exercidas pelos governos municipais. O desenvolvimento do local é uma meta que vem sendo perseguida pelas escalas subnacionais. Um dos maiores desafios deste século é buscar a interação de forças sociais heterogêneas em torno de um projeto comum. O resultado será um maior direcionamento das energias para novas iniciativas no âmbito da solução de problemas referentes ao meio urbano local. Emerge a sociedade civil como um ator social criando novos mecanismos de institucionalização da democracia como o orçamento participativo, conselhos municipais, fóruns de consulta, parcerias público-privada. As práticas passaram a ser centradas na qualidade através do exercício da participação. Nesse contexto, o meio ambiente vem se mostrando um tema de destaque na medida em que compromete a qualidade de vida do município e do seu crescimento. A questão ambiental engloba o econômico, social e o humano. O município se transforma num ente do processo econômico do país e funciona com um articulador da sociedade.

Um segundo instrumento de participação democrática são os convênios ou os contratos de cooperação técnica e estão presentes em 50% dos municípios. Segundo a Tabela 5, os convênios na área ambiental encontram-se de forma mais acentuada nos municípios de 5.000 a 20.000 habitantes e igualmente naqueles de 20.000 a 100.000 habitantes. As parcerias estaduais são as mais freqüentes, não obstante as parcerias federais apresentarem relevância. Deve-se mencionar a presença de parcerias com as universidades e instituições de Pesquisas. Os convênios com as instituições de Pesquisas e Universidades têm se mostrado muito importante com uma forma de materializar a elaboração de redes de cooperação tecnológica. As redes transformaram-se em veículos de transferência tecnológica dos centros de criação tecnológica para o mercado.

Tabela 5: Municípios com convênios ou acordos de cooperação técnica, na área ambiental, Brasil, 2002.

Município	Parceria Municipal	Parceria Estadual	Parceria Federal	Parceria Estatal	Iniciativa Privada	Órgão Internacional	ONG	Universidade Inst. Pesquisa	Outros
Ate 5.000	41	309	109	38	61	10	41	56	41
5.000 – 20.000	93	666	277	123	152	25	138	162	64
20.001 – 100.000	81	431	242	94	154	36	153	149	44
100.001 – 500.000	20	89	60	11	41	15	45	66	6
+500.000	8	10	12	7	13	10	13	13	1
Total	243	1.505	700	273	421	96	390	446	156

Fonte: MUNIC, IBGE, 2002.

As experiências municipais têm buscado novas formas de gestão através de diferentes processos decisórios e diferentes formas de ofertas de serviços públicos. Os dados ressaltam a importância de ações cooperativas de base horizontal com um desenho institucional definido através das parcerias. A resolução conjunta de problemas se manifesta como uma nova modalidade de atuação de diferentes atores. Nas políticas referentes ao meio ambiente busca-se através da inovação de programas garantir a sustentabilidade. As iniciativas implementadas pelas esferas locais configuram verdadeiras redes locais de atores e de entidades, mobilizados em torno de um ou mais problemas de interesse público, cujo enfrentamento ultrapassa a capacidade de ação isolada do Estado, seja por limites financeiros, seja pelo maior grau de imersão no problema que uma ação coordenada permite. A articulação em rede constitui, por si só, uma inovação em relação ao modelo centrado em uma única agência estatal, assim como em relação ao processo que excluía a sociedade civil das decisões.

No que concerne às novas formas de gestão identifica-se a maior participação da sociedade entendido como ampliação do espaço da cidadania. Nesse sentido, deve-se mencionar a maior proximidade do setor público com a sociedade afastando a padronização das políticas a nível nacional e buscando as peculiaridades do espaço local.

Ao se mencionar a gestão democrática traduzida como uma gestão participativa, comunitária e sem clientelismo concebendo as fases de elaboração, planejamento, decisão e operacionalização. Assim sendo, a existência de consórcios intermunicipais representa uma trajetória bastante dinâmica de inserção da sociedade na busca de soluções especialmente no âmbito ambiental. O meio ambiente tem sido um espaço recorrente do poder público municipal. Os consórcios intermunicipais emergiram no período recente no país como uma modalidade de novo arranjo institucional que configura uma forma de colaboração entre governos do mesmo nível. As ações na área ambiental comprovaram a necessidade de articulação de esforços uma vez que os problemas não se circunscrevem às fronteiras político-administrativas.

A Tabela 6 mostra a presença de consórcios por tipos de contrato na área ambiental revelando as iniciativas realizadas. Pelo material analisado as ações no meio ambiente revelam a preocupação em salvar o seu meio ambiente especialmente a água. Podemos citar também as ações para tratamento dos resíduos sólidos, coleta seletiva de lixo, e reciclagem, coleta e tratamento de esgoto sanitário por processo biológico, qualidade e controle da água tratada. Essas ações podem ser classificadas por pontuais. Ainda destacam-se ações que podem ser classificadas por macro dado que se referem à preservação da água, preservações de manguezais, substituição de atividades extrativistas por outras menos poluidoras garantindo geração de emprego e renda, reflorestamento de matas com introdução de plantas nativas, impedimento de desmatamento, controle de ocupação de margens de rios, combate à degradação de bacias hidrográficas, educação ambiental. Projetos deste tipo conduzem à formação de consórcios por agregarem espaços que ultrapassam os limites do território.

Tabela 6: Municípios com participação em consórcio intermunicipal ou outra forma de associação na área ambiental por tipos de contrato, Brasil, 2002.

Município	Deslizamento	Disposição Resíduos	Enchentes	Planos Diretores	Presença Vetor	Qualidade Água	Recuperação Água Degradada	Captação Água	Total Esgoto	Uso Recursos	Zoneamento	Outros
Até 5.000	12	109	18	36	39	51	79	42	36	75	20	37
5.001 – 20.000	53	311	47	137	98	139	201	128	131	249	81	73
20.001 – 100.000	36	189	46	87	67	155	167	118	131	210	72	70
100.001 – 500.000	9	49	18	21	13	41	33	23	31	58	20	24
+500.000	3	15	6	10	4	10	12	6	8	11	8	7
Total	113	673	135	291	221	396	492	317	337	603	201	211

Fonte: MUNIC, IBGE, 2002.

A análise dos dados revela a importância das ações relativas ao tratamento de resíduos sólidos seguidas das ações referentes ao uso e recuperação dos recursos naturais. Em seguida, destacam-se as iniciativas referentes ao tratamento de esgoto. Como se mencionou no parágrafo anterior, as políticas referentes à degradação ambiental são as mais emblemáticas. Vale ressaltar a referência aos Planos Diretores, mas ainda pouco expressiva. Pode-se observar o grau da extensão da atuação do município. A sua postura não tem se mostrado passiva aguardando as soluções vindas do governo federal e/ou estadual. Pelo contrário, nota-se uma atitude proativa no sentido de prover soluções para problemas com baixo custo e inserção da sociedade civil. A Tabela 7 revela como os municípios mais populosos são aqueles que mais freqüentemente realizam trabalhos em conjunto com outros municípios.

Tabela 7: Municípios sem participação em consórcio ou outra forma de associação, Brasil, 2002.

Até 5000	1.190
5.000 – 20.000	2.203
20.001 – 100.000	945
100.001 – 500.000	114
+ 500.000	11
Total	4.463

Fonte: MUNIC, IBGE, 2002.

Constata-se que não se pode mais contar com o modelo do Estado do Bem-estar cujo poder encontra-se desgastado pelo excesso de endividamento. Pelo contrário, deve-se buscar um modelo de cooperação e de parceria entre governo e sociedade, abandonando o Estado burocrático, patrimonial e corporativo. A ênfase no processo participativo conduz à adoção de medidas que enaltecem a qualidade de vida. Esse novo modelo exige uma estrutura de decisão com a presença da sociedade civil. O fortalecimento do poder local com a valorização dos processos comunitários e do associativismo leva ao desenvolvimento institucional e ao crescimento da democracia em rede (CAMARGO, A., 2003). Entram em cena, novos atores que consagram o capital social em detrimento do financeiro. Essas novas organizações que emergem buscam objetivos definidos, com resultados previamente avaliados. Essa postura de prática de cooperação contrasta com a ação do Estado voltada para a universalização de múltiplos objetivos. Trata-se de uma nova prática de associação, não tradicional no Brasil, mas que fortalece normas partilhadas e controle coletivo (PUTNAM, R., 1994). Nesse sentido, muitos progressos foram realizados. Avanços na legislação internacional, nos compromissos globais podem ser mencionados, mas merece aqui destaque o compromisso dos países signatários dos acordos firmados na RIO-92 que assumiram a proposta de elaborar sua Agenda 21. A Agenda 21 teve a contribuição de governos e organizações da sociedade civil de 179 países, num processo preparatório que durou dois anos e culminou com a aprovação na RIO-92. É um plano de ação a ser adotado globalmente, nacionalmente e localmente para promover um novo modelo de desenvolvimento contendo 4 seções, 40 capítulos, 115 programas e aproximadamente 2500 ações a serem implementadas. A Agenda 21 local se traduz num processo participativo que envolve setores diversos na construção e implementação de um plano de ação estratégica, com visão de longo prazo, contemplando as questões relevantes para o desenvolvimento sustentável local. Não depende da Agenda 21 nacional para sua implantação.

A Agenda 21 brasileira mostra que a construção do desenvolvimento sustentável é uma tarefa para toda a sociedade nacional exigindo um engajamento de todos os cidadãos. Esta proposta vale para a construção da Agenda em todos os níveis da administração pública. Trata-se de um compromisso coletivo que envolve diversos atores. Nesse contexto o quadro abaixo mostra os municípios que têm Agenda 21.

Tabela 8: Municípios com Agenda 21, Brasil, 2002.

População	Entidade Ensino e Pesquisa	Entidade Empresarial	Entidade Religiosa	Entidade Trabalhista	Outras
Até 5.000	11	19	93	99	31
5001 – 20.000	99	105	320	313	115
20.001 – 100.000	80	110	147	167	81
100.001 – 500.000	36	37	26	31	18
+ 500.000	10	8	5	9	4
Total	230	279	591	619	249

Fonte: MUNIC, IBGE, 2002.

Conclusão

Ao abordar a teoria institucionalista na análise das questões ambientais constatou-se a reavaliação da importância dos pilares regulativo e normativo. A situação de mudança se configura pela incorporação de novos valores e práticas no contexto institucional. Transformações estruturais nas relações de poder entre as entidades sociais mostraram a crescente participação do setor privado nas questões de interesse público. O tema vem ganhando novos contornos. Formou-se uma nova consciência, ampliada em sua noção de inter-relação e interdependência entre os fenômenos que afetam a todos, seja no campo da ecologia, da economia, da saúde ou da política. Da dicotomia público-privada migra-se para um espaço onde os agentes relacionam-se, condicionam-se e interpenetram-se de forma a ser difícil definir seus limites. Nessas inter-relações são geradas organizações incorporando novas características. Surgem termos como cooperação, parcerias, redes, participação que transformam a sociedade civil em coadjuvantes do processo de desenvolvimento econômico e social. O estudo dos municípios brasileiros mostrou a mudança das expectativas da sociedade com a relação à sustentabilidade do desenvolvimento. O quadro de referência institucional evidenciou o crescente peso da postura participatória da sociedade civil refletindo-se na criação de convênios, associações e outros. Esse movimento de ampliação do espaço da cidadania ocorre especialmente em municípios com 5000 a 20000 habitantes onde o grau de conscientização de uma agenda ambiental se faz presente. Uma mudança qualitativa na questão ambiental reflete as novas tendências comportamentais através das experiências realizadas. O artigo mostrou que a crise ambiental incorpora novas demandas às reivindicações tradicionais de democracia e justiça social. As demandas ambientais promovem a participação democrática da sociedade no uso dos recursos atuais e potenciais assim como a construção de novo modelo de desenvolvimento. Conclui-se que o potencial ambiental de cada município, a autogestão comunitária dos recursos e o respeito pelos valores culturais oferecem novas possibilidades para o desenvolvimento sustentável.

Referências Bibliográficas

CAMARGO, Aspásia. *Governança in Meio Ambiente no Século XXI*. Coordenação André Trigueiro. Rio de Janeiro: Sextante, 2003.

COUTINHO, Ronaldo e Rocco Rogério (orgs). *O Direito Ambiental das Cidades*. Rio de Janeiro: DP & A, 2004.

FISCHER, Tânia (org.). *Gestão do Desenvolvimento e Poderes Locais, Marco Teórico e Avaliação*. Salvador: Casa da Qualidade, 2002.

LEFF, Enrique. *Saber Ambiental, Sustentabilidade, Racionalidade, Complexidade, Poder*. Rio de Janeiro: Vozes, 1998.

NORTH, Douglass. *Institutuions, Institutional Change and Economic Performance*. Cambridge: University Press, United Kingdon, 1990.

PUTNAM, Robert. *Capital Social e Democracia*. Bradel Papers, 1994.

SCOTT, W. R. *Early Institucionalism, In Institutions and Organizations*. London: Sage, 1995, p. 1-15.

SACH, Ignacy. *Desenvolvimento: Includente, Sustentável, Sustentado*. Rio de Janeiro: Garamond, 2004.

7 AS VERSÕES POLÍTICAS DO ESTADO: DIREITOS FUNDAMENTAIS E CRIMINALIDADE

Aderlan Crespo

> Advogado. Professsor da UCAM e Ibmec. Presidente do IECERJ. Mestre em Ciências Penais. Pesquisador em Segurança Pública. Coordenador de Estudo e Pesquisa. Professor de Direito Penal da Banca do Ministério da Justiça.

Resumo
O presente artigo tem por objetivo contextualizar o fenômeno criminal diante da estrutura política do Estado, considerando as suas principais versões, identificadas a partir da modernidade. Neste panorama, torna-se fundamental a inclusão de outro aspecto político também presente no contexto das sociedade ocidentais modernas: o industrialismo europeu. A presença do novo modelo de produção estimulou o acirramento dos conflitos sociais, diante das evidentes distorções sociais produzidas por estas forças políticas: Estado Liberal e Desenvolvimento Econômico Capitalista. A análise deste trabalho, que amplia o debate jurídico-penal, percorre a trajetória destes vetores históricos e identifica o surgimento dos discursos de defesa social, que legitimaram o surgimento do Estado de Controle e Punição dos pobres.

Palavras-chave:
Estado-liberal; Desenvolvimento Econômico Capitalista, Criminalidade.

1. Introdução

Com vistas ao atual Brasil, totalmente embarcado na social-democracia, o tema em questão visa apresentar uma análise crítica dos papéis dos Estados Democráticos, no tocante a premissa maior que revela o princípio da legitimação administrativa, ou seja, a sua condição de gestor de interesses públicos, sustentado pelas bases da República Democrática, Constitucional e Social de Direito. Mais precisamente, esta análise adentra ao debate acerca da concepção de Estado Democrático, a fim de sugerir uma nefasta relação entre um Estado Não Social e um Direito Penal Seletista, na medida em que este se declina, em grande medida, diante dos pleitos minoritários, atuando contra as garantias fundamentais consignadas na Constituição republicana brasileira, conquista pós-autoritarismo militar no Brasil, resultado, pois, de uma luta histórica contra os interesses de pequenos grupos abastados da sociedade.

Sendo atraídos pelos discursos emocionais e momentâneos de cidadãos vitimizados pela violência, os congressistas continuam a percorrer a trajetória a favor da desconfiguração dos direitos fundamentais, arduamente consagrados na legislação. Assim, este texto tem por objeto a análise dos direitos fundamentais da pessoa, o Estado e o Direito Penal, direito este configurado como um modelo de autofagia normativa constitucional.

Neste sentido, algumas citações são pertinentes como forma de interpelação deste direito corporativista, que mesmo estando inserido num Estado Democrático Social e Constitucional de Direito, demonstra que pode vir a tornar-se objeto de interesses sectários, detectados tanto no parlamento como na sociedade civil "organizada". Grupos que manifestam demandas pontuais, decorrentes de fatos pessoais, não deveriam obter êxito na mobilização política partidária, nem mesmo na estrutura legislativa do Estado. Mas não é o que percebemos atualmente no Brasil. A constituição parece reafirmar-se, em sua práxis, como um artifício político, ressaltando um fosso abissal entre os marcos históricos precedentes e a sua essência jurídica que lhe é própria.

Este debate sobre a eficácia da constituição, ou seja, sua força normativa, enquanto força política ou jurídica, está presente nas obras de Konrad Hesse e Lassalle, que introduziram elementos teóricos como a vontade de constituição e as condições sociopolíticas vigentes.

Encontra-se, portanto, em jogo, a relação de forças entre um pequeno grupo que se vale de determinados fatos trágicos para pleitearem alterações nas bases democráticas deste país e no arcabouço jurídico-social, emoldurado pelas conquistas coletivas que defenderam maior ampliação de políticas inclusivas. Ao que parece, estamos diante de uma crise, tanto do Direito como do Estado, que nos faz lembrar os idos da idade média, ou seja, a luta entre o bem e o mal. O bem, estaria representado por aqueles que defendem a mitigação dos direitos humanos, posto que tais direitos correspondem o retrocesso do desenvolvimento social, numa sociedade saudável – desde que, certamente, não seja discutido justiça, ética e dignidade humana – e o mal estaria representado por aqueles que defendem a imutabilidade constitucional quanto aos direitos fundamentais, bem como a implementação de políticas públicas para os mais vulneráveis.

As versões do Estado segundo a trajetória política e histórica dos governos

Em inúmeras análises doutrinárias, se consideradas as fontes mais legítimas que debatem o papel do Estado e a tutela dos interesses individuais e coletivos, percebemos a narrativa descritiva das versões históricas do Estado. As descrições sobre as formas do Estado partem da transição da sociedade feudal monárquica à sociedade política republicana, na qual o poder é exercido pelos integrantes do poder político, com reduzidíssima ingerência formal de agentes de outras instituições, como a igreja por exemplo. Para tanto, nesta passagem do medievo para a modernidade, é preciso focalizar os postulados contratualistas, que erigiram a condição do indivíduo-servo a indivíduo-parte. Neste aspecto, mesmo reconhecendo as inúmeras citações sobre o Estado Absolutista,[1] como a primeira versão do Estado, este não será objeto deste tra-

---

[1] "Como primeira expressão do Estado Moderno, vamos observar que a estratégia de construção da nova forma estatal, alicerçada na idéia de soberania, vai levar à concentração de todos os poderes nas mãos dos monarcas, o que vai originar as chamadas monarquias absolutistas, fazendo com que, como sustenta Duguit, realeza que está nas origens do Estado Moderno associe as concepções latina e feudal de autoridade – *imperium* e senhoriagem – permitindo-se personificar o Estado na figura do rei, ficando na história a frase de Luiz XIV, o Rei Sol: 'Létat c'est moi – O Estado sou eu.'" STRECK, Lenio Luiz. BOLZAN, Luis Bolzan de Morais. *Ciência Política e Teoria do Estado*. Livraria do Advogado, p. 45.

balho, pois a referência será, justamente, sobre o reconhecimento do súdito como sujeito de direitos, ou seja, a pessoa detentora do direito à liberdade e a participação política, sendo este último o caracterizador da democracia moderna.

No compasso desta abordagem política sobre o Estado, enquanto representante dos interesses do povo, que possui "poder" contratual sobre o Estado (alusão referente à democracia representativa direta), mesmo que residualmente na condição de parte do contrato social, este trabalho irá contemplar a análise a partir do Estado Liberal, passando posteriormente ao Estado Social e, por fim, ao Estado Neoliberal.

Na primeira versão do Estado Democrático – Estado Liberal – buscou-se a efetivação da garantia e promoção do direito à liberdade, como forma de superação dos limites impostos pelos poderes absolutos, próprios dos governos monárquicos. É seguro dizer que, a partir deste modelo o caminho seria sempre o da ampliação dos direitos individuais. Nesta concepção de Estado, o indivíduo ganhou projeção, posto que, além de ser reconhecido como sujeito de direitos, também estava em condições de participar da vida pública, característica da liberdade política promovida pela ascensão da burguesia francesa, posto que o objetivo maior era a consagração da república, mesmo que somente para este grupo.

O denominado liberalismo político demarca, enfim, a existência política da pessoa, antes reconhecida somente aos integrantes dos segmentos detentores do poder econômico – sempre vinculados à realeza. Logicamente que, isto não quer dizer que o liberalismo significou igualdade de condições, mas permitiu a autopercepção subjetiva da igualdade, na medida que indivíduos deixaram de ser apenas servos do rei.[2]

Uma outra vertente do liberalismo vincula-se ao Direito, pois a transição do modelo absolutista para o liberal significou a reconhecimento formal dos direitos individuais, simbolizado no constitucionalismo. Neste aspecto, o liberalismo expressa não só liberdade, mas norma-

---

[2] "Dessa forma, pensamos poder situar o liberalismo como uma doutrina que foi se forjando nas marchas e contramarchas contra o absolutismo onde se situa o crescimento do individualismo que se formula desde os embates pela liberdade de consciência (religiosa). Todavia, isso avança na doutrina dos direitos e do constitucionalismo, estes como garantia(s) contra o poder arbitrário, da mesma forma que contra o exercício arbitrário do poder legal." STRECK, Lenio Luiz e BOLZAN, Luis Bolzan de Morais. *Ciência Política e Teoria do Estado*. Livraria do Advogado. p. 55.

tização de direitos. Este processo, significativo na história dos movimentos políticos da Europa, foram promovidos indubitavelmente pela resistência burguesa aos poderes absolutistas, influenciados que foram pelas idéias dos contratualistas modernos: Hobbes, Locke e Rousseau.

Enfim, o liberalismo ressaltou a importância das liberdades individuais, bem como solidificou valores sociais para o futuro político ocidental. Para Streck e Bolzan estes valores são demonstrados pelos núcleos caracterizadores do liberalismo, segundo a contribuição de Roy Macridis:[3]

- **Núcleo Moral:** Este núcleo contém uma afirmação de valores e direitos básicos atribuíveis à natureza do ser humano – liberdade, dignidade, vida – que subordina tudo o mais à sua implementação.

- **Núcleo Político:** Este núcleo poderia ser nominado como político-jurídico, pois se apresenta sob quatro categorias eminentemente jurídicas. Aqui estão presentes os direitos políticos, relacionados à representação, tais como: sufrágio, eleições, opção política etc.

- **Núcleo Econômico:** O modelo econômico do liberalismo se relaciona com a idéia dos direitos econômicos e de propriedade, individualismo econômico ou sistema de livre empresa ou capitalismo. Seu pilares têm sido a propriedade privada e uma economia de mercado livre de controle estatais.

A idéia de um poder político representativo e garantidor de direitos formaram as bases para a nova versão do Estado: o Estado Social.

O Estado Social, também denominado *Welfare State*, significa o desempenho político do Estado para as questões próprias da vida dos indivíduos. À este desempenho estatal, que representa atuação frente aos interesses do mercado e assistência governamental aos populares, pode ser compreendido como o marco norte-americano de modelo de Estado para os países ocidentais.

Os principais fatores desencadeadores da nova versão do Estado prendem-se justamente às conquista do liberalismo e a expansão do capitalismo, sendo este último reflexo do sucesso do industrialismo europeu,

---

[3] STRECK, Lenio Luiz e BOLZAN, Luis Bolzan de Morais. *Ciência Política e Teoria do Estado*. Livraria do Advogado. p. 58 a 61.

que garantiu projeção política dos concentradores do capital, na medida que buscavam cada vez mais poder na sociedade moderna.

O que se percebe, então, são dois vetores políticos em crescente movimento: o *exercício dos direitos políticos dos indivíduos*, numa sociedade democrática, bem como o *fortalecimento do capitalismo*, cada vez mais forte diante do povo trabalhador e do Estado liberal-mínimo. A concessão dos direitos consagrados pela superação do absolutismo tornou o Estado distante da realidade política, o que propiciou a conquista cada vez maior de poder dos empresários, que possuíam o desejo de crescer ao máximo, com a mínima intervenção do Estado. Eis a grande mudança e conquista republicana para os detentores do poder econômico: liberdade para explorar e concentrar. Enfim, modernidade seria sinônimo de riqueza, progresso e ordem. A riqueza ficaria nas mãos dos capitalistas-industriais, o progresso já se apresentava pelo simples rompimento com a sociedade estamental feudal e a figura do rei, mas a ordem exigiria ações efetivas sobre os grupos de desempregados, famintos, libertos etc. Neste momento, de crucial importância para o aumento cada vez maior das benesses que a conjuntura política propiciava aos capitalistas, o Direito apresentou com um grande instrumento oficial de controle, a fim de garantir as intenções políticas da época, inaugurando, assim, a era do positivismo jurídico-penal (formalização das regras, controle oficial do Estado e rumo à sociedade organizada).

Diante da dinâmica política presente, na passagem do século XIX para o século XX, intensificou-se, todavia, a luta popular por mais direitos, promovendo relevantes conflitos entre os grupos organizados, já influenciados pela idéias marxistas, e os concentradores do capital. Neste aspecto, a participação do Estado deveria representar a tutela dos interesses do povo, diante dos interesses incontroláveis dos capitalistas.

O Estado Social, diante das flagrantes contradições sociais da época – grande número de pessoas vivendo em condições precárias e um pequeno número de abastados economicamente – representou não só a condição de pessoa dos indivíduos, como também simbolizou o fortalecimento do Direito, eis que inúmeras legislações foram criadas para regular a relação entre capital e trabalho, como também para assistir os mais vulneráveis. No Brasil, por exemplo, vários são os exemplos deste esforço (discursivo) estatal: CLT, Código de Menores, Código Civil, Previdência Social etc.

Desta forma, o que se percebe é a efetivação da participação estatal, desde o fim do absolutismo, em face do reconhecimento dos direitos da pessoa. Percebe-se, ainda, que o Direito representou significativa conquista, pois serviu como instrumento garantidor contra a exploração capitalista, arbitrariedade do Estado, omissão do Estado e igualdade de direitos. O Direito, assim, pelo menos no plano formal, reconheceu os direitos sociais dos indivíduos, com forma de regular as relações entre capital e trabalho.

Mas em que medida estas mudanças refletiram alterações concretas nas vidas das pessoas? De que forma o Estado e o próprio Direito interferiram sobremaneira nas contradições sociais modernas?

Estas indagações podem ser analisadas quando nos deparamos com a atual conjuntura social no Brasil, isto é, segundo a real participação do Estado na vida das pessoas e as condições de vida das famílias brasileiras. Esta análise não se confunde com a conjuntura política, pois esta, desde a modernidade, representa um avanço progressivo, sendo o constitucionalismo o maior exemplo. Mas, entre o previsto na norma (constitucional) e a concretude cotidiana pode haver larga distância.

Se for possível afirmar que o Estado atualmente não exerce influência direta na vida das pessoas mais vulneráveis, como foi o Estado Social, ou seja, na vida das pessoas que realmente necessitam da participação assistencial estatal, estaremos então diante de uma nova versão do Estado: o Estado Neoliberal.

Esta forma de Estado, na qual o distanciamento entre o Estado e o povo caracteriza a grande referência, torna-se mais uma vez o erro que foi registrado no Estado Liberal, vez que, diante dos interesses do mercado, o Estado se distancia e permite a exploração e a real negação dos direitos, tanto individuais como coletivos. Neste passo, após a vivência de um Estado garantidor, tutelador e promovedor, estamos diante de um *Estado Ausente*. Este distanciamento promoverá não só a tacanha existência de políticas públicas inclusivas, mas também a banalização entre os indivíduos dos valores morais e individuais, responsáveis pela valorização da própria vida. O individualismo, marca do liberalismo, volta com força total na pós-modernidade.

Esta análise nos leva a considerar a necessidade de debatermos o processo de normatização dos direitos, que com o constitucionalismo alcançou forte presença nos países ocidentais, a exemplo do Brasil. Quais, então, foram as concretas conquistas da constituição brasileira de 1988 para o povo? A resposta pode ser elevada a partir do que se vê no cotidiano das grandes cidades do Brasil: concentração de população de rua, aumento da criminalização de condutas tipificadas como crime, negação da ressocialização do condenado, ampliação dos programas de privatização de empresas (empresas que foram criadas no modelo do Estado Social no Brasil) etc.

Para determinados juristas o constitucionalismo[4] no Brasil não significou real transformação no contexto social, mas um simbolismo político perverso, que inaugura um Estado Neoliberal que se utiliza do discurso da inclusão, enquanto implementa políticas de exclusão. Para Barroso:

> "O discurso acerca do Estado atravessou, ao longo do século XX, três fases distintas: a pré-modernidade (ou Estado Liberal), a modernidade (o Estado social) e a pós-modernidade (Estado neoliberal). A constatação inevitável, desconcertante, é que o Brasil chega à pós-modernidade sem ter conseguido ser liberal nem moderno. Herdeiros de uma tradição autoritária e populista, elitizada e excludente, seletiva entre amigos e inimigos – e não entre certo e errado, justo ou injusto –, mansa com os ricos e dura com os pobres, chegamos ao terceiro milênio atrasados e com pressa".[5]

Bolzan de Morais afirmara que vive-se atualmente uma verdadeira crise de Estado e de Direito, embora tenhamos alcançado, no Brasil, a condição ímpar de um Estado Democrático de Direito, haja vista as garantias previstas na constituição. São suas as seguintes palavras:

> "Dessa forma, percebeu-se que o costitucionalismo se ressente, nos dias atuais, seja pela fragilização/fragmentação daquilo que ele mesmo 'constitui' e do qual se sustenta, o Estado, seja pela tentativa de apontá-lo como, ao contrário de sua idéia inicial e a partir do desenho que impõe, um instrumento impeditivo do desenvolvimento – econômico – apesar de resultante do projeto

---

[4] "Todos esses fatos demonstram que, no espírito unânime dos povos, uma Constituição deve ser qualquer coisa de mais sagrado, de mais firme e de mais imóvel que uma lei comum." LASSALLE, Ferdinand. *O que é uma constituição*. 1ª ed. Russel.Campias, 2005.

[5] BARROSO, Luís Roberto. Fundamentos Teóricos e Filosóficos do Novo Direito Constitucional Brasileiro (Pós-modernidade, teoria crítica e pós-positivismo). *Revista da Academia Brasileira de Direito Constitucional*. Volume 1. Paraná, 2001.

jurídico-político liberal-burguês, apesar de ter marcado o seu nascimento como instrumento de segurança e legitimidade social".[6]

2. O jusnaturalismo e o positivismo jurídico

Existem, possivelmente, dois grandes movimentos ainda em curso, e que citados como fatos históricos: o do jusnaturalismo e do positvismo jurídico.

O jusnaturalismo, como o conjunto de direitos fundados na racionalização dos direitos, primados pela natureza, representa todo o esforço de se reconhecer direitos plasmados na própria vida humana, como superior a todo e qualquer Direito Positivo. Já foi presenciado no período clássico, como também na Idade Média. Mas talvez seja possível reconhecer, como será tentado nas linhas adiante, este instituto histórico na atualidade, sub-repticiamente nos midiáticos discursos em defesa da vida e a favor de maior sofrimento dos criminosos hediondos. Neste sentido, tais pessoas, embuídos de uma razão prática, declaram o Direito como um efetivo instrumento de sofrimento.

O positivismo jurídico, próprio do pós-iluminismo, localizado no final do século XIX, revelou o sentido institucional do poder político concedido ao Estado, através do seu poder de legislar a favor dos seus cidadãos, como também de punir. Assim, o positivismo jurídico quer dizer o direito posto pelo legislador, segundo os interesses coletivos, mesmo que seja o direito de privar a liberdade, ou mesmo, retirar a vida de uma pessoa, seja em sociedades mais punitivas, seja em um governo de exceção. Desta forma, *o direito positivo penal também é um instrumento de sofrimento*.

Mas, o que deveria ser uma trajetória progressiva de instrumentalização de garantias, parece ser ao mesmo tempo a forma de se negar à dignidade humana. No Brasil, a constituição brasileira vigente, que simboliza o marco histórico da transição entre o Estado-policial para o Estado-social, vem sofrendo críticas e mudanças significativas, originadas dos setores mais conservadores, como de grupos representantes da vitimização da violência.

---

[6] MORAIS, José Luis Bolzan de. *As Crises do Estado e da Constituição e a Transformação Espacial dos Direitos Humanos*. Livraria do Advogado. Porto Alegre: 2002, pág. 48.

Bobbio já facilitara a todos, com sua metodologia didática peculiar, a compreensão sobre as diferenças existentes entre o jusnaturalismo e o positivismo jurídico.[7] Para este devemos distinguir tais institutos jusfilosóficos da seguinte forma:

> Podemos destacar seis critérios de distinção:
>
> a) o primeiro se baseia na antítese universalidade/particularidade e contrapõe o direito natural, que vale em toda parte, ao positivo, que vale apenas em alguns lugares...;
>
> b) o segundo se baseia na antítese imutabilidade/mutabilidade: o direito natural é imutável no tempo, o positivo muda...;
>
> c) o terceiro critério de distinção, um dos mais importantes, refere-se à fonte do direito e funda-se na antítese natura-potestas populus...;
>
> d) o quarto critério se refere ao modo pelo qual o direito é conhecido, o modo pelo qual chega a nós (isto é, os destinatários), e lastreia-se na antítese ratio-voluntas...;
>
> e) o quinto critério concerne ao objeto dos dois direitos, isto é, aos comportamentos regulados por estes: os comportamentos regulados pelo direito natural são bons ou maus por si mesmos, enquanto aqueles regulados pelo direito positivo são por si mesmos indiferentes e assumem uma certa qualificação...;
>
> f) a última distinção refere-se ao critério de valoração das ações e é anunciado por Paulo: o direito natural estabelece aquilo que é bom, o direito positivo estabelece o que é útil.

No particular aspecto das diferenças existentes entre o jusnaturalismo e o positivismo jurídico, devemos ponderar a possível dinamização conflitante entre estes dois institutos na atualidade, como já indicado anteriormente.

A questão de se reconhecer estes dois paradigmas históricos em tempos hodiernos não é de todo descartável, se nos atermos aos postulados sustentados pelas vítimas de violência, e que recebem visibilidade governamental diante da dimensão criada pelos veículos de comunicação. Partem de um Direito Natural para obterem a satisfação no direito positivo.

---

[7] BOBBIO, Norberto. *O Positivismo Jurídico. Lições de Filosofia do Direito*. São Paulo: Ícone, 1999, pág. 22.

A prevalência do individualismo sobre os direitos fundamentais: uma questão de Estado

Quando nos deparamos com uma pessoa que defende a prisão perpétua, pena de morte, redução da maioridade penal, fim das garantias processuais vigentes, entre outros pleitos, estamos diante de uma grandiosa postura individualista, própria do neoliberalimso, mas que acabam por atingir algumas autoridades públicas, como os congressistas, a exemplo de políticos que profissionalizam a oposição política governamental, também por uma questão de foro pessoal. Neste processo, legisla-se cada vez mais institutos opressivos, sob o discurso da proteção de direitos. Mas...é preciso refletir: direitos "de quem" devem ser protegidos? Em nome de direitos de algumas pessoas, pode-se violar direitos de muitos? E se o judiciário está realmente comprometido com o sistema criminalizante das mesmas pessoas (mestiças, pobres, analfabetas, desempregados...) podemos denominar as suas ações como "justiça"?

O brado erigido de toda sociedade, que notadamente reclama pelo direito à vida, incorpora, pois, a intensificação das medidas aflitivas contra os criminosos, mas sem reconhecer a tragédia humana de tais pessoas, o que revela uma posição flagrantemente contrária ao processo de consolidação do Estado Democrático Constitucional e Social de Direito,[8] a exemplo da atual constituição brasileira, além de ressaltar a interpretação fragmentária do contexto social. Assim, sob o manto da proteção da vida, este pleito isolado, da vítima (elite), quer sobrepor-se ao direito coletivo fundamental da dignidade da pessoa humana, que deve ser protegido a todo custo pelo Estado, mediante a execução de uma série de políticas públicas que versam sobre as condições

---

[8] "Numa visão institucional, é a ideologia (*rectius*, política) do governamente (comunidade política) que irá conferir ossatura à Constituição que, por sua vez, irá determinar o sistema de coerção e regulação (*rectius*, Direito) do Estado, de mode a reafirmar e manter a estabilidade e integração do grupo social. A importância da correlação entre política e Direito torna-se relevante com o surgimento do Estado de Direito – simultaneamente, instituição política e jurídica – que visa a aplicação/imposição do Direito para o alcance do desenvolvimento jurídico, bem como a adaptação das circunstâncias sociais cambiantes aos fins políticos realizáveis. Surge, então, a necessidade de se estabelcer a proteção jurídica do cidadão contra o poder soberano, independentemente do estilo político do governante. Este conjunto de normas, afeta à políticas, torna possível o surgimento de partidos políticos organizados, voltados ao acesso a cargos políticos, visando a consecução de seus fins políticos. O Direito torna-se um instrumento importante par ao alcance dos fins políticos. Outrossim, a democratização da política (o paradigma de legitimidade é o democrático) exige mais proteção legal do particular, em especial no que concerne a seus direitos constitucionais." NADA, Fábio. *A Constituição como Mito*. Campinas: Método, 2006, p. 46.

sociais do cidadão, em particular o mais vulnerável, posto que este depende sobremaneira das ações inclusivas estatais, inclusive para exercer apenas alguns direitos fundamentais, como por exemplo a habitação e alimentação.

Estaremos, então, diante do conflito entre o direito individual e o direito coletivo? Seria o pleito da proteção do direito à vida, da vítima da violência, uma demonstração do ressurgimento do direito natural, vez que esta vítima despreza a condição de sujeito de direitos do criminoso e só faz valer o seu direito à vida? O que está efetivamente em jogo nos dias atuais? Roga-se não mais a Deus, mas ao Estado o direito de fazer sofrer cada vez mais os seres humanos excluídos.

Estas respostas devem ser respondidas para que não estejamos nos alienando do atual processo de execração dos direitos fundamentais, visto que o definhamento das garantias constitucionais dos mais vulneráveis pode representar um número cada vez maior de deploráveis miseráveis, que tanto incomodam o desenvolvimento desta sociedade brasileira "saudável". O Brasil que em sua história não demonstra ser o melhor exemplo de tutela de direitos individuais e coletivos, não merece retornar aos tempos da aristocracia colonialista e racista, inserido num Estado política e historicamente considerado Democrático, mas conduzido, na prática, por um Governo Neoliberal altamente responsável pelas misérias humanas.

Referências Bibliográficas

BARROSO, Luís Roberto. Fundamentos Teóricos e Filosóficos do Novo Direito Constitucional Brasileiro (Pós-modernidade, teoria crítica e pós-positivismo). *Revista da Academia Brasileira de Direito Constitucional.* Volume 1. Paraná, 2001.

BOBBIO, Norberto. *O Positivismo Jurídico. Lições de Filosofia do Direito.* São Paulo: Ícone, 1999.

HESSE, Konrad. *A Força Normativa da Constituição.* Tradução de Gilmar Ferreira Mendes. Porto Alegre: Editora Sérgio Antônio Fabris, 1991.

LASSALLE, Ferdinand. *O que é uma Constituição.* 1ª ed. Campinas: Russel, 2005.

MORAIS, José Luis Bolzan de. *As Crises do Estado e da Constituição e a Transformação Espacial dos Direitos Humanos*. Porto Algre: Livraria do Advogado, 2002.

NADAL, Fábio. *A Constituição como Mito. O Mito como Discurso Legitimador da Constituição*. São Paulo: Método, 2006

STRECK, Lenio Luiz. BOLZAN, Luis Bolzan de Morais. *Ciência Política e Teoria do Estado*. Porto Alegre: Livraria do Advogado, 2006.

8 EPIMÊNIDES E A CONSTITUIÇÃO DE ATENAS

Paula Campos Pimenta Velloso
Celso Martins Azar Filho

Paula Campos Pimenta Velloso é graduada em Direito pelo Ibmec-RJ. Bolsista de Iniciação Científica do PIBIC/CNPq/Ibmec.

Celso Martins Azar Filho é Doutor em Filosofia (UFRJ/ENS-Paris). Professor Adjunto da Faculdade de Direito do Ibmec-RJ.

> *Als ich erwachte, hört' ich einen Gott:*
> *"Bist vorbereitet", sprach er, "wähle nun!*
> *Willst du die Gegenwart und das, was ist,*
> *Willst du die Zukunft sehn, was sein wird?" Gleich*
> *Mit heiterm Sinn verlangt' ich zu verstehn,*
> *Was mir das Auge, was das Ohr mir beut.*
> *Und gleich erschien durchsichtig diese Welt,*
> *Wie ein Kristallgefäß mit seinem Inhalt.*
>
> Goethe, *Des Epimenides Erwachen*

Resumo

A figura de Epimênides de Creta desempenha, no início da Constituição de Atenas de Aristóteles, algumas funções decisivas; entre as quais o representar a interação de saberes políticos, jurídicos e religiosos no caminho histórico de construção da democracia ateniense. O presente artigo trata de mostrar como este desenvolvimento se confunde com o nascimento da filosofia ocidental.

Palavras-chave

Epimênides de Creta, Constituição de Atenas; Aristóteles; Democracia.

Nas primeiras linhas do que chegou até nós do início perdido da *Athenaion Politeia*, Aristóteles menciona Epimênides de Creta e sua participação em certo evento decisivo na história de Atenas. Trata-se do primeiro episódio conhecido da história da Ática (Raaflaub, p. 52): a tentativa de tomada do poder pelo jovem aristocrata ateniense Cílon. A tarefa de Epimênides será a expiação da cidade do massacre sacrílego dos envolvidos nesta tentativa de instauração de um governo tirânico em seu solo.

> "...tendo Míron como acusador, trezentos, qualificados por nobreza e ajuramentados sobre vítimas sagradas, julgaram. Uma vez pronunciado o sacrilégio, os autores foram expelidos de suas sepulturas e seus descendentes partiram em exílio perpétuo. Em vista disso, Epimênides de Creta purificou a cidade".[1]

Quem é este que purifica Atenas? Por que a memória de seu ato torna-se digna de nota na *Constituição de Atenas*? Para nós, a história de Epimênides permite pôr em causa as circunstâncias do surgimento da filosofia a partir de sua relação constitutiva com a política e o direito gregos. Sua figura concentra alguns dos atributos mais significativos dos muito raros tipos humanos que marcam os primeiros passos em direção ao surgimento da primeira filosofia. E acreditamos que justamente aí está a significação de sua presença em um texto no qual, como todo leitor pode perceber, a consideração da história do direito corre paralela ao exame filosófico de sua estrutura e fundamentação políticas.

Ora, mas é precisamente o ponto de vista histórico que, como veremos, situa nosso tema em um terreno absolutamente inseguro. Não devemos, porém, prender-nos aqui a simples questão da existência de um personagem chamado Epimênides de uma perspectiva puramente historiográfica: o cretense interessa como idéia, sintoma, metáfora,

---

[1] Assim começa a *Constituição de Atenas*: *Murônos kath' hierôn omosantes, aristindên. katagnôsthentos de tou hagous, autoi men ek tôn taphon exeblêthêsan, to de genos autôn ephugen aeiphugian. Epimenidês d' ho Krês epi toutois ekathêre tên polin*. Todas as citações deste texto de Aristóteles referem-se à tradução de Francisco Murari Pires.

signo, em suma, como possibilidade de interpretação. E deste ângulo, já a análise dos problemas – muitas vezes insolúveis – envolvidos no estabelecimento da verdade dos fatos pode nos auxiliar na compreensão de sentidos e significados mais profundos do que a superfície dos documentos poderia indicar.

Com relação a questão da identidade de nosso personagem, pouco dizem as fontes sobre sua biografia.

Segundo Diógenes de Laércio, era natural de Cnossos,[2] de estirpe nobre e usava cabelos longos; o que, ainda de acordo com a mesma fonte, contrariava os costumes cretenses. Se juntarmos aí a informação da Suda (e2471; Diels/Kranz A, I, 3, 16-27) de que tinha a pele tatuada com letras e de que podia sair do corpo segundo sua vontade, isto poderia corroborar a idéia de certos estudiosos de que era na verdade um estrangeiro, um xamã da Ásia Central. Mas o mais provável é que se trate de um erro de tradução e/ou de interpretação: a pele de Epimênides teria sido confundida com o manuscrito sobre pele com suas profecias guardado em Esparta (o que ainda teria feito crer a uma parte da tradição que Esparta ou Argos teriam conservado sua pele ou seu corpo mesmos).[3] Já esta confusão serve bem para indicar o território histórico de sombras e vultos mal definidos em que ora passamos a nos mover – e, claro, tanto com relação a face dos homens, como em vista dos fatos em geral.

Tido por alguns como um dos Sete Sábios (Plutarco, *Sól.*, 12, 4; Diógenes Laércio, I, 13), o que chegou até nós de seu pensamento e atitude, efetivamente permite inscrevê-lo na tradição arcaica da palavra inspirada dos magos-filósofos que surgiram na profunda crise econômica, social, religiosa, política e moral que viveram os gregos a partir do meio do século VII e ao longo de boa parte do VI. Em Atenas, os

---

[2] Diógenes Laércio, I, 109. Segundo Plutarco (*Sólon*, 12, 4), de Phaestos. Mas o dado importante, sobre o qual ambas as fontes concordam, era sua origem cretense (sua pátria religiosa na verdade, lugar onde a antiga religião da terra manteve-se viva por mais tempo: Demoulin, p. 90-91).

[3] Demoulin, p. 69. Não nos livremos muito rapidamente desta história como simples engano, porém: outros relatos de casos de peles e profetas tatuados com oráculos, e de profecias realizadas através da utilização de cadáveres como *medium*, chegaram até nós: Ogden, p. 122.

efeitos mais visíveis de tal crise foram os sucessivos enfrentamentos entre a aristocracia e as classes inferiores demandando a ampliação do que chamaríamos hoje de direitos econômicos e políticos. Mas este é apenas um dos sintomas de uma conflagração mais vasta que se desdobra em diversos níveis e cujos resultados vão transformar o mundo grego, estendendo-se inclusive para além deste. O pensamento dos Sete Sábios – cuja imagem possui certamente em si mesma um caráter algo mítico – materializa uma espécie de solução ideológica geral para a crise, pela criação de uma sabedoria antes de tudo política e jurídica[4] voltada para a solução e harmonização dos conflitos. A função desta sabedoria, segundo o fragmento de um texto perdido do próprio Aristóteles, o *Sobre a Filosofia*, consistiria em inventar as "virtudes próprias do cidadão" (Vernant, p. 48 e seq.). E se observarmos o que nos legou a tradição tardia dos pseudo-filólogos gregos (Snell, p. 5) – a qual, principalmente, devemos nosso parco conhecimento daqueles homens –, é fácil notar como de forma geral possuem um papel relevante principalmente do ponto de vista político e social, e amiúde como reformadores. E não foi outra, a função de Epimênides em Atenas: purificação dos costumes, do corpo social e das leis, refundar as instituições e reorganizar os papéis sociais. Tudo sancionado por seu entendimento divinamente inspirado[5] acerca do que era preciso fazer e das condições necessárias para tanto; seu conhecimento acerca do funcionamento da ordem cósmica liga a verdade e a justiça em suas palavras e atos, legitimando-os – e daí a importância de se lembrar Epimênides quando se escreve a história política ateniense objetivando descrever as fundações e o funcionamento da estrutura jurídica democrática.

Para entender melhor como e por quê, vamos começar por recordar o fato principal de sua vida, o qual explica a origem de seu saber e poderes. Narra Diógenes de Laércio (I, 109) que, enviado certa vez por seu pai em busca de uma ovelha desgarrada, Epimênides desviou-se do caminho e, por volta do meio-dia, deitando-se em uma caverna, aí ador-

---

[4] Cícero (*De Oratore* III-137) notou que todos, com exceção de Tales (o qual marca o ponto de mutação ou de ligação em direção à forma da cosmologia que caracteriza os pré-socráticos posteriores), estiveram à frente de seus estados; e não vamos esquecer que a ligação dos pré-socráticos com o poder e o direito é freqüente: Anaximandro, Heráclito, Zenão, Arquitas etc.

[5] No *De Divinatione* (I, 18, 34), Cícero classifica Epimênides como um adivinho que não usa técnicas, mas cujo dom emana diretamente da inspiração divina; a mesma distinção entre as duas espécies de mântica encontra-se em Platão (*Fedro*, 244a-245b): cf. Demoulin, p. 76.

meceu. Ao despertar, voltou a procurar pela ovelha e como não conseguisse encontrá-la, retornou à cidade, onde observou que quase tudo estava diferente: o Estado estava nas mãos de outra pessoa, em sua casa morava outra família, ninguém o reconhecia e ele não reconhecia nada nem ninguém. Foi quando encontrou seu irmão mais novo, então um homem já idoso, e por ele soube que havia desaparecido por cinqüenta e sete anos. Quando finalmente o reconheceram, os gregos consideraram Epimênides "caríssimo aos deuses", completa Diógenes (I, 110).

O pastor foi assim agraciado com o dom de ver o passado.[6] Talvez aquele desvio da estrada e seu sono tão longo – como um distanciamento do tempo em seu curso linear – fossem a origem do vínculo que, emo mantendo conectado ao passado, não lhe permitia simplesmente ver o futuro (como sucede aos adivinhos ordinários), mas observando o que se passou, entender o presente, base do que virá. Ao que parece, é esta conexão com o passado que possibilita a Epimênides ver o mundo com um olhar civilizador: como se, a partir da experiência prévia a qual só ele tem acesso, pudesse ver o próprio vir-a-ser, e assim como as coisas funcionam ou devem ser – e daí o que precisa ser feito para sustentá-las ou trazê-las novamente ao seu ser verdadeiro, purificando-as. Por isso era convidado a vir de Creta a cidades que se encontravam em dificuldades, para ajudar a livrá-las do mal que eventualmente as assolava.

Para o homem antigo, entre este talento de vidente e as habilidades mais importantes de um legislador as conexões são evidentes. Não

---

[6] Na *Retórica* (III, 1428a), Aristóteles conta uma espécie de piada a respeito da famosa habilidade do cretense, dizendo que a oratória política é mais difícil que a forense porque esta lida com o passado apenas, o qual Epimênides dizia que até os adivinhos conhecem. Este humor algo enigmático aparece também em um dito a ele atribuído pela tradição sobre o caráter mentiroso dos cretenses (Diels/Kranz, p. 31-32), apelidado depois pelos lógicos de "paradoxo de Epimênides". Seria legítimo ver nisto certo ceticismo com relação a sua própria atividade? O momento de transição que é o seu, talvez já o permitisse pôr sua própria situação em perspectiva: e assim não precisaríamos dos ataques de um Xenófanes (Diógenes Laércio, IX, 18) para revelar o racionalismo filosófico nascente, pois seria legítimo crer que já Epimênides o manifestara ainda que não completa ou expressamente. Esta possibilidade animou a pesquisa cujos resultados aqui apresentamos. Pois, em todo caso, é bom não perder de vista o quanto o papel destes místicos e mágicos como Orfeu ou Pitágoras foi relevante na evolução do pensamento grego (tal como continuará a ser no futuro em outros momentos de transição cultural, como no Renascimento para o advento da ciência moderna). "Se o acaso tivesse querido que o único testemunho de Parmênides a chegar às nossas mãos fossem os primeiros versos de seu poema, seria posto à margem como um mágico que se gabava de ter viajado no carro do Sol para além dos portões do Dia e da Noite, ou como um duplo mítico de Faetonte" (Cornford, 1989, p. 167).

por acaso, Diógenes Laércio (I, 40) atribui aos Sete Sábios duas características gerais: eram poetas e legisladores.[7] No passado Epimênides vê as causas do presente, e neste as possibilidades do futuro próximo, pois em seu longo e profundo sono na caverna de Zeus Justiceiro, conversara em sonho com os deuses e falara com a verdade e com a justiça elas mesmas (Diels/Kranz, p. 32). O conhecimento do invisível, da verdade plena além das limitações humanas, conhecimento que as musas possibilitam ao poeta em Homero ou Hesíodo,[8] é sempre um conhecimento que se produz na encruzilhada de passado, presente e futuro, unindo-os: a catalepsia e a saída da alma do corpo são as vias pelas quais, em êxtase, o adivinho abandona as ilusões e se torna ele mesmo a verdade e a justiça, manifestando-as em sua vida. As aproximações com o mito da caverna platônico não são absolutamente descabidas: talvez este pudesse mesmo ser entendido como sua transposição filosófica (Detienne, p. 65-66). O contato direto com a verdade, num caso, como no outro, é um contato direto com a justiça e o bem – ou seja, vital: constitutivo, mais que da sua consciência, da sua pessoa.

Para explicar a função cumprida pela figura e pela sabedoria de Epimênides na *Constituição de Atenas*, é preciso atentar para o fato que neste texto e na tradição em geral encontra-se relacionado com sua história pessoal: o episódio de Cílon. Plutarco, em suas *Vidas paralelas*, conta como Sólon passou a gozar de fama e poder por conseguir revogar a lei que cominava a pena de morte a quem escrevesse ou dissesse que Atenas deveria retomar a ilha de Salamina, então dominada por Mégara. Liderando os cidadãos, o sábio terá sucesso na reintegração da ilha ao território ateniense; e segundo Diógenes, esta vitória foi o maior de todos os seus atos. Mas seu prestígio aumenta ainda

---

[7] O fato de ser um poeta, o aproxima tanto da tradição mais antiga, taumatúrgica, como da mais moderna, que costumamos identificar como pré-socrática no sentido específico da tradição filosófica inaugural. Um ótimo exemplo do tema político-jurídico expresso em estilo poético é o poema de Parmênides (Cornford, 1957, p. 215), narrando seu encontro com a justiça e o direito; outro se encontra no próprio Sólon, ele mesmo poeta e legislador. Por outro lado, *logos* e justiça estão próximos nos pré-socráticos; por exemplo, Heráclito e, novamente, Parmênides.

[8] E antiga tradição fazia Epimênides aluno de Hesíodo: Plutarco, *Banquete dos Setes Sábios*, 158 (Demoulin, p. 38).

mais quando afirma ser necessário levar socorro ao santuário de Delfos e defendê-lo dos ultrajes praticados pelos cidadãos de Cirra: Sólon estará freqüentemente em meio a disputas que ele incita ou apazigua; e aqui em defesa do oráculo de Apolo, templo tradicionalmente ligado às representações populares das doutrinas e vidas dos Sete Sábios. O conflito que nos interessa, porém, é aquele que teria provocado a vinda de Epimênides a Atenas. Por sua celebridade e prestígio, Sólon foi mediador num momento em que o povo ateniense encontrava-se dividido, em decorrência das consecutivas guerras ocasionadas pelos eventos desencadeados por Cílon, nobre jovem ateniense, vencedor da corrida na XXXV Olimpíada, que ambicionou ser tirano em Atenas. Para isto não contou somente com a ajuda de seu círculo de companheiros, mas com a de seu sogro, Teágenes (precisamente o tirano de Mégara contra o qual os atenienses lutaram para retomar Salamina) que enviou tropas para ajudar no empreendimento. Mas os atenienses insurgiram-se, pondo cerco à Acrópole e, embora os partidários de Cílon tenham buscado refúgio no templo de Atena, postando-se como suplicantes e invocando proteção divina, não foram poupados e foram quase todos massacrados no altar das Eumênides.[9]

O massacre foi considerado uma afronta sacrílega e pelo episódio foi pessoalmente responsabilizado o arconte Mégacles, da casa dos Alcmeônidas. Segundo Plutarco, este convencera os refugiados a deixar a Acrópole para submeter-se a julgamento. Persuadidos, os suplicantes ataram à imagem do templo uma espécie de corda e por ela desceram, como que se mantendo atrelados ao templo e à proteção de Atena. Quando passavam em frente ao templo das Eumênides, a corda teria se rompido espontaneamente e neste momento Mégacles e os demais arcontes seguiram com o apedrejamento e a degola de quase todos. Sobreviveram somente Cílon e seu irmão, que conseguiram fugir, além daqueles que foram poupados por dirigirem súplicas às mulheres dos arcontes. A mácula ocasionada por este massacre – agravada tanto pelas circunstâncias (a súplica e a garantia não cumprida de salvo-conduto), quanto pelo local em que foi praticado – ficou para sempre associada aos Alcmeônidas, execrados publicamente e imprecados como impuros.

---

[9] Não é necessário insistir sobre o respeito que cerca a postura de suplicante e o pedido de hospitalidade do estrangeiro desde Homero. Além de atitudes em si mesmas sagradas, o suplicante ou aquele que pede asilo eram vistos como possível encarnação de uma divindade disfarçada.

A rixa entre os remanescentes partidários de Cílon e os descendentes de Mégacles certamente não se deve somente a este episódio. Em primeiro lugar, muitos dentre os mortos eram enviados de Teágenes, inimigos dos atenienses desde as lutas por Salamina. Segundo, mas mais importante, o fato da dominação na Ática do sétimo século a.C. de uma aristocracia reacionária (que chamava a si mesma de "bem-nascida" – *eupatridai*), refletindo uma situação pan-helênica cuja transformação desde o início do século sexto provavelmente contribuiu para abrir caminho em direção ao advento de regimes mais populares. Seja por meio da revolta popular ou de um esforço mais ou menos comunitário de reforma social e legal, este processo muito freqüentemente confiou em indivíduos para ser realizado: entre tiranos ou legisladores, que amiúde se sucederam das formas mais inesperadas, efetivou-se um movimento igualitário que, percorrendo o mundo grego, preparou a democracia ateniense. Muitas das maiores cidades-estado gregas foram submetidas à tirania no sétimo e sexto séculos; e embora isto possa em certos casos refletir também uma mentalidade aristocrática, e tentativas de assegurar o poder para poucos, em boa parte delas tal aconteceu com apoio popular, pelo menos inicialmente, para lutar contra os abusos da aristocracia e garantir a paz e a prosperidade. Paradoxalmente, a tirania acaba deste modo por se tornar um estágio no processo de democratização: o episódio de Cílon deve ser compreendido neste quadro – Atenas neste momento parece recusar seu candidato a tirano e tomar um legislador, Drácon, em seu lugar.[10] Tratou-se, pois, ou de um racha nas elites ciloniana e alcmeônida, ou de uma tentativa frustrada de erigir uma tirania reformista com um líder, entretanto, extremamente impopular.

Em todo caso, as disputas continuaram e atingirão seu ápice quando chegarem a dividir a opinião popular na época de Sólon – resultado circunstancial de disputas de classe mais antigas e profundas. Como foi dito, neste momento o legislador apresentou-se como mediador e convenceu os tidos como impuros a se submeter ao julgamento que o início da *Constituição de Atenas* relata. Sendo considerados culpados, foram os descendentes vivos de Mégacles banidos da cidade, e como a culpa então se estende a todos os membros das famílias, os mortos

---

[10] Para as informações deste parágrafo consulte-se: Raaflaub 42-52. É interessante marcar de passagem que, contrariando Platão para quem a democracia levaria à tirania, historicamente o contrário parece ter sido freqüentemente verdade. Note-se que também no caso da escolha de Sólon coloca-se o mesmo dilema entre legislador e ditador.

removidos de seus túmulos e lançados para fora das fronteiras de Atenas. Neste momento, os megarenses realizaram novo ataque e conseguiram retomar Salamina dos atenienses; estes interpretaram a derrota como sendo resultado de máculas que careciam de expiação. Foi quando se convidou Epimênides a vir a Atenas para purificar a cidade, seguindo a determinação do oráculo de Delfos, como nos conta a voz amplamente majoritária dentre as fontes (Demoulin, p. 55). Contudo, o relato de Plutarco, que estamos tomando como guia geral sobre os eventos em torno da tentativa de tomada do poder em Atenas por parte de Cílon, apresenta uma incoerência histórica bastante grave: a afirmação da intervenção de Sólon no processo dos Alcmeônidas. Isto era necessário para confirmar o que a tradição tinha por verdade evidente: a amizade entre Sólon e Epimênides. No entanto, se permanecemos na companhia de Aristóteles, tomando como guia o texto da *Athenaion Politeia*, uma cronologia diversa se delineia, situando a intervenção de Epimênides antes de Drácon.

Por que se encontra truncada na maioria das fontes a seqüência cronológica dos eventos em questão? Não por acidente: Epimênides torna-se assim um personagem de propaganda política; e desde então insistir na importância de sua missão na Ática pôde servir a diversos interesses. O triunfo dos Alcmeônidas contra Cílon significou o estabelecimento de um esquema de poder que se tentará futuramente conservar ou abalar pela rememoração do sacrilégio implicado na resolução do conflito pela violência ímpia. A lembrança da maldição que pairou ou paira sobre Atenas será usada, indiferentemente, tanto para atacar Clístenes, como Péricles (ele também aparentado aos Alcmeônidas), ou para auxiliar os Pisistrátidas, dando destarte apoio a diferentes posições políticas.[11] É neste enquadramento que se deve ler o freqüente realce conferido pela tradição à amizade impossível entre o adivinho cretense e Sólon. Impossível porque, além da confusão entre os eventos, exigiria do Epimênides histórico a longevidade extraordinária que boa parte das fontes se acostumou a lhe atribuir. Belo exemplo de como uma imprecisão histórica pode nos ensinar história e filosofia, além de filosofia da história e do direito: combinam-se religião e

---

[11] Veja-se, por exemplo, a mencionada história da corda ligando os Cilônidas à Atena, a qual, em se rompendo, teria ocasionado seu massacre: provavelmente falsa, teria como fim explicar a atitude dos Alcmeônidas, e assim aliviar sua culpa (Demoulin, p. 48-50, 61-62 e 104).

política no pensamento jurídico grego, e daí a idéia de uma colaboração entre o sábio político e o sábio religioso em um conhecimento inspirado da justiça que lança a pedra angular da democracia.[12]

Mas a principal atividade de Epimênides em Atenas, atividade pela qual se notabilizou e que constituirá sua identidade, foi a de purificador. Diógenes conta como se afirmava ter sido ele a primeira pessoa a purificar casas e terras; o que se falso evidentemente é, serve para mostrar a sua importância e influência – até o ponto de ser tomado como criador de algo que se encontra na base da religião grega. Não podemos descurar a centralidade do ritual de purificação também na medicina, na política e no direito gregos.[13] E na atuação do purificador cretense a função catártica submete e dirige a atividade profética como se esta fosse um instrumento daquela, fazendo da visão do passado a inspiração divina acerca da cura, tanto dos indivíduos, como dos corpos sociais.

Plutarco, quando menciona Epimênides, diz que este gozava da estima dos deuses, que tinha sobre a religião conhecimento "inspirado e místico" e que, por isso, alguns diziam que era um novo Curetes – nome tradicional dos sacerdotes de Zeus na religião arcaica de Creta – e filho de uma ninfa. E das ninfas, ainda segundo Diógenes (I, 114), este recebera um alimento singular que permitia muito raramente ser necessário se nutrir (para Plutarco – *Banquete dos sete sábios*, 411-415

---

[12] E esta idéia da união de religião e direito figurada no encontro de dois sábios vai provavelmente influenciar a origem de outra história narrada por Pausânias (provavelmente tirada de Sosibios, um dos raros historiadores laconianos, que escreveu no séc. III de nossa era) sobre outro cretense, Thaléthas, agindo ao lado de Licurgo, legislador lendário, autor da Constituição de Esparta (Demoulin, p. 65 e 68-71). O crucial a se perceber aqui é que está em curso um processo histórico geral de separação das funções religiosa e política que antes se confundiam – mas é tão importante separar quanto continuar a garantir sua união (Vernant, 29-31).

[13] Os crimes de sangue são aqueles em que a interação entre direito e religião se faz mais sensível, sendo sempre por isso tratados de forma conservadora: por exemplo, o Aerópago – antiga corte cujo papel no ritual de purificação realizado por Epimênides logo será notado – reterá sua competência pré-democrática sobre a maior parte dos crimes religiosos e especialmente sobre os homicídios deliberados. E parece aos atenienses importar mais a purificação que apenas a punição do crime: em casos de homicídio, após ouvir os primeiros discursos de seu julgamento um acusado tinha o direito de simplesmente se retirar em exílio voluntário e ninguém podia impedi-lo (Todd, 1995, p. 81 e 141).

– uma mistura de malva e asfódelo, alimentos, como se sabe, característicamente órficos (Demoulin, p. 73). Esta sobriedade, temperança e mesmo independência das necessidades naturais ordinárias que outros indícios na sua lenda marcam (por exemplo, o fato de recusar pagamento por seus serviços, reportado por Diógenes e Plutarco), aliada a capacidades espirituais extraordinárias que se manifestam como separação da realidade corpórea (seu corpo permanece em uma espécie de animação suspensa em seu longo sono na caverna; e pretendia ter reencarnado muitas vezes, além de sair e retornar do corpo à vontade) claramente denunciam uma filiação órfica de sua lenda.[14]

Não é preciso insistir sobre o simbolismo da justa medida e da precisão dos limites que cerca a figura de Apolo e daí ao seu peso nas funções desempenhadas por Epimênides. Mas é preciso marcar a conexão que este realiza também com os deuses ctônicos: por exemplo, por ser filho de uma ninfa cujo nome (Balte ou Blaste) nomeia provavelmente uma divindade agrária, ou por ter recebido uma estátua diante do *Eleusinion* (Pausânias I, 14, 4), templo de Deméter e Perséfone, que possuía um papel central na celebração dos Mistérios. Na sua pessoa e arte convergem aspectos e atributos dionisíacos e apolíneos (Cornford, 1989, p. 120 e seq.).

Como forma de limpar Atenas da poluição decorrente do caso de Cílon, Epimênides levou algumas ovelhas (o mesmo animal que o desviou/guiou para seu sono na caverna: Diógenes, I, 109) negras e algumas brancas – estas simbolizando os deuses celestes; aquelas, os da terra – ao Aerópago,[15] deixando que de lá elas fossem aonde quisessem e ordenando que os presentes as seguissem e as sacrificassem no local onde elas decidissem deitar. Em cada um destes locais deveria ser construído um altar, como forma de oferecer sacrifício e homenagem ao deus daquele lugar. Por isso, era possível encontrar altares sem nome em diferentes pontos de Atenas. Teria também fundado templos – afirmação

---

[14] Veja-se ainda o detalhe da conservação de seu corpo em Esparta por ordem de um oráculo (Diógenes Laércio, I, 115): é difícil não se lembrar de *Édipo em Colono*, de Sófocles, e do corpo do herói conservado em território ateniense (ainda mais quando se nota a proximidade de Epimênides com as Eumênides). Pensemos em Sócrates, outro filho de Apolo famoso também por sua frugalidade e êxtases, e que conserva certos atributos de Dioniso, como a forma silênica.

[15] A origem mítica deste tribunal, tal como narrada por Ésquilo nas Eumênides, reside na busca de uma solução para o conflito entre Apolo e as Eumênides (como se sabe, uma maneira branda, para conjurar a má sorte, de se referir às Eríneas ou Fúrias): Cf. Torrano, 2001.

constante da tradição a seu respeito, e atividade evidentemente ligada à de purificação (Ogden, p. 118); e as "Vidas e doutrinas dos filósofos ilustres" (I, 112) mencionam especificamente o templo das Eumênides.[16] O que não é casual, assim como a alusão nas "Vidas" de Plutarco à sua atividade reguladora voltada para as mulheres.[17]

Assistimos em tudo isto a uma reforma claramente racionalista da religião; a qual, nas palavras de Plutarco teria por intenção final conduzir à concórdia política, à harmonia de pontos de vista (*homonoia*) na cidade. Sinais claros, entre outros, de como a função de Epimênides consiste antes de tudo em realizar, no momento de crise, a mediação das formas arcaicas da sociedade grega para a nova sociedade democrática que começa a se articular, fazendo-se simultaneamente de fronteira e ponte, limite e passagem. Entre os deuses ctônios e os olímpios, a ordem familiar feminina e a estatal masculina, a organização feudal campesina e a formação da economia e política citadinas, e finalmente, entre mito e dialética, Epimênides permanece o limiar que a ele mesmo ou a sua época não cabe franquear ou transpor, mas abrir e marcar.

Esta fronteira, do ponto de vista político-jurídico, mostra-se não apenas na oposição exterior entre tirania, oligarquia e democracia, na contradição entre o poder de um ou de poucos contra o de todos, mas se transporta para o interior da questão de estruturação da ordem democrática ela mesma: o direito da vingança, da compensação pela reciprocidade direta, encontra seu limite mesmo quando é o caso de limi-

---

[16] Ainda que este dado seja muito provavelmente falso, já que o culto das Eumênides é bem mais antigo em Atenas que os eventos em questão (Epimênides deve ter realizado, isto sim, uma nova consagração do altar, maculado pelo assassinato dos Cilônidas), o nome do cretense estará sempre ligado ao destas deusas.

[17] Em primeiro lugar, as mulheres representam (como escravos ou estrangeiros) as margens do direito (por exemplo, não são cidadãs, mas a partir de certo período na Atenas democrática, tornam seus filhos cidadãos) e criar normas para estas é na verdade definir os contornos de conceitos jurídico-políticos fundamentais, como igualdade, cidadania etc. Em segundo lugar, temos a ligação genérica das mulheres – as bacantes – com o culto dionisíaco. Em terceiro lugar, as Eumênides são divindades femininas da terra, (demonizadas quando do triunfo histórico da religião Olímpia, celeste, dos deuses masculinos), cuja função é punir os crimes de sangue e especificamente aqueles perpetrados contra os membros do grupo familiar. Ora a mulher é a família, e o homem, o Estado. A pacificação das Fúrias é uma absorção pela ordem democrática (apresentada na última tragédia da Oréstia quando a deusa masculina que é Atenas, virgem e guerreira, as acolhe na nova ordem). Por fim, em um de seus poemas – conservado por um escoliasta de Sófocles que o referiu, não por acaso como já notamos, ao *Édipo em Colono* – menciona o vínculo de parentesco entre Afrodite, as Moiras e as Eríneas (Diels/Kranz, p. 36).

tar a justiça popular contra a tirania – pelo direito e por ele. No sentido geral metafórico da recusa da tirania pela democracia devemos perceber uma oposição que em se desdobrando em diversos níveis e sentidos, não cessa de ser resolvida e reposta. Note-se como o crime de Mégacles e seus partidários de alguma forma recai sobre o *demos*, bem como também a responsabilidade da purificação, da cura do corpo social. A realização dos rituais aí envolvidos por Epimênides já aparece como resultado de uma decisão pública; e este processo de "publicização" do direito, da religião, da política, do saber, dá-se como resultante de um jogo de forças que exigirá uma sabedoria do equilíbrio; a qual será constituída como uma espécie de pedagogia política que procura formar tanto o corpo social quanto seus membros na consciência de sua interação e dependência, na percepção e lida das forças centrípetas e centrífugas que os opõem e compõem. E é isto que certamente também espelha a convergência da meditação religiosa e filosófica no problema do uno e do múltiplo (Vernant, p. 31).

Este personagem presente em muitas culturas arcaicas que Epimênides encarna, o profeta-poeta-sábio abre, na Grécia, a via para o filósofo. "Sua obra, tenha ela sido escrita ou não (talvez fosse melhor dizer: seus gestos) pertence a uma linha de expressão cultural característica do fim do século sexto antes de nossa era a qual busca conciliar as antigas crenças com os princípios filosóficos nascentes tentando resolver o problema da origem e da constituição do mundo" (Demoulin, p. 121). Mostrando a base única do conhecimento da história, da literatura, da ética, da política, do direito, enfim, do que chamamos hoje ciências humanas ou sociais, busca a compreensão do funcionamento das coisas precisamente por se questionar a respeito do homem e da comunidade humana; e assim une física e antropologia na cosmologia – na esperança, não de uma religião, mas de uma ciência orgânica e total a partir da qual somente se pode compreender a construção da idéia do Ocidente.[18]

---

[18] Quando Aristóteles, no início da *Política* (I, 1, 1252b), cita o nome de Epimênides em meio à explicação sobre a naturalidade dos corpos políticos, não faz inconsideradamente: o direito, a medicina, a religião ou a política são na verdade aspectos de uma física que caberá aos présocráticos desenvolver – cada um destes saberes reflete os outros, sendo filosofia o nome genérico da ciência em que se fundamentam e se justificam; e a mesma relação entre as partes e o todo, como a preeminência deste com relação àquelas, está presente na definição aristotélica da política como conhecimento em que lei natural e jurídica se cruzam.

Seguindo outras fontes, Diógenes Laércio (I, 110) menciona ainda como parte do procedimento de purificação da cidade, o sacrifício de dois jovens. O sacrilégio do massacre dos Cilônidas devia ser expiado com sangue. Este tipo de morte ritual aconteceu na Grécia em determinadas ocasiões, e não apenas na época arcaica com Efigênia, mas ainda no festival das Targelias ou com Temístocles imolando prisioneiros antes de Salamina. No caso em questão, é importante esclarecer que os sacerdotes Curetes cretenses realizavam sacrifícios a Cronos – e lembrar que nosso Epimênides provavelmente era um deles (Plutarco, *Sólon*, 12; Diógenes Laércio, I, 115), o que traz verossimilhança histórica ao fato (Demoulin, p. 67-68). Mas para além da possibilidade deste tê-los oficiado, estes sacrifícios são bastante impressionantes por se tratar de dois jovens da elite ateniense, dois cidadãos sacrificando-se voluntariamente para que seu sangue lavasse as faltas de Atenas. Diante destes sacrifícios públicos como falar em limitação do poder do Estado? E, no entanto – e não sem paradoxo, ao menos do nosso ponto de vista – é precisamente de limitar o poder que se trata aí, se mantemos em mente o quadro mais amplo do contexto e das razões pela qual a purificação foi realizada. É interessante perceber como os atenienses entendiam as relações do corpo social com seus membros de maneira radicalmente diferente de nós: como a idéia de bem comum estava presente de forma intransigente, e como a percepção de igualdade levava à prática verdadeira da liberdade, assim como esta com relação àquela. Poderíamos dizer que os deveres e direitos coletivos aí efetivamente limitam os deveres e direitos individuais, pois os constituem, e vice-versa.[19] Mas já o emprego mesmo desta nomenclatura é anacrônico, pois como bem sabemos o constituir-se claro e distinto das noções de estado, sociedade, sujeito, etc., ainda está muito distante – e é precisamente por isso que este tipo de mentalidade permanece.

Pode-se dizer que, ironicamente, a defesa da liberdade e da igualdade, característica fundamental do *ethos* ateniense e base de sustentação do sistema democrático, é resultado de uma espécie de orgulho aristocrático. Pois liberdade e cidadania identificam-se, circunscrevendo

---

[19] E não se objete "fanatismo" ou algo semelhante: continuamos a realizar sacrifícios humanos hoje, em muito maior número e em sua maior parte involuntários, a deuses bem mais obscuros, em rituais sórdidos – e não se trata de metáfora.

os limites do direito pela exclusividade de seus sujeitos. A carta de Epimênides a Sólon revela de maneira bem evidente este orgulho na disposição de salvaguardar a liberdade sobre tudo o mais: a tirania é insuportável para homens livres.

> "Coragem, amigo! Se Peisístratos houvesse atacado os atenienses enquanto ainda eram servos e antes de serem governados por boas leis, teria assegurado o poder perpétuo mediante a escravização dos cidadãos. Mas, nas circunstâncias predominantes, o tirano está impondo a sujeição a homens que não são covardes, cuja memória recorda a advertência de Sólon e que nunca se conformarão com a tirania. Embora Peisístratos tenha conseguido dominar a cidade, tenho a esperança que seu poder não seja transferido a seus filhos, pois é difícil compelir homens criados em liberdade sob as melhores leis a ser escravos. Nesse ínterim, em vez de viajar continuamente, vem tranqüilo para Creta, onde ficarás comigo; aqui não terás a temer um governante absoluto, ao passo que se algum dos amigos de Peisístratos encontrar-te enquanto viajas, temo que te sobrevenham males" (Diógenes Laércio, I, 113).

Quando trata da amizade entre Sólon e Epimênides, Plutarco chega a dizer que este, entre os auxílios que prestou, ajudou Sólon preparando o caminho para sua legislação. Epimênides, durante a sua estadia em Atenas, corrigiu os serviços religiosos, moderou os ritos fúnebres, introduziu determinadas imolações nos funerais e suprimiu práticas consideradas cruéis e não civilizadas que eram mantidas pela maioria das mulheres. Os rituais de purificação e a construção de templos a partir do caso de Cílon santificaram e purificaram a cidade e trouxeram à Atenas o senso de respeito à Justiça, inclinando seus cidadãos a praticar a concordância. Tal como Sólon, o mediador, seu amigo serve de pacificador, introduzindo nos costumes e na própria prática religiosa, uma atitude eminentemente racionalista e filosófica. Se Epimênides confere assim uma espécie de investidura sobrenatural a Sólon (Cornford, 1989, p. 122), a quem cabe então consolidar e consumar sua obra, isto é feito através de certa continuidade de atitudes e pensamentos que, embora se realize em diferentes sentidos e esferas, mantém um espírito comum.[20]

Deixemos de lado a consideração da verdade histórica de tais "fatos": mesmo que fosse possível este encontro de sábios, seria pouco plausível

---

[20] Hubert Demoulin (p. 111) crê que Sólon teria aproveitado em sua legislação as regulamentações anteriores de Epimênides.

que Epimênides tivesse conhecido a tirania de Peisístratos, evento do meio do sexto século; ainda mais se acreditarmos que este, como assinala o próprio Diógenes a quem devemos a carta citada, morreu pouco depois de seu retorno a Creta. As fontes de nosso saber sobre tais homens e eventos, já o notamos, haurem seu conhecimento da tradição oral, e apresentam discrepâncias e incoerências muito dificilmente conciliáveis em um relato ao qual pudéssemos atribuir o epíteto de "histórico" sem problemas. Para admitir o encontro entre Sólon e Epimênides (dado central na própria construção do personagem do purificador de Atenas) seria preciso desconsiderar as informações da Constituição aristotélica – a não ser que tomássemos como verdade, segundo pretendia a crença popular do quinto século, que este vivera cerca de duzentos anos (Demoulin p. 35, 41-42, 52 e seq.).

Após o ritual de purificação, a amizade entre Epimênides e Sólon continuou, e ambos teriam seguido se comunicando através de cartas. As duas cartas aqui citadas conservadas por Diógenes demonstram – além do apreço de um pelo outro e do acordo das opiniões – certa participação de Epimênides nas decisões tomadas por Sólon. O mais evidente e significativo nesta concordância é a função pedagógica que as leis teriam o poder de exercer na visão dos dois sábios: elas formam o cidadão, fortalecendo-o pela prática da liberdade e da igualdade.[21] Se o termo "Constituição" entre nós significa a legislação primordial que rege determinada forma estatal, lá, possuía também o sentido de um relato histórico que, em rememorando a constituição do Estado como tal, buscava explicar seu funcionamento atual explicando o estabelecimento e a dinâmica de sua estrutura jurídico-política: pois, na verdade, o que está em causa não é exatamente a constituição do Estado, porém da cidadania.

Assim como nenhuma recompensa aceita Epimênides por ter purificado Atenas além de um ramo de oliveira sagrada, da mesma forma Sólon, outro poeta e legislador, recusa o poder total mesmo quando este lhe é oferecido; e ao ver o povo de Atenas acolher Peisístratos em seu lugar, se diz então o único livre, o único disposto a empunhar armas contra a tirania – ele que a havia recusado em proveito próprio,

---

[21] Uma indicação adicional a respeito da postura política de Epimênides encontra-se na história da estadia deste em Esparta quando teria auxiliado os éforos (a ponto de ser homenageado com uma estátua no palácio destes: Pausânias, III, 11, 11 (7)): pois estes juízes exerciam no Estado espartano um papel de limitação do poder dos reis e da aristocracia representando, ao que parece, o interesse do povo e a defesa das leis (Raaflaub, p. 40; Vernant, p. 20). E é sempre bom lembrar que certos indícios históricos permitem vislumbrar em Creta e em Esparta alguns elementos legais pré-democráticos (Raaflaub, p. 23 e 36 e seq.).

agora se dispõe a lutar em proveito do bem comum. Esta coragem de defender o governo do povo até mesmo contra o povo é o que vemos patente na sua carta a Epimênides:

> "Nem as minhas leis deviam ajudar os atenienses, nem tu ajudaste a tua cidade purificando-a. Com efeito, a religião e a legislação não bastam por si mesmas para beneficiar as cidades; este objetivo somente pode ser atingido por quem conduz constantemente a multidão em qualquer direção desejada. Sendo assim, se tudo vai bem, a religião e a legislação podem ser úteis, mas, se tudo vai mal, de nada valem.
>
> Minhas leis e dispositivos não são melhores. Os homens que os desprezaram prejudicaram o Estado, não conseguindo impedir a tirania de Peisístratos. E quando os alertei, não acreditaram em mim. Ele obteve mais apoio adulando os cidadãos que eu dizendo-lhes a verdade. Depus minhas armas diante do quartel dos generais e disse ao povo que eu era mais sábio que aqueles que não perceberam que o objetivo de Peisístratos era a tirania, e mais corajoso que os que se abstiveram de oferecer-lhe resistência. Entretanto, o povo denunciou Sólon como louco. Afinal testemunhei: estou pronto a defender-te, minha pátria, com palavras e atos, porém alguns de meus concidadãos consideraram-me louco. Por isso afastar-me-ei deles como único adversário de Peisístratos; eles, se quiserem, podem passar a ser seus guarda-costas. Deves saber, companheiro, que ele alimentava a ambição desenfreada de tornar-se tirano. A princípio Peisístratos era um líder popular; em seguida feriu-se a si mesmo e apareceu diante do tribunal da Heliaia, gritando que aqueles ferimentos lhe haviam sido infligidos por seus inimigos e pedindo uma guarda de 400 jovens. O povo, sem me ouvir, concedeu-lhe os homens armados com suas clavas. Depois disso ele destruiu a democracia. Foram inúteis meus esforços para livrar os atenienses pobres de sua servidão, porquanto agora todos são escravos de um único senhor: Peisístratos" (Diógenes Laércio, I, 64-66).

Deixando de lado querelas mais ou menos vãs acerca da autenticidade de tal carta,[22] parece que o crucial aqui seja o conceito de eficá-

---

[22] Diógenes alude (112) a outra carta de Epimênides a Sólon tratando da legislação de Minos para Creta: o importante nisto para nós não é a autenticidade, mas a permanência e relevância aí do tema legal. E desta perspectiva já o nome de Minos é importante: há uma tradição que coloca Epimênides como juiz, ao lado de Minos e Radamantis, nos infernos. Notemos que entre os títulos de suas pretensas obras que chegaram até nós temos uma sobre a Constituição de Creta e outra intitulada "Minos e Radamantis" (Demoulin, p. 125-128).

cia da técnica discursiva: contra a demagogia nada podem a religião ou a legislação. Mas – e esta é a questão que continua a nos atormentar (e hoje mais do que nunca) – onde está a diferença? Como saber qual a verdade? A resposta é simples: não está apenas nas palavras, mas na conexão destas com os atos, com a maneira de viver dos homens – é precisamente isto que a carta e o exemplo de Sólon, bem como o de Epimênides, procuram ressaltar.

Como notou Bruno Snell (p. 15), o pensamento dos Sete Sábios confunde-se com sua vida: e daí uma distinção muito característica dos gregos entre o que chamaríamos de saber científico e religioso, humano e divino, a qual, porém, vista por outro ângulo poderia ser posta na conta de uma aproximação. Cada um daqueles que foram chamados de sábios o foi antes de tudo por suas habilidades práticas (principalmente políticas em um sentido amplo, ou seja, administrativas, militares, diplomáticas, judiciárias, legislativas etc.); sua sabedoria era considerada como a expressão materializada desta capacidade e só por isto valia – como referência ao *savoir-faire* demonstrado por aquelas vidas. Daí seu caráter gnômico, sentencial, como uma espécie de receituário vital: a filosofia dos Sete Sábios exprime-se em sentenças porque é uma filosofia em ato. Ao se referir à vida e à natureza mostra limites e fronteiras, recomenda e interdita e assim define, delineia, institui, constitui, erige. É de uma sabedoria délfica que se trata, e suas sentenças são construídas com a mesma pedra do templo: desta pedra fez-se o espírito dos atenienses – e deste a democracia.

Do ponto de vista do que chamamos hoje de filosofia do direito, a originalidade grega não está apenas em sua capacidade singular de refletir sobre a lei ou a justiça, mas principalmente em pensar a condição humana a partir das noções de liberdade e igualdade; marcos valorativos os quais, além de constituir o cerne ideológico dos diferentes sistemas políticos desde então descritos como democracias, estão na origem e na base do que se chamou, no Ocidente, filosofia.[23] Um dos símbolos do

---

[23] Detienne, p. 72, nº 137: a palavra dialogal surge no ambiente sociopolítico igualitário, desenvolvimento histórico que sustenta a possibilidade de troca intelectual e de investigação racional, características do pensamento ocidental.

pensamento que abre tais portas, ainda se permanecendo apenas em seu limiar, é a figura de Epimênides no início da *Athenaíon Politeia*. Sua consideração apresenta-se como relevante no estudo do direito e da filosofia gregas por diversas razões. Mas, sobretudo, pela possibilidade que o registro aristotélico de seu gesto oferece de pôr em tela a estruturação histórica do fazer filosófico. Este só se oferece em sua real envergadura na interação intrínseca com o que seriam para nós outros setores da cultura, a partir da meditação de certos problemas e conceitos fundamentais aos quais pertencem a sua própria constituição de sentido. O direito, a ciência, a política, a ética, a religião, a física, a arte, a história etc., possuem íntima e estreita conexão, pois se enraízam no que os gregos chamaram filosofia: a busca da sabedoria que deve ser – ou inevitavelmente é – o modo e fim da existência humana.

Referências Bibliográficas

ARISTÓTELES. *A Constituição de Atenas*. Trad. de Francisco Murari Pires. São Paulo: Hucitec, 1995.

CORNFORD, F. M. *From Religion to Philosophy*. New York: Harper & Brothers Publishers, 1957.

_____. *Principium Sapientiae*. Trad. de M. M. R. dos Santos. Lisboa: Calouste, 1989.

DEMOULIN, H. *Épiménide de Crète*. New York: Arno Press, 1979.

DETIENNE, M. *Os Mestres da Verdade na Grécia Arcaica*. Trad. de A. Daher. Rio de Janeiro: Zahar, 1988.

DIELS, H. e KRANZ, W. *Fragmente der Vorsokratiker*. Zurique: Weidmann, 1992.

DIÓGENES DE LAÉRCIO. *Vidas e Doutrinas dos Filósofos Ilustres*. Trad. de M. da G. Kury. Brasília: UNB, 1988.

_____. *Vitae Philosophorum*. M. Marcovich (ed.) Stuttgart e Leipzig: Teubner, 1999.

OGDEN, D. *Greek and Roman Necromancy*. Princeton e Oxford: Princeton University Press, 2001.

PAUSÂNIAS. *Ellados Periígisis – Attika*. F. Spiro (ed.). Leipzig: Teubner, 1903.

PLUTARCO. *Vidas*. Trad. de Jaime Bruna. São Paulo: Cultrix, 1963.

_____. *Lives*. Trad. de B. Perrin. (Loeb) Cambridge: Harvard University Press: 1914.

RAAFLAUB, K. A.; OBER, J. e WALLACE, R. W. *Origins of Democracy in Ancient Greece*. Berkeley, Los Angeles e Londres: University of California Press, 2007.

SNELL, B. *Leben und Meinungen der Sieben Weisen*. Munique: Heimeran, 1971.

TODD, S. C. *The Shape of Athenian Law*. New York: Oxford University Press, 1995.

TORRANO, J. A fundação mítica do Tribunal do Aerópago na Tragédia Eumênides de Ésquilo. *Ágora. Estudos Clássicos em Debate*. Aveiro, n. 3, p. 7-23, 2001.

VERNANT, J. P. *As Origens do Pensamento Grego*. Trad. de I. B. B. da Fonseca. São Paulo: Difel, 1984.

Desumanização e Neutralização Coletiva no Espaço do Estado

Uma Abordagem Metafórica do Sistema Penitenciário – da Literatura à Criminologia

Roberta Duboc Pedrinha

Resumo

O presente trabalho analisa o sistema penitenciário brasileiro. Parte de uma leitura crítica da prisão, para enveredar através da conflitiva relação dos seus pólos principais, detentos e agentes penitenciários. Nesse sentido, tem como referência duas obras clássicas da literatura, *Moby Dick* e *O Velho e o Mar*, que funcionam como pano de fundo, a conduzir os processos de reificação.

Palavras-chave

Prisão; Agente Penitenciário; Detento; Reificação.

1. Introdução

Este pequeno trabalho analisa a relação entre apenados e agentes penitenciários.[1] Verifica a possibilidade de respeito aos direitos humanos para estas duas categorias. No campo epistemológico distancia-se da tradicional abordagem jurídica. Pois parte de uma concepção transdisciplinar, que desloca aspectos da Criminologia e se envereda pelos caminhos da Literatura. Tem como recorte literário a obra de Herman Melville – *Moby Dick*. A partir deste clássico permeia, através de metáforas, as condições de objeto das partes litigantes, do mar à prisão. Confirma a tendência à reificação, tanto dos internos, quanto dos próprios agentes penitenciários, na medida em que se vislumbra a desumanização destes dois pólos conflitantes. Ocorre uma naturalização diante da ausência de direitos humanos. Ou seja, configura-se a banalização da violência como algo aceito, introjetado por ambos e, por fim, devolvido.

Apenados e agentes são duas categorias que se confrontam. A prisão é a arena onde se digladiam e rompem a tênue sociabilidade. Desse

---

[1] Nesse sentido, cumpre salientar que a idéia de analisar o sistema penal, especialmente pautada na relação entre agentes penitenciários e apenados, surgiu, especialmente, a partir da minha proximidade com estes dois pólos do sistema. Algumas foram as minhas experiências nessa direção, que inspiraram este trabalho. Primeiramente como Professora de Criminologia concursada do Departamento Penitenciário Nacional do Ministério de Justiça (DEPEN-MJ), quando ministrei cursos para diretores de unidades prisionais de diversos estados do Brasil, ocasiões em que visitava as unidades. Depois, como Professora convidada da Secretaria de Administração Penitenciária do Estado do Rio de Janeiro (SEAP-RJ), quando ministrei cursos e palestras em Direitos Humanos e Penalogia para os agentes penitenciários, e visitei os principais estabelecimentos penais do estado. Em seguida, como Professora de Direito Penal e Coordenadora do Núcleo de Estudos Criminais do IBMEC/RJ, em que pude realizar – com um grupo de 50 alunos da Faculdade (IBMEC/RJ) e 50 alunos da Escola Mário Quintana (internos da Penitenciária Lemos Brito) – um projeto de pesquisa, intitulado Correio Legal, com seis meses de duração, sobre a troca de cartas entre as duas categorias de estudantes. Posteriormente, como Diretora do Instituto de Estudos Criminais do Estado do Rio de Janeiro (IECERJ) colaborei em vários processos de apenados, através da advocacia *pro bono*. Finalmente, como Coordenadora do Sistema Penitenciário da Comissão de Direito Humanos da Ordem dos Advogados do Brasil – Seção Rio de Janeiro (OAB/RJ) pude fazer diligências de avaliação de unidades em todo estado, organizar eventos sobre o cárcere, participar de eventos nas unidades prisionais e denunciar dezenas de torturas sofridas por apenados ao Ministério Público. O contato com estes dois pólos, agentes e internos, me trouxe inquietações, reforçou minha vontade de buscar um espaço dialógico, uma aproximação, para uma melhor interlocução, nesta conflitiva interação prisional. Ninguém passa indelével pelo contato com o cárcere, das histórias que ouvimos às imagens que vemos, que não nos saem da memória, ao cheiro que nos entranha a alma. Dedico este artigo aos milhões de seres humanos que vivem nos cárceres, seja na condição de apenados, seja na de agentes penitenciários.

modo, indivídiuos que partem de semelhantes estratos sociais subalternos, transformam-se em inimigos. A batalha travada culmina com a neutralização de ambos, quando deixam de ser sujeitos para tornarem-se objetos, passam por um processo de coisificação, desumanizam-se.

Se traçarmos um paralelo com a obra clássica mencionada, constataremos a similitude do apenado, tratado como bicho, com o cachalote Moby Dick, especialmente no que tange ao grau de "periculosidade" e terror depreendido. Da mesma maneira, o agente penitenciário assimila-se a Acab, na insana perseguição a Moby Dick. Tomado pelo ódio, Acab desumaniza-se, o que o conduz ao seu duplo aniquilamento – como pessoa digna e como ente vivo. De modo semelhante à obra de Melville, no sistema penitenciário, não há vencedores nem vencidos, todos se submetem às fragilidades da condição humana, estão à merce dos riscos de se autodestruírem, inclusive pela destruição do outro, através de processos de reificação e desumanização, que conduzem à neutralização coletiva.[2]

2. Os apenados e Moby Dick

Todo indivíduo deveria ser considerado sujeito. O sujeito é aquele que pensa, participa, age. É pessoa independente, autônoma, com vontade própria, sonhos, desejos, paixões, dores. Trata-se de um sujeito de direitos e deveres. Opõe-se ao objeto, concebido como coisa, complemento, que depende do sujeito, sem vontade própria, sem vida. Todavia, nota-

---

[2] Nesse sentido, cabe ressaltar casos recentes de radicalização da violência, como o mais recente, deflagrado especialmente em São Paulo, em maio de 2006, que culminou com a execução de muitos agentes penitenciários, além de seus familiares, a mando de internos. Do mesmo modo, a execução de mais de 200 apenados, em livramento condicional, a mando dos representantes do Estado. Nesse sentido, sucederam-se rebeliões e motins em variados presídios, concentrados em São Paulo, Paraná e Mato Grosso do Sul, que se estenderam às ruas, em agressões, em quebra-quebra a ônibus e instituições bancárias. Ou seja, resultou no maior enfrentamento com desdobramentos extramuros até então assistidos no Brasil. Além dos graves episódios intramuros ocorridos em: São Paulo (Carandiru), Rondônia (Urso Branco) e no Rio de Janeiro (Benfica e Ary Franco), que culminaram com a execução de centenas de presos pelos representantes do Estado. É imprescindível ressaltar que não foi por acaso que as mortes se instalaram no sistema, estamos nos referindo a um modelo penal que suprime a dignidade humana, e ainda há instituições com as mais precárias condições de existência. Mesmo nestas circunstâncias, a responsabilidade pela morte dos internos sequer foi avocada pelo Estado. E quando foi, como no caso do Carandiru, o mandante, Coronel Ubiratan, foi absolvido e se elegeu Deputado, pelo número 14.111, fazendo referência aos 111 presos mortos, de acordo com os dados oficiais.

se que o sistema penitenciário é capaz de transmudar a natureza das pessoas, de sujeito à coisa, tanto em presos,[3] quanto em agentes.

Ao tomarmos como marco teórico Moby Dick notaremos esse deslocamento rumo à coisificação. Na obra em referência, o conflito estabelecido entre as partes – o pescador Acab *versus* o cachalote Moby Dick – embaralha estes entes litigantes, remove seus papéis, não são mais sujeitos-protagonistas. Pois se tornam objetos, um do ódio do outro. Nos embates realizados entre a presa e o predador muitas vezes se desenrola um processo de assimilação da violência, um se torna refém do outro, no tratamento de inimigo empregado.

O enfrentamento é estabelecido entre forças que não se somam, que mesmo diferentes, se assemelham; embora em pontas diversas, no mesmo sentimento. Assim, há similitude no ódio. Quer na titânica vontade de vingança de Acab, na raiva que irrompe as barreiras da caça ou pesca, que viola a imperativa necessidade de sobrevivência. Quer no ódio recíproco de Moby Dick, muito além do seu desejo de existir e reagir. Desse modo, segundo Melville:

> "Como reação a baleia foi contra o casco do navio, vendo nele a fonte de todas as suas perseguições, julgando-o um inimigo maior e mais nobre, caiu em súbito sobre a proa, e veio rumo a embarcação em sua célebre vingança, com eterna malignidade chocou-se à proa. (...) Acab ainda dirigiu-se à baleia: até o fim, luto contigo, do coração do inferno eu te firo, de puro ódio cuspo em ti, meu último alento. (...) Enquanto isso te persigo, embora atado a ti, maldita baleia".[4]

Nesse contexto, estabelecemos um paralelo com o sistema penal, verificamos essa reciprocidade de sentimento, entre condenado e agen-

---

[3] Diante dessa interpretação vale conferir acerca da condição de apátrida, assegurada pela prisão, mais nitidamente reconhecida ao interno, desde a discutível suspenção dos direitos políticos, pela impossibilidade de voto, que ocorre na prática punitiva. Trata-se da morte civil, um passo para conduzir a outros processos de morte no apenado. ARENDT, Hannah. *A Condição Humana*. Trad.: Roberto Raposo. 10ª ed. Rio de Janeiro: Forense Universitária, 2003. Vale verificar ainda: CARVALHO, Salo de. *Pena e Garantia: uma Leitura do Garantismo de Luigi Ferrajoli no Brasil*. Rio de Janeiro: Lumen Juris, 2001, p. 168 e 177. Na mesma linha ver: LAFER, Celso. *A Reconstrução dos Direitos Humanos: um Diálogo com o Pensamento de Hannah Arendt*. São Paulo: Companhia das Letras, 1988, p. 150 a 165.

[4] MELVILLE, Herman. *Moby Dick*. Trad.: Péricles Eugênio da Silva Ramos. São Paulo: Nova Cultural, 2002, p. 535.

te penitenciário, e nos perguntamos – há sujeito ou objeto? Afinal quem é sujeito? Quem é objeto?

O apenado, em tese, no plano jurídico, é um sujeito. Ou seja, é um sujeito de direitos e deveres, da mesma maneira que o agente penitenciário. Assim, os deveres do Estado correspondem a uma contrapartida de direitos dos presos, conforme a Lei de Execução Penal, (Lei nº 7.210/84). Portanto, consoante o artigo 10 deste diploma legal, a assistência aos presos é dever do Estado, logo corresponde a direito daqueles.[5]

Todavia, na prática, os presos não têm seus direitos respeitados, já os seus deveres são impostos com arbitrariedade. São mero alvo de cobrança, das perseguições sob o capricho de vários agentes, que fazem da disciplina o ponto de convergência das fantasias do controle total. Assim, os apenados não se configuram sujeitos de direitos, tornam-se não mais parte integrante e sim objeto do sistema penal.

No processo de coisificação do apenado, através da prisão, merece destaque: a ociosidade dos internos, a superlotação nas celas, a proximidade entre presos condenados e provisórios, presos primários e rein-

---

[5] Entre os direitos elencados dos presos a serem garantidos pelo Estado encontram-se os seguintes: alimentação suficiente e vestuário; atribuição de trabalho e sua remuneração, previdência social; constituição de pecúlio; proporcionalidade na distribuição do tempo para o trabalho, o descanso e a recreação; exercício das atividades profissionais, intelectuais, artísticas e desportivas anteriores, desde que compatíveis com a pena; assistência material, à saúde, jurídica, educacional, social e religiosa; proteção contra qualquer forma de sensacionalismo; entrevista pessoal e reservada com o advogado; visita do cônjuge, da companheira, de parentes e amigos em dias determinados; chamamento nominal; igualdade de tratamento, salvo quanto às exigências da individualização da pena; audiência especial com o diretor do estabelecimento; representação e petição a qualquer autoridade em defesa de direito; contato com o mundo exterior por meio de correspondência escrita, da leitura e de outros meios de informação que não comprometam a moral e os bons costumes – segundo disposto no artigo 41 da supracitada lei. É bem verdade que o artigo 41 estabelece um vasto rol onde estão elencados o que se convencionou denominar *direitos do preso*. Entretanto, o referido rol é apenas exemplificativo, pois não esgota, em absoluto, os direitos da pessoa humana, mesmo daquela que se encontra confinada, e assim, submetida a um conjunto de restrições. Dessa forma, a interpretação que se deve buscar é a mais ampla, no sentido de que tudo aquilo que não constitui restrição legal, decorrente da particular condição do sentenciado, permanece como direito seu. Ainda afirmando a condição de sujeito do interno, são fixados os seus deveres, conforme elencado no artigo 39 da referida lei. Nesse sentido, os apenados têm como deveres: comportamento disciplinado e cumprimento fiel da sentença; obediência ao servidor e respeito a qualquer pessoa com quem deva relacionar-se; urbanidade e respeito no trato com os demais condenados; conduta oposta aos movimentos individuais ou coletivos de fuga ou de subversão à ordem ou à disciplina; execução do trabalho, das tarefas e das ordens recebidas; submissão à sanção disciplinar imposta; indenização à vítima ou aos seus sucessores; indenização ao Estado, quando possível, das despesas realizadas com a sua manutenção, mediante desconto proporcional da remuneração do trabalho; higiene pessoal e asseio da cela ou alojamento; conservação dos objetos de uso pessoal.

cidentes, a violência sexual, a homossexualidade forçada, a punição da família do preso, a violação da intranscendência da pena, a incomunicabilidade do preso, os castigos excessivos impostos pela administração dos presídios, os longos isolamentos, os espancamentos, os maus-tratos, as torturas físicas e psicológicas, o desrespeito a todos os princípios constitucionais (igualdade, integridade física e moral, individualização da pena, direitos do preso, trabalho remunerado...),[6] a estigmatização social (o preso sempre será tomado como criminoso, toda a sua complexidade humana tende a ser reduzida a um artigo do Código Penal, mesmo após cumprir a pena, o estigma de ex-presidiário o acompanhará e dificultará sua inserção social, até para garantir sua subsistência no mercado de trabalho).[7]

A coisificação também ocorre por um efeito produzido na prisão, chamado de prisonização, "que corresponde à assimilação dos padrões vigorantes na penitenciária, estabelecidos, precipuamente, pelos internos mais endurecidos, mais persistentes e menos propensos a melhoras".[8] Ou seja, quanto mais um apenado estiver adaptado à vida na prisão, introjetado seus valores, se moldado por ela; mais desadaptado estará da vida em sociedade. Quer dizer: coisifica-se ao invés de humanizar-se.

Segundo Goffman: a pena de prisão consiste em uma instituição total. Toda instituição total tem tendência de confinamento ou fechamento. "Seu fechamento ou seu caráter total é simbolizado pela barreira à relação social com o mundo externo e por proibições à saída, que muitas vezes, estão incluídas no mundo físico."[9] As características individuais pessoais são massacradas pela totalização do fechamento, do isolamento. Assim, os aspectos humanos, os sentimentos sensíveis, os traços característicos das identidades de cada um, os valores plurais, as atitudes ousadas, os brados impetuosos, os ímpetos artísticos e criativos, os devaneios; vão se deixando solapar pelo senso comum carcerário, pelo padrão de comportamento exigido, pela disciplina mórbida, pela hipocrisia e *puxa-saquismo*, pelo vestuário de trapos

---

[6] HERKENHOFF, João Baptista. *Crime: Tratamento sem Prisão*. Porto Alegre: Livraria do Advogado, 1995, p. 38.

[7] LIMA, William da Silva. *Quatrocentos Contra Um: Uma História do Comando Vermelho*. São Paulo: Labortexto, 2001, p. 44.

[8] THOMPSON, Augusto. *A Questão Penitenciária*. 4ª ed. Rio de Janeiro: Forense, 1998, p. 95.

[9] GOFFMAN, Erving. *Manicômios, Prisões e Conventos*. Trad.: Dante Moreira Leite. 7ª ed. São Paulo: Perspectiva, 1961, p. 16.

idênticos, pelos cabelos revoltos obrigatoriamente raspados, pelo vocabulário e linguajar homogêneo, pelo silêncio incômodo imposto.

Nessa mesma direção, deve-se mencionar: o preço – o elevado custo do apenado para o Estado (mesmo sendo tratado como objeto, corresponde ao gasto de aproximadamente cinco salários-mínimos por mês – sem nenhum investimento adicional em humanidade); o elevado índice de reincidência do interno (de 65 a 70% – ainda que melhores sejam as condições da prisão);[10] o aniquilamento da identidade do apenado[11] – através do rebaixamento da sua auto-estima (por problemas de depressão e ansiedade – que suscitam tendências ao alcoolismo, ao tabagismo e à dependência de drogas); a insalubridade (pelo contato com o ambiente sujo, quente/frio, úmido, além da presença de insetos e animais transmissores de doenças); a propensão à doenças (entre as quais merece salientar as que comumente afligem os presos como: as respiratórias, sexuais, alérgicas, dermatológicas, mentais, e emocionais).

No processo de coisificação, o cárcere apropria-se também do tempo do indivíduo, colocando-o como outra pena. Desde o momento em que ingressa no sistema prisional, o homem perde seu horizonte histórico temporal, uma especificidade de sua dimensão humana. Assim, o seu tempo de vida, enquanto está preso, passa a corresponder a certas unidades temporais demarcadas, que têm ligação com o delito cometido. Tal ligação é fictícia, pois quantas unidades temporais correspondem a cada delito? Como se pode determinar a quantidade da pena? Ana Messuti lembra que:

> "o indivíduo, o homem de carne e osso, só existe entre seu nascimento e sua morte. Diferentemente da comunidade, tem um tempo limitado a sua disposição. Na realidade, a única coisa que verdadeiramente lhe pertence nesse mundo é esse tempo".[12]

---

[10] Segundo o DEPEN os dados de reincidência ultrapassam 65% dos apenados, conforme site: http://www.mj.gov.br/depen

[11] Nessa direção é interessante notarmos a importância das tatuagens dos apenados, que se consubstanciam em signos de embate à amnésia institucional, que conduz o preso ao destino da coisificação, pela invisibilidade. O registro da tatuagem simboliza a busca de ruptura do anonimato, caracteriza uma resistência à perda de identidade do interno, a dor de fazer marcar confirma a persistência de deixar uma marca, um registro de consciência. Vale conferir: RENNÓ, Rosângela. Cicatriz. In: Revista Discursos Sediciosos: Crime, Direito e Sociedade. Instituto Carioca de Criminologia, nº 4. Rio de Janeiro: Freitas Bastos, 1997, p. 19 e 20.

[12] MESSUTI, Ana. O Tempo como Pena. Trad.: Tadeu Antônio Dix Silva e Maria Clara Veronesi de Toledo. São Paulo: Revista dos Tribunais, 2003, p. 22.

No entanto, o perde na prisão. No mesmo sentido, Kiko Goifman retrata a perspectiva de oposição presenciada pelo apenado, pois na vida extramuros o tempo é valorizado, predomina a máxima *times money*, pois o tempo é veloz, é o tempo do consumo. Na prisão, o tempo reverbera a morosidade das instituições da Justiça, o tempo é lento, não passa, "é também o tempo da não reconciliação possível com ideais sagrados. Considerado como tempo morto pelos presos".[13]

Nas palavras do saudoso Heleno Fragoso a prisão consubstancia-se na "reunião coercitiva de pessoas do mesmo sexo num ambiente fechado, autoritário, opressivo, violento, corrompe e avilta."[14] Degrada a personalidade e a dignidade do indivíduo. Como preleciona Ferrajoli: a prisão é "uma instituição ao mesmo tempo antiliberal, desigual, atípica, extralegal e extrajudicial, ao menos em parte, lesiva para a dignidade das pessoas, penosa e inutilmente aflitiva".[15] Esse confinamento cruel, que é o cárcere, confina e esquece, torna invisível, enquanto depósito de gente que é. Como bem lembra o mestre Nilo Batista a privação converte-se meramente em uma pena neutralizante.[16] Na mesma linha, afirma Bauman, ao tecer suas pertinentes críticas à prisão, desencobrindo seus mitos ao referir-se aos presos: "o que importa é que fiquem ali".[17] Ficar ali a qualquer custo é o importante. Mesmo de forma indigna, mesmo que para coisificar-se, como função do cárcere.

No que diz respeito às funções do cárcere, são três, conhecidas como funções oficiais da prisão: retribuição, intimidação e ressocialização. Contudo, percebe-se a falácia dessas dimensões no universo carcerário, ressalvada a primeira, a da retribuição, que é a única função que verdadeiramente se aplica: de castigar os presos, incrustar-lhes sofrimento. A intimidação não ocorre. Nunca prendemos tanto[18] e os índi-

---

[13] GOIFMAN, Kiko. Sobre o tempo na prisão. In.: *Revista Discursos Sediciosos: crime, direito e sociedade*. Instituto Carioca de Criminologia, nos 5/6. Rio de Janeiro: Freitas Bastos, 1998, p. 16.

[14] FRAGOSO, Heleno Cláudio. *Lições de Direito Penal: A Nova Parte Geral*. Rio de Janeiro: Forense, 1993, p. 288.

[15] FERRAJOLI, Luigi. *Direito e Razão: Teoria do Garantismo Penal*. Trad.: Ana Paula Zomer. São Paulo: *Revista dos Tribunais*, 2002, p. 331.

[16] BATISTA, Nilo. *Alguns Princípios para a Reforma da Justiça Criminal*. In.: Novas tendências do direito penal: artigos, conferências, pareceres. Rio de Janeiro: Revan, 2004, p. 83.

[17] BAUMAN, Zygmunt. *Globalização: as Conseqüências Humanas*. Trad.: Penchel. Rio de Janeiro: Zahar, 1999, p. 121.

[18] Segundo os dados do DEPEN de 2005, no Brasil a população carcerária é de 361.000 indivíduos. Sendo a projeção de 2007, de aproximadamente 500.000 presos. Cumpre lembrar que, em 1995 era de 140.000 ou seja, a população mais do que dobrou em 10 anos. Nesse sentido, vale conferir o site: http://www.mj.gov.br/depen

ces de criminalidade permaneceram elevados. O cárcere não inibe o crime, nem serve de punição exemplar. Quanto à ressocialização, cumpre destacar que assevera o fracasso da ideologia "re". Ora, nota-se que se os condenados não foram socializados antes, na comunidade, sem adentrar o estabelecimento prisional; dificilmente seriam ressocializados depois, intramuros, pelo isolamento consecutivo.[19] Afinal, como se pode, pela exclusão, almejar a inclusão?

Ou seja, as ditas funções ou metas formais da pena de prisão não se aplicam. Todavia, existem as chamadas por Thompson metas informais da pena,[20] que traduzem o verdadeiro cotidiano do sistema penitenciário, corroboram na maximização do controle incidente no preso. Tratam-se de duas categorias: a da disciplina e a da segurança, objetivos que suplantam as construções teóricas disseminadas. Estas duas metas tornaram-se as principais preocupações do sistema prisional e exacerbaram a coisificação do preso, na medida em que o transformaram em mero objeto, absolutamente submisso às investidas totalizantes de poder.

Este poder totalizante atinge não só as raias da loucura, como da própria consciência do apenado. O preso não só deverá se comportar da forma determinada, como também deverá pensar e construir valores, conforme almejam os agentes penitenciários. Isso significa, na prática, que os agentes, em nome do Estado, impõem determinações, não só deontológicas como ontológicas aos presos, desrespeitando suas crenças, convicções e elaboração axiológica. Este processo conduz à reificação, em nome da pseudo-ressocialização.

Cumpre lembrar, contudo, que o Estado não pode impor um conjunto de premissas axiológicas internamente ao indivíduo, como se ele fosse um objeto. Cada pessoa é sujeito, tem autonomia para constituir

---

[19] Embora a justificativa ideológica para o modelo prisional seja a teoria relativa, da prevenção especial, pela ressocialização, que se configura em refinamento do poder punitivo. Hoje, prevalece a supremacia da ideologia "re", no que tange à prevenção. Pois se desenvolve a noção de reintegração, de ressocialização, de reeducação, como importante função legitimadora da pena privativa de liberdade. Dessa forma, o Estado permanece autorizado a impor a pena, como um remédio, segundo uma perspectiva mais humana, bem digerida por todos, com fácil aceitação moral e psicológica. Nas palavras dos mestres Nilo Batista e Zaffaroni: "o estado de Direito é substituído por um estado de polícia paternalista clínico ou moral, conforme seja o melhoramento policial-biológico-materialista (positivismo criminológico) ou ético-idealista (correcionalista)". BATISTA, Nilo; ZAFFARONI, Eugenio Raúl; ALAGIA, Alejandro e SLOKAR, Alejandro. *Direito Penal Brasileiro I*. Rio de Janeiro: Revan, 2003, p. 127.

[20] Nesse sentido vale conferir a obra: THOMPSON, Augusto. *A Questão Penitenciária*. 4ª ed. Rio de Janeiro: Forense, 1998.

sua própria escala de valores, suas diretrizes éticas e morais. Portanto, não é atribuição do Estado ter esta ingerência sobre a subjetividade humana. O Estado tem um dever especial de assegurar a liberdade de escolha e a livre formação de convicção a todos os indivíduos, sem constringir, pela imperatividade de valores e condutas, quem quer que seja. A adesão plena significa uma grave lesão à liberdade, como então ressocializar para a legalidade?[21]

Sendo alvo apenas da função de retribuição, já que nenhuma outra é compatível ao cárcere, os apenados desesperam-se com freqüência dentro da prisão, o que se manifesta pelas inúmeras tentativas de fugas, pelos motins e rebeliões, pelas tentativas de suicídios, e mesmo suicídios; pelas lesões corporais e homicídios. Muitas vezes, na busca caótica e desorganizada de resguardar seus valores, de resistir, de manter sua condição humana. Porém na luta para assegurar sua condição de sujeito, para construir sua identidade, acabam se coisificando ainda mais; nas práticas sangrentas de combate e nas estratégias violentas assumidas. Assim, não racionalizam o foco de sua discórdia. Por não atingirem uma compreensão mais elaborada do agonizante modelo econômico, social e político das sociedades complexas pós-industriais globalizadas, e por não conseguirem romper com a ordem excludente e estigmatizadora, colocam-se contra aqueles que lhes estão mais próximos, para quem podem mais facilmente direcionar a agressividade, os seus vigias, os agentes penitenciários, os representantes do Estado.

2. Os agentes penitenciários e Acab

Os agentes penitenciários são os representantes do Estado, integrantes do sistema penitenciário. Proclamam o recrudescimento penal, a busca da eficácia do exercício do poder punitivo, o fortalecimento da doutrina de segurança, ancorada no discurso beligerante que fabrica inimigos, que devem ser combatidos e eliminados.[22] Não é sem motivo que os agentes clamam o porte de arma para a categoria[23].

---

[21] Nesse sentido vale conferir a obra TRINDADE, Lourival Almeida. *A Ressocialização: Uma (dis) Função da Pena de Prisão*. Porto Alegre: Antonio Fabris, 2003, p. 38.

[22] PEDRINHA, Roberta Duboc e FERNANDES, Márcia Adriana. *Regime Disciplinar Diferenciado: Rma (re) leitura Constitucional*. In: Rediscutindo a execução penal: estudos sobre os 20 anos da lei 7.2110 de 1984 e sua leitura a luz do paradigma garantista. Org.: Décio Alonso Gomes. Rio de Janeiro: Lumen Juris, 2006.

[23] Nesse sentido, vale conferir o *Jornal do Sindicato dos Servidores do Sistema Penitenciário e Sócio-Educativo*. Ano 3, nº 11, Rio de Janeiro, junho de 2006, p. 3.

Dessa maneira, temos um nítido confronto. De um lado, o Estado Penal, detentor do poder institucional da violência – que atua por seus *longa manus*: os agentes penitenciários e policiais, muitas vezes marginalizados. De outro, os maiores marginalizados do neoliberalismo, que respondem com violência às ausências do Estado, especialmente no que tange ao Estado Social, são os pinçados pelo sistema penal, os desviantes apenados.

O indivíduo marginalizado, mais vulnerável, é, comumente, preso por infringir normas. Mas na execução penal, este depara-se com o maior infrator de normas: o Estado. O Estado, por seus representantes, tem o condão de deflagrar todo o tipo de arbitrariedades, não cumpre seus deveres, que correspondem às garantias asseguradas aos internos no cumprimento da pena. Justifica-se a prisão para reprimir as ilegalidades cometidas.

Todavia, esta gera ilegalidades e violência. Portanto, o cárcere desumaniza o apenado, tirando-lhe as características de sujeito, transforma-o em mero objeto da execução. Os agentes passam por um processo semelhante de desumanização, não têm seus direitos respeitados, não são valorizados,[24] sucumbem aos efeitos de uma instituição totalizante, se embrutecem na relação com os internos, pois também estão internos e reproduzem a violência. Para os agentes penitenciários, os problemas vivenciados são associados aos apenados, que funcionam como bodes expiatórios, culpados de muitos problemas, uma vez que simbolizam o mal.

Há similitude entre o comportamento dos agentes penitenciários e do personagem ficcional Acab. Pois os agentes, de modo geral, nutrem sentimentos negativos pelos presos, na relação bélica, quase de caça instaurada; concebem os internos como bichos, monstros. Como ocorre com Acab, em seu sentimento por Moby Dick. Acab se coloca em um patamar de evolução superior ao do cachalote, por ser homem e não bicho; semelhante ao agente, por não ser "criminoso", "animal". Acab perde suas feições humanas em decorrência de sua intolerância diante do outro. Até que, segundo a narração de Melville, a animosida-

---

[24] Vale acompanhar as constantes reclamações da categoria em decorrência dos baixos salários, péssimas condições de trabalho, poucas contratações, ausências de maiores qualificações além de acompanhamento psicológico. Conforme aponta o *Jornal do Sindicato dos Servidores do Sistema Penitenciário e Sócio-Educativo*. Ano 3, nº 11, Rio de Janeiro, junho de 2006, p. 8 e 9.

de passa a exalar de Acab e a contaminar toda a tripulação, categoria que, paulatinamente, vai se embrutecendo, naturalizando a discórdia, ou seja, vai se reificando.

Ao transferirmos esta constatação para o universo carcerário, verificamos que os agentes penitenciários também se endurecem com a rotina de seus trabalhos, banalizam as agruras vivenciadas, tornam-se, muitas vezes, mais rígidos e mesmo indiferentes; o que contamina toda a categoria. Estes servidores do Estado não encontram nenhum tipo de apoio do próprio Estado na restituição do próprio equilíbrio emocional, na permanência da capacidade de sensibilidade; pois nem mesmo se vêem como sujeitos de direitos, especialmente de direitos humanos, de modo que, aos poucos, se reificam.

Os agentes, no enfrentamento aos presos, centralizam todas as suas expectativas na legitimação da punição (pela absolutização do valor de segurança); e na ascensão da disciplina (pela metáfora do controle no século XXI).[25] A segurança e a disciplina consubstanciam-se nos grandes objetivos da agência penitenciária,[26] que possui escassos orçamentos, inclusive no que tange a salários e investimentos em cursos de aperfeiçoamento profissional de pessoal. Ou seja, não aposta na qualificação de seus próprios servidores, pois se revela verticalizada e autoritária.

Tal estratégia punitiva de reforço dos vínculos verticais (autoridade e disciplina) provoca inexoravelmente a debilidade dos vínculos sociais horizontais (solidariedade e simpatia).[27] Isso transpõe os limites da prisão, atinge criminalizados, policizados e vitimizados, ou seja, presos e agentes, suspeitos e policiais; que são selecionados nos estratos sociais inferiores. Pois o exercício do poder estimula e reproduz antagonismos entre as pessoas dos estratos sociais mais frágeis, levando-as a uma auto-

---

[25] Nesse sentido vale conferir: PEDRINHA, Roberta Duboc e COIMBRA, Cecília. *Metáforas do Controle no Século XXI: Penas Alternativas, Justiça Terapêutica... In:* Criminologia e subjetividade. Org.: Marildo Menegat e Regina Neri. Rio de Janeiro: Lumen Juris, 2005.

[26] Sobre as agências penitenciárias, vale lembrar que, são as receptoras finais do processo seletivo da criminalização secundária. São freqüentemente ameaçadas pelas outras agências de controle e enfrentam os maiores riscos, pois expõe funcionários a inquéritos administrativos e sindicâncias, em decorrência de motins e fugas de presos, que traduzem, para o poder público, indisciplina e insegurança, ou seja, o descumprimento do dever dos agentes penitenciários. Diante de tamanha pressão, quaisquer dos operadores que ensaie comportamento diferente do padronizado são ameaçados pela rígida verticalidade das organizações.

[27] ZAFFARONI, Eugenio Raúl; BATISTA, Nilo; ALAGIA, Alejandro; e SLOKAR, Alejandro. *Direito Penal Brasileiro: Teoria Geral do Direito Penal.* Vol. I. Rio de Janeiro: Revan, 2003, p. 59.

destruição.²⁸ Ou seja, as agências policiais e penitenciárias recrutam seus operadores nas mesmas camadas sociais em que, com maior incidência, ocorrem seleções criminalizantes e vitimizantes.²⁹ Os interesses das elites são alcançados, o enfrentamento e anulação de estratos sociais baixos, da pobreza que se autodevora e desumaniza, inviabiliza uma ruptura com a estrutura de classes e permite a manutenção do *status quo*.

A desumanização por parte dos representantes do Estado se assentua com o intitulado por Lola Aniyar de Castro: sistema penal subterrâneo. Abrange, segundo a autora: "batidas policiais, mortes em supostos confrontos com a polícia, ou prisões como pena antecipada sem condenação."³⁰ O sistema penal subterrâneo apura um conjunto de delitos cometidos por operadores das próprias agências do sistema penal, pois compreende os espaços de ilegalidades ocultos ou aclamados pela mídia e pela população.³¹ Opera em diferentes níveis do sistema social e assegura a exclusão. Confirma-se pela realização de: violações de domicílios, violências policiais, prisões e detenções preventivas por prazo inde-

---

²⁸ Não foi por acaso que presenciamos atos de barbárie em São Paulo, iniciados no mês de maio de 2006. Teve como mote uma profunda crise do sistema penitenciário, agudizada pelo reiterado desrespeito aos direitos fundamentais, a destacar às transferências de pessoas para o inconstitucional Regime Disciplinar Diferenciado. Estes fatores conjugados, somados a outros, corroboraram para a produção de uma reação irracional, sem limites, por parte dos presos. Como resposta à violência intrínseca ao sistema penitenciário, produzida pelo Estado Penal, além das antecedentes do Estado Social, os internos reagiram, neste ato político, com sua tosca violência. Assim foram deflagradas rebeliões em diversos presídios, mas não ficaram adstritas a São Paulo, se comunicaram a outros estados. Ocorreram incêndios em dezenas de ônibus e agências bancárias foram depredadas, além de agressões e mortes a dezenas de policiais e agentes penitenciários. Como reação à violência, o Estado respondeu com mais violência ainda, chacinou centenas de suspeitos. Ou seja, para combater a barbárie, clamou por barbárie. (MENEGAT, Marildo. *Depois do Fim do Mundo: A Crise da Modernidade e a Barbárie*. Rio de Janeiro: Relume Dumará – FAPERJ, 2000. Nesse sentido, Marildo Menegat verifica que a barbárie não é produzida somente pela lógica do capitalismo globalizado, todavia é imprescindível ao seu fortalecimento). Como aduz Vera Malaguti: "os pobres agora emprestam seus corpos ao espetáculo do horror, barbarizando e sendo barbarizados." (BATISTA, Vera Malaguti. *A Funcionalidade do Processo de Criminalização na Gestão dos Desequilíbrios Gerados nas Formações Sociais do Capitalismo Pós-industrial e Globalizado*. *In:* Globalização, sistema penal e ameaças ao estado democrático de direito. Coord.: Maria Lúcia Karam. Rio de Janeiro: Lumen Juris, 2005, p. 54).Vive-se a cena macabra dos corpos mutilados, ou, como assinala Pinaud, das consciências livres mutiladas, dos gritos de revolta sufocados – já que o povo deve ser mantido anestesiado, é a barbárie dos governantes letíferos. (PINAUD, João Luiz Duboc. *Longas Noites Sem Direitos Humanos: Ópera em Quatro Atos – Barbárie, a Letífera*. Rio de Janeiro: Dinigraf, 2005, p. 40).

²⁹ ZAFFARONI, Eugenio Raúl; BATISTA, Nilo; ALAGIA, Alejandro; SLOKAR, Alejandro. *Direito Penal Brasileiro: Teoria Geral do Direito Penal*. Vol. I. Rio de Janeiro: Revan, 2003, p. 58.

³⁰ CASTRO, Lola Aniyar. *Criminologia da Libertação*. *In.*: Coleção Pensamento Criminológico. Vol.: 10. Instituto Carioca de Criminologia. Rio de Janeiro: Revan, 2005, p, 13, 128 a 140.

³¹ ZAFFARONI, Eugenio Raúl; BATISTA, Nilo; ALAGIA, Alejandro; SLOKAR, Alejandro. *Direito Penal Brasileiro: Teoria Geral do Direito Penal*. Vol. I. Rio de Janeiro: Revan, 2003, p. 50 a 66.

terminado; exucução penal à margem dos direitos humanos, execuções sumárias, sofrimentos físicos e morais, ou seja, tortura.

Os servidores do Estado ligados ao plano carcerário, em todo o desenrolar do processo histórico-cultural, tiveram como prática e método a tortura. Da Cadeia Velha ao Al Jube, e à Casa de Correção da Corte de 1830. Desde a ditadura do Estado Novo à Militar do Golpe de 1964. Na ditadura de Vargas, o capitão Filinto Muller, chefe de polícia do Distrito Federal, também comandava o tratamento dos presos provisórios, contava com o apoio do tenente Eusébio de Queiroz Filho, chefe do Batalhão da Polícia Especial.[32] Muitos de seus métodos brutais seriam repetidos no modelo autoritário seguinte, da Ditadura Militar, especialmente nos governos de Costa e Silva e de Médici. Nesta ocasião, antes mesmo das prisões, torturas eram cometidas pelo delegado Sérgio Paranhos Fleury e Alfredo Poeck, aos suspeitos de crimes políticos, os quais eram enquadrados na Lei de Segurança Nacional, e a outras categorias de suspeitos. Os suplícios eram impingidos aos presos, levando-os até mesmo à morte.[33]

Muitos foram os modos e os instrumentos de tortura usados nas prisões brasileiras, pelos representantes do Estado, como: o pau de arara (invenção escravocrata, aperfeiçoado pelo uso da energia elétrica); a cadeira do dragão (assento de choque no corpo, provocador de ferimentos nas pernas); a pimentinha (máquina vermelha geradora de eletricidade até 100 volts); a geladeira (estabelecimento com baixíssima temperatura e sons altíssimos); sevícias sexuais; ácido; contato físico com animais; imersão em gasolina; telefone nos ouvidos; palmatória nos testículos;

---

[32] O primeiro gozava do prestígio do presidente, exercia funções de ministro de guerra, de justiça e de informação. O segundo, com seus homens de quepe vermelho, conhecidos como cabeças de tomate, realizava as prisões. A polícia de Filinto Muller impôs seus métodos brutais de tratamento aos presos para extrair a confissão, como no ilustre caso em que levou ao cárcere Arthur Ernest Ewert e sua mulher Elise Saborowski Ewert – considerados os maiores inimigos do Estado. Ele teve seu corpo tomado por hematomas dos cacetetes, sua mão esquerda sofrera os golpes com o quebra-nozes, o ânus e o pênis machucados por choques elétricos e objetos introduzidos em sessões de tortura. Um arame farpado de meio metro de comprimento perfurou-lhe a uretra e um maçarico o aqueceu. Elise teve as costas, pernas e seios queimados por cigarros. Foi violentada por dezenas de soldados, em frente ao marido, e enterrada em caixão de defunto viva, sem dormir desde o primeiro dia de prisão. Ambos não podiam nem mesmo fechar os olhos. Vale conferir: MORAIS, Fernando. *Olga*. 17ª ed. São Paulo: Companhia das Letras, 1994, p. 106 e 107.

[33] Centenas de presos foram torturados, dezenas morreram sobre tortura, 125 foram listados entre os desaparecidos políticos, fora os que não constam das estatísticas. Cumpre conferir: Brasil nunca mais. Prefácio: Dom Paulo Evaristo Arns. 18ª ed. Petrópolis: Vozes, 1985, p. 247 a 260 e 291 a 293.

equilíbrios sobre latas.³⁴ Com freqüência os choques eram ministrados e intercalados com descarrilhamento de dentes, deslocamento de maxilar, socos, pontapés, queimaduras com isqueiros e cigarros.³⁵ As torturas persistem, especialmente as últimas modalidades, ainda nos dias de hoje, nas cadeias "modernas" e mesmo fora delas.

Cumpre assinalar que, no sistema penal, tanto a repressão policial quanto a carcerária evidenciam a violação da legalidade pelos representantes ou órgãos do próprio Estado.

> "É que esses dois momentos da intervenção estatal no controle social são pautados pelo viés administrativo, e não o jurisdicional típico do processo. São momentos em que não há processo penal, mas sim procedimentos administrativos, fundados em uma matriz inquisitorial e logo autoritários e tendentes à lesão de direitos de suspeitos e de presos."³⁶

Desse modo, se estabelece uma relação conflitiva entre policiais e suspeitos, como também entre agentes e presos, que ocorre sob o signo do sigilo inquisitorial, que produz lesões físicas, psicológicas e mortes.³⁷

---

[34] *Brasil Nunca Mais*. Pref.: Dom Paulo Evaristo Arns. 18ª ed. Petrópolis: Vozes, 1985, p. 34 a 42.

[35] Ilustra tal prática a descrição feita por Frei Beto, das torturas impingidas aos Freis dominicanos: Fernando e Ivo, para que prestassem informações acerca de Carlos Marighella. Eles tiveram suas roupas tiradas, foram pendurados no pau de arara, como frango no espeto, molhados e eletrificados. Nem mesmo os seus pênis ficaram ilesos aos choques, pois os fios foram introduzidos em suas uretras e conduziam descargas elétricas. Como eles Frei Tito Eduardo Leite, preso por Fleury em 1970, teve suas orelhas cortadas e olhos arrancados. Vale conferir: BETO, Frei. *Batismo de Sangue: Os Dominicanos e a Morte de Carlos Marighella*. 3ª ed. Rio de Janeiro: Civilização Brasileira, 1982, p. 255 e 256.

[36] CARVALHO, Salo e CARVALHO, Amilton Bueno. *Reformas Penais em Debate*. Rio de Janeiro: Lumen Juris, 2005, p. 119.

[37] Vide o estopim do episódio de maior impacto dentro de um presídio: o massacre ocorrido no Carandiru, quando 111 presos foram executados, segundo os dados oficiais. De acordo com os dados do Relatório da Human Rights Watch, 84 presos mortos eram primários e aguardavam julgamento, a maioria tinha menos de 21 anos, integrantes do pavilhão Nove, composto por jovens primários. Os detalhes da crueldade foram narrados por um dos sobreviventes, André du Rap: "os policiais encapuzados entraram metralhando, lançaram bombas de gás lacrimogêneo, mandaram alguns presos rendidos tirarem a roupa, fizeram corredor polonês. (...) Os policiais, com ódio, xingaram os presos de: – Ladrão filho da puta! (...) Contaram alto, em frente ao fosso do elevador quebrado: – Um, dois, três! E no terceiro empurravam o preso para dentro do buraco, e quando caía, bradavam: – É um a menos! (...) Baionetaram os presos, para conferir se estavam mortos. – Você não morreu ainda não? Então toma! (...) E furavam, atiravam... (...) Lançavam o resto dos colchões incendiados, de onde saía um líquido derretido fervendo, sobre os corpos, vivos e mortos, para ver como reagiam. (...) Deixavam os cães avançarem sobre os presos, com sangue, barulho, tiro, os cachorros estavam enlouquecidos. Um preso teve os testículos arrancados pelo cão. (...) Outro PM arrancou com a faca a tatuagem do braço do interno. (...) Os presos nus que sobreviveram tiveram que varrer o sangue e os pedaços dos corpos mutilados, muitos se contaminaram." DU RAP, André. *Sobrevivente André du Rap do Massacre do Carandiru*. Coord.: Bruno Zeni. São Paulo: Labortexto, 2002, p. 20 a 26.

O conflito conduz ao embrutecimento dos representantes do Estado[38] e à banalização da violência.[39] A coisificação do ser humano é compreendida em seu viés mais profundo, e ao fim já não se sabe mais quem é o algoz.[40]

---

[38] Nesse sentido, vale conferir trecho do depoimento de jovem traficante, concedido em entrevista ao MV Bill: "Os polícias? Olha, eu vejo aqui, eu sou bandido, mas se você for avaliar um polícia, você vai ter mais inquérito que qualquer marginal, porque cada mês ele mata um, todo dia ele rouba um. (...) O polícia bota bagulho no seu bolso para te prejudicar." ATHAYDE, Celso e BILL, MV e SOARES, Luiz Eduardo. *Cabeça de Porco*. Rio de Janeiro: Objetiva, 2005, p. 259. Do mesmo modo, a entrevista concedida ao Celso Athayde, por outro também jovem traficante, acerca da polícia: "Ah, tudo safado". ATHAYDE, Celso e BILL, MV. *Falcão: Meninos do Tráfico*. Rio de Janeiro: Objetiva, 2006, p. 141. A violência policial é crescente, pois como ocorre com os agentes, o embrutecimento é constante. Contudo, o poder de morte dos primeiros é bem superior, vitimizando especialmente a população comunitária. Não sem motivo, se constata, por exemplo, que entre a tirania do tráfico e o despotismo policial, o morador da comunidade "prefere a violência local desbocada, sem-vergonha e escancarada, ao cinismo arrogante dos bandidos uniformizados, que brutalizam, arbitrariamente, fingindo representar o Estado, a Lei, a Justiça e a Ordem Pública". Pois a atuação policial é imprevisível, as expectativas não são definidas, podendo variar de policial para policial, não há um código de regras determinado. ATHAYDE, Celso e BILL, MV e SOARES, Luiz Eduardo. *Cabeça de Porco*. Rio de Janeiro: Objetiva, 2005, p. 263.

[39] O próprio BOPE descortina a violência sob o império da guerra nas suas práticas cotidianas. Cumpre lembrar que o Batalhão de Operações Policiais Especiais da Polícia Militar do Estado do Rio de Janeiro – composto inicialmente por cerca de 150 homens; treinados para serem a melhor tropa de guerra urbana do mundo – é capaz de brutalidade desmedida. Foi criado o seu núcleo em 1978, pelo Capitão Paulo César Amêndola de Souza. Hoje, são mais de 400. O lema do BOPE é sugestivo: "Força máxima: rápida, devastadora e eficaz. (...) Nos treinamentos e exercícios diários entoam us cantos de guerra: 'Homem de preto qual é sua missão? É invadir favela e deixar corpo no chão. Você sabe quem eu sou? Sou o maldito cão de guerra. Sou treinado para matar. Mesmo que custe a minha vida, a missão será cumprida, seja ela onde for – espalhando a violência, a morte e o terror. (...) Sangue frio em minhas veias, congelou meu coração, nós não temos sentimentos, nem tampouco compaixão, nós amamos os cursados e odiamos pés-de-cão. Comandos, comandos e o que mais vocês são? Somos apenas malditos cães de guerra, somos apenas selvagens cães de guerra'". Seus integrantes clamam: Porrada em vagabundo! Execução em marginal! Acaba com o elemento! Nesse sentido vale conferir: SOARES, Luiz Eduardo, BATISTA, André e PIMENTEL, Rodrigo. *Elite da Tropa*. Rio de Janeiro, Objetiva, 2006, p. 8 a 25. Vários foram os casos emblemáticos de banalização da violência, pela crueldade dos grupos de extermínio, como: O Esquadrão da Morte – Escoderie Le Coq. Nesse sentido vale conferir: BARCELLOS, Caco. *Rota 66: A História da Polícia que Mata*. 32ª ed. Rio de Janeiro: Globo, 1999. BICUDO, Hélio Pereira. *Meu Depoimento sobre o Esquadrão da Morte*. 6ª ed. São Paulo: Pontifícia Comissão de Justiça e Paz, 1977, p. 163, 213, 229 e 244.

[40] Não foi totalmente desprovido de razão, que o Estatuto do Primeiro Comando da Capital, de São Paulo, em 1993, anunciou que, em coligação com o Comando Vermelho, do Rio de Janeiro, iria revolucionar o sistema penitenciário, em função da violência imposta pelo Estado. Segundo prevê o Estatuto: "Nós vamos revolucionar o país dentro das prisões e o nosso braço armado será o terror dos Poderosos, opressores e tiranos, que usam o Anexo de Taubaté (SP) e o de Bangu I (RJ), como instrumento de vingança da sociedade na fabricação de monstros. Conhecemos nossa força e a força de nossos inimigos Poderosos, mas estamos preparados, unidos e um povo unido jamais será vencido. Liberdade, Justiça e Paz! O Quartel General do PCC, Primeiro Comando da Capital, em coligação com Comando Vermelho CV. Unidos Venceremos!" Vale conferir a *Revista Caros Amigos*: Edição Extra: PCC. Ano X, nº 28, maio de 2006; e a *Revista Época*: O prisioneiro da cela 151. Nº 419, 29 de maio de 2006.

Muitas são essas constatações, que mancham de sangue e dor a história punitiva brasileira, imbricando os papéis.[41]

Segundo, o sobrevivente do massacre do Carandiru, conhecido como André du Rap, o preso, muitas vezes, é espancado pelos agentes. "Os caras moem você no ferro, eles te penduram pelado, debaixo de um cano de água gelada e ficam te batendo. Fazem você andar de joelhos. Eles jogam sua alimentação fora, no chão, misturam com as fezes do banheiro e obrigam você a comer. Quebram a sua televisão, levam seu relógio."[42] Nessa direção, também merece destaque o relato do apenado William da Silva, acerca da arbitrariedade de certos agentes penitenciários. Como o conhecido:

> "Batechorando: 'um estranho e temido inspetor que nos batia e chorava.'"[43] (...) E continua, fazendo menção aos: "diferentes tipos de guarda, que nunca vão deixar de existir, não só porque refletem a própria natureza humana, mas também porque todos são usados pela administração, que precisa ter várias faces. (...) São conhecidas dezenas de histórias de carcereiros maus".[44]

Os embates travados entre agentes penitenciários e apenados produzem violações a ambos. Pois os agentes são as primeiras vítimas em casos de rebeliões e motins dos presos, tornam-se reféns, são espancados e até mortos. Já os presos são alvos constantes de agressões dos agentes, vistos não como pessoas dotadas de dignidade, mas corpos, objetáveis. Nas palavras do citado apenado William da Silva: "me bate, arrebenta meu corpo, mas não mata minha vontade de ser gente". Com isso quer dizer: não me desumanize. Entretanto, constata-se a desumanização não somente por parte de quem sofre a agressão, como também

---

[41] Nesse sentido, vale conferir os relatos de Frei Beto: "Os algozes davam a impressão de se divertirem com o macabro ritual. Batiam pelo prazer de bater; indiferentes aos gemidos de dor que ecoavam. (...) Homens do Estado descarregavam seu sadismo sobre o prisioneiro. (...) Os presos perseguidos pelas fardas verde-oliva nas prisões não se beneficiavam nem da Lei de Proteção dos Animais. (...) Os fardas verde-olivas tinham-nas borrifadas de sangue dos presos políticos massacrados nos porões dos quartéis." BETO, Frei. *Batismo de Sangue: Os Dominicanos e a Morte de Carlos Marighella*. 3ª ed. Rio de Janeiro: Civilização Brasileira, 1982, p. 143 a 155.

[42] DU RAP, André. *Sobrevivente André du Rap do Massacre do Carandiru*. Coord.: Bruno Zeni. São Paulo: Labortexto, 2002, p. 108 e 109.

[43] LIMA, William da Silva. *Quatrocentos Contra Um: Uma História do Comando Vermelho*. 2ª ed. São Paulo: Labortexto, 2001, p. 31.

[44] LIMA, William da Silva. *Quatrocentos Contra Um: Uma História do Comando Vermelho*. 2ª ed. São Paulo: Labortexto, 2001, p. 32.

por parte de quem a produz, por naturalizar a violência e se embrutecer. Ainda na assertiva do referido apenado: "maus-tratos e espancamentos faziam parte do dia-a-dia em Bangu, nivelando carcereiros e massa carcerária, numa mesma miséria moral."[45] Consoante Eduardo Galeano: "Os violadores que mais ferozmente violam a natureza e os direitos humanos jamais são presos. Eles têm as chaves das prisões".[46] Mas afinal, quem é quem? Os papéis se confundem? Ou será que certamente são combatentes e que sob o jugo da desumanização se neutralizam?

Considerações Finais

Na medida em que a desumanização torna-se constante, verifica-se a dificuldade no desenvolvimento de uma sociedade erigida sob alteridade e tolerância, especialmente, quando se enfoca o sistema penitenciário. A tensão presente na relação entre agentes penitenciários e apenados – diante da frustração dos direitos humanos, para ambas as categorias – só tende a crescer, porque os direitos humanos são imprescindíveis, não só para viabilizar a tolerância e a alteridade, como para conter o sistema penal e a violência estrutural. Os direitos humanos funcionam como marco a restringir o poder punitivo. Portanto, quanto à institucionalização da coerção penal, evoca-se que o ser humano deve se colocar como limitação à intervenção de toda e qualquer atuação penal. No dizer autorizado do mestre portenho, Zaffaroni,[47] um sistema internacional de garantias aos direitos humanos vai configurando o limite positivado do que a consciência jurídica universal pretende impor às ideologias que regem o controle social em todas as nações.

Todavia, falta vontade política para efetivar um mínimo de proximidade, para travar um espaço dialógico entre os dois pólos em conflito: agentes e presos. Vale ressaltar que, qualquer discussão do preso com o funcionário é interpretada como desacato à autoridade.[48] O preso, na

---

[45] LIMA, William da Silva. *Quatrocentos Contra Um: Uma História do Comando Vermelho*. 2ª ed. São Paulo: Labortexto, 2001, p. 31.

[46] GALEANO. Eduardo. *De Pernas pro Ar: A Escola do Mundo ao Avesso*. Porto Alegre: L&PM, 1999.

[47] ZAFFARONI. Eugenio Raúl, PIERANGELI, José Enrique. Manual de direito penal brasileiro: parte geral. São Paulo: *Revista dos Tribunais*, 1997, p. 67.

[48] Como alerta André du Rap: "Muitas vezes o funcionário te agride e fala que você o agrediu." DU RAP, André. *Sobrevivente André du Rap do Massacre do Carandiru*. Coord.: Bruno Zeni. São Paulo: Labortexto, 2002, p. 108 e 109.

maioria das vezes, não consegue, sequer, se manifestar, reivindicar os seus direitos lesados, exprimir as suas dores, se colocar; pois a isso a mídia chama de rebelião. Do mesmo modo, o agente sente-se insatisfeito com as péssimas condições de trabalho, sucateamento dos presídios, falta de segurança: almeja o porte de arma, teme ser alvo de agressões dos internos; briga por reajustes salariais, deseja mais concursos públicos, para aumentar a demanda de funcionários. Não há um programa de conciliação, acompanhamento psicológico que os ajude a lidar com as dificuldades e com os presos.

Por outro lado, mesmo diante de todas as críticas à prisão, a sociedade quer reforçar os seus muros, acredita no mito da impunidade, brada por mais pena e aplaude a ampliação do regime disciplinar diferencidado,[49] mesmo diante da superlotação carcerária, com um déficit superior ao de quatro presos por vaga. Na prática nossa nação nunca prendeu tanto, com uma população carcerária de aproximadamente 500.000 pessoas no início de 2008.[50] Todavia, as fantasias punitivas e a imagética do terror no âmbito do crime estão firmemente introjetadas nas pessoas. A população se identifica com a vítima dos delitos e acredita na necessidade imperativa da expansão penal, pautada em um discurso emotivo, acirrado pelo medo.

A prisão é agasalhada mundialmente e situa-se no epicentro, como o grande eixo do sistema penal. É o símbolo punitivo da sociedade capitalista, neoliberal, globalizada. A já velha mercadoria – o cárcere – é consumida, cotidianamente, nos telejornais. Agora ganha novos contornos e novas cores: a modernização das instalações de aço, as privatizações das unidades, as microcâmeras filmadoras, os detectores de metais, os bloqueadores de celulares, os panópticos hodiernos... Mesmo com uma maquiagem nova, aqui ou ali, a prisão, como mercadoria, é vendida para produzir e reproduzir coisificação de pessoas: de

---

[49] Vale lembrar que foi aprovado o Novo Projeto do RDD, o chamado Regime de Segurança Máxima, vulgarmente chamado de RDD MAX ou RDD PLUS, pela Comissão de Constituição e Justiça do Senado, em menos de 48 horas, logo após o episódio ocorrido em São Paulo, que culminou com a morte de mais de 240 pessoas, em maio de 2006.

[50] Contudo, se contrariamente a essa realidade, as portas das prisões, para grande parte dos casos, fossem abertas, os índices de criminalidade certamente não sofreriam mudanças tão substanciais. Cumpre ver as teorias de Salo de Carvalho e as teses de Zaffaroni. CARVALHO, Salo de. *A política proibicionista e o agigantamento do sistema penal nas formações sociais do capitalismo pós-industrial globalizado.* In.: Globalização, sistema penal e ameaças ao estado democrático de direito. Coord.: Maria Lúcia Karam. Rio de Janeiro: Lumen Juris, 2005, p.121.

presos e de agentes penitenciários – que passam a se confrontar, cada vez com mais crueldade, se embrutecendo, banalizando a barbárie.

O embate entre agentes penitenciários e presos é insensato. Do mesmo modo, entre Acab e Moby Dick. Acab já se questionava, quando realizava a sua caçada e dizia para si mesmo: "Tolo, velho tolo, tem sido o velho Acab. Por que esta luta perseguidora?"[51] E foi então que para desfecho da estória lançou o último arpão e alcançou a presa. Mas, depois, em reação, foi arremeçado do bote e em seguida todo o seu navio esmaecia; apenas a parte superior dos mastros restava fora da água. Um mar de sangue coloria o oceano. Terminou o drama.

Nesse memorável clássico da ficção, o autor retrata a vontade de vencer o opositor, a inevitabilidade da derrota e do sofrido embate que resulta infrutífero, símbolo dos paradoxos da frágil condição humana. No confronto travado em Moby Dick quem venceu? Efetivamente temos um embate, que se revela destrutivo para ambos, sem vencedores. Esta constatação dirige-se ao sistema prisional. O clássico aduz a anulação das forças combatentes, pelo sentimento de ódio, em que ambos os oponentes se contaminam, tornam-se monstruosos, um aos olhos do outro, reificam-se.

A animalização ou coisificação do sujeito conduz a anulação de todo o conteúdo ôntico e se propaga ao outro, do apenado ao vigilante e vice-versa, desumanizando todos. Portanto, verifica-se a contaminação do embrutecimento, a produção de um ciclo que se retroalimenta, pela difusão e naturalização da reificação. Esta se comunica e produz a neutralidade entre as forças ditas rivais: preso *versus* agente penitenciário, como também suspeito versus polícia. Assim, preso e agente se alimentam do processo de exclusão de direitos humanos, pela elevação do grau de agressividade, pela intolerância manifesta.[52] Portanto, confirma-se o processo de reificação coletiva, uma vez que engloba as duas grandes categorias integrantes do sistema penitenciário.

Verdadeiramente, estes entes, díspares: presos *versus* agentes, partem dos mesmos segmentos subalternos da população, são categorias de iguais, postas como opostas, em papéis reconhecidos diferentes, que

---

[51] MELVILLE, Herman. *Moby Dick*. Trad.: Péricles Eugênio da Silva Ramos. São Paulo: Nova Cultural, 2002, p. 509.

[52] BATISTA, Vera Malguti. Intolerância dez ou a propaganda é a alma do negócio. *In.*: *Revista Discursos Sediciosos: Crime, Direito e Sociedade*. Vol. 4. Instituto Carioca de Criminologia. Rio de Janeiro: Freitas Bastos, 1997, p. 217 a 222.

sinalizam lugares contrários. Contudo, provêm do mesmo espaço, se encontram na mesma aflição e luta pela sobrevivência, no mesmo ódio; e assim se aniquilam. O que significa dizer que, essas forças combatentes se neutralizam. A neutralização ocorre pela desumanização, pela reificação, pela exclusão de direitos humanos.[53] Pode culminar ainda com a condução à morte, como aconteceu em Moby Dick e como acontece no sistema penitenciário.

A tragédia do sistema prisional brasileiro, em expanção,[54] se equipara às agruras vivenciadas por Charrière em *Papillon*; às drásticas narrativas contidas na *Recordação da Casa dos Mortos*, de Dostoiewski; à agonia do apenado desvelada por Victor Hugo em *O Último Dia de Um Condenado*; em Kafka, ao sofrimento impingido aos condenados pela máquina de *Na Colônia Penal*, ou mesmo ao desespero de Joseph K, em *O Processo*; mas certamente se assemelha em neutralização ao clássico de Melville, *Moby Dick*. Assim caminham Moby Dick e Acab, presos e agentes. Assim caminha a humanidade pela prisão: espraiando desumanização e neutralização coletiva.

---

[53] Nesse sentido vale conferir: ALVES, J. A. Lindgren. A desumanização do humano. *In.*: *Revista Discursos Sediciosos: Crime, Direito e Sociedade*. Vol.: 7/8. Instituto Carioca de Criminologia. Rio de Janeiro: Freitas Bastos, 1999.

[54] *http://www.mj.gov.br/depen*. O Brasil tem a segunda maior população carcerária da América, perdendo apenas para os EUA, que em 2003, tinha uma população de 2 milhões e 78 mil presos. O nosso déficit de vagas é enorme, um dos mais elevados do mundo, superior a 90.500. No Rio de Janeiro, em 2005, a população carcerária superava 25.000, e o déficit já ultrapassa as 3.500 vagas. Em São Paulo, em 2005, a população carcerária ultrapassava os 120.000 e o déficit superava 31.000. São Paulo tem a maior população carcerária do Brasil, correspondendo a 43% desta. Constata-se que o sistema penitenciário brasileiro se encontra com 33% das vagas lotadas. Há superpopulação carcerária. Vale lembrar que apenas nos últimos dez anos, de 1995 a 2005 a população carcerária foi além do seu dobro. Passou de 140.000 para 360.000. Nunca nossa nação prendeu tanto.

Referências Bibliográficas

ALVES, J. A. Lindgren. A desumanização do humano. *In.*: *Revista Discursos Sediciosos: Crime, Direito e Sociedade*. Vol.: 7/8. Instituto Carioca de Criminologia. Rio de Janeiro: Freitas Bastos, 1999.

ANDRADE, Vera Regina Pereira de. *Sistema Penal Máximo × Cidadania Mínima: Códigos da Violência na Era da Globalização*. Porto Alegre: Livraria do Advogado, 2003.

ARENDT, Hannah. *A Condição Humana*. Trad.: Roberto Raposo. 10ª ed. Rio de Janeiro: Forense Universitária, 2003.

ATHAYDE, Celso e BILL, Mv. *Falcão: Meninos do Tráfico*. Rio de Janeiro: Objetiva, 2006.

_____. e SOARES, Luiz Eduardo. *Cabeça de Porco*. Rio de Janeiro: Objetiva, 2005.

BARCELLOS, Caco. *Rota 66: A História da Polícia que Mata*. 32ª ed. Rio de Janeiro: Globo, 1999.

BATISTA, Nilo. *Alguns Princípios para a Reforma da Justiça Criminal*. *In.*: Novas tendências do direito penal: artigos, conferências, pareceres. Rio de Janeiro: Revan, 2004.

_____. Política criminal com derramamento de sangue. *In.*: *Revista Discursos Sediciosos: Crime, Direito e Sociedade*. Vol.: 5 e 6. Instituto Carioca de Criminologia. Rio de Janeiro: Freitas Bastos, 1998.

_____; ZAFFARONI, Eugenio Raúl; ALAGIA, Alejandro e SLOKAR, Alejandro. *Direito Penal Brasileiro I*. Rio de Janeiro: Revan, 2003.

BATISTA, Vera Malaguti. *A funcionalidade do processo de criminalização na gestão dos desequilíbrios gerados nas formações sociais do capitalismo pós-industrial e globalizado*. *In.*: Globalização, sistema penal e ameaças ao estado democrático de direito. Coord.: Maria Lúcia Karam. Rio de Janeiro: Lumen Juris, 2005.

_____. Intolerância dez, ou a propaganda é a alma do negócio. *In.*: *Revista Discursos Sediciosos: Crime, Direito e Sociedade*. Vol.: 4. Instituto Carioca de Criminologia. Rio de Janeiro: Freitas Bastos, 1997.

_____. Medo, genocídio e o lugar da ciência. *In.*: *Revista Discursos Sediciosos: Crime, Direito e Sociedade*. Vol.: 7/8. Instituto Carioca de Criminologia. Rio de Janeiro: Freitas Bastos, 1999.

_____. *O Medo na Cidade do Rio de Janeiro: Uma História em Dois Tempos*. Rio de Janeiro: Revan, 2003.

_____. Palestra: Discurso da segurança pública. Proferida no XXVII Encontro Regional de Estudantes de Direito. Rio de Janeiro: 16 de maio de 2006.

BAUMAN, Zygmunt. *Globalização: As Conseqüências Humanas*. Trad.: Penchel. Rio de Janeiro: Zahar, 1999.

BETO, Frei. *Batismo de Sangue: Os Dominicanos e a Morte de Carlos Marighella*. 3ª ed. Rio de Janeiro: Civilização Brasileira, 1982.

BICUDO, Hélio Pereira. *Meu Depoimento sobre o Esquadrão da Morte*. 6ª ed. São Paulo: Pontifícia Comissão de Justiça e Paz, 1977.

Brasil Nunca Mais. Prefácio: Dom Paulo Evaristo Arns. 18ª ed. Petrópolis: Vozes, 1985.

BUSATO, Paulo César. Regime disciplinar diferenciado como produto de um direito penal de inimigo. *In.*: www.iecerj.org

CARVALHO, Salo de. *A política proibicionista e o agigantamento do sistema penal nas formações sociais do capitalismo pós-industrial globalizado*. *In.*: Globalização, sistema penal e ameaças ao estado democrático de direito. Coord.: Maria Lúcia Karam. Rio de Janeiro: Lumen Juris, 2005.

CARVALHO, Salo de. *Pena e Garantia: Uma Leitura do Garantismo de Luigi Ferrajoli no Brasil*. Rio de Janeiro: Lumen Juris, 2001.

_____ e CARVALHO, Amilton Bueno. *Reformas Penais em Debate*. Rio de Janeiro: Lumen Juris, 2005.

CASTRO, Lola Aniyar. Criminologia da libertação. *In.*: *Coleção Pensamento Criminológico*. Vol. 10. Instituto Carioca de Criminologia. Rio de Janeiro: Revan, 2005.

DU RAP, André. *Sobrevivente André du Rap do Massacre do Carandiru*. Coord.: Bruno Zeni. São Paulo: Labortexto, 2002.

FERRAJOLI, Luigi. *Direito e Razão: Teoria do Garantismo Penal*. Trad.: Ana Paula Zomer. São Paulo: Revista dos Tribunais, 2002.

FRAGOSO, Heleno Cláudio. *Lições de Direito Penal: A Nova Parte Geral*. Rio de Janeiro: Forense, 1993.

GALEANO. Eduardo. *De Pernas pro Ar: A Escola do Mundo ao Avesso*. Porto Alegre: L&PM, 1999.

GOFFMAN, Erving. *Manicômios, Prisões e Conventos.* Trad.: Dante Moreira Leite. 7ª ed. São Paulo: Perspectiva, 1961.

GOIFMAN, Kiko. Sobre o tempo na prisão. *In.*: *Revista Discursos Sediciosos: crime, direito e sociedade.* Instituto Carioca de Criminologia, n.ºs 5/6. Rio de Janeiro: Freitas Bastos, 1998.

HERKENHOFF, João Baptista. *Crime: Tratamento sem Prisão.* Porto Alegre: Livraria do Advogado, 1995.

HUGO, Victor. *O Último Dia de um Condenado.* Trad.: Sebastião Paz. São Paulo: DPL, 2005.

http://www.ibge.gov.br

http://www.mj.gov.br/depen

Jornal do Sindicato dos Servidores do Sistema Penitenciário e Sócio-Educativo. Rio de Janeiro. Ano 3, nº 11, junho de 2006.

Jornal do Brasil, 19 de maio de 2006.

KAFKA, Franz. *Na Colônia Penal.* Trad.: Modesto Carone. São Paulo: Paz e Terra, 1996.

_____. *O Processo.* Trad.: Manoel Paulo Ferreira e Syomara Cajado. São Paulo: Círculo do Livro, 1963.

LAFER, Celso. *A Reconstrução dos Direitos Humanos: Um Diálogo com o Pensamento de Hannah Arendt.* São Paulo: Companhia das Letras, 1988.

LIMA, William da Silva. *Quatrocentos Contra Um: Uma História do Comando Vermelho.* 2ª ed. São Paulo: Labortexto, 2001.

MARX, Karl. *O Capital.* Vol. 1. *In.*: Os economistas. São Paulo: Nova Cultural, 1996.

MELVILLE, Herman. *Moby Dick.* Trad.: Péricles Eugênio da Silva Ramos. São Paulo: Nova Cultural, 2002.

MENEGAT, Marildo. *Depois do Fim do Mundo: A Crise da Modernidade e a Barbárie.* Rio de Janeiro: Relume Dumará – FAPERJ, 2000.

MESSUTI, Ana. *O Tempo como Pena.* Trad.: Tadeu Antônio Dix Silva e Maria Clara Veronesi de Toledo. São Paulo: Revista dos Tribunais, 2003.

MORAIS, Fernando. *Olga.* 17ª ed. São Paulo: Companhia das Letras, 1994.

PEDRINHA, Roberta Duboc e COIMBRA, Cecília. *Metáforas do Controle no Século XXI: Penas Alternativas, Justiça Terapêutica... In.*: Criminologia e subjetividade. Org.: Marildo Menegat e Regina Neri. Rio de Janeiro: Lumen Juris, 2005.

PEDRINHA, Roberta Duboc e FERNANDES, Márcia Adriana. *Regime Disciplinar Diferenciado: Uma (re) Leitura Constitucional. In.*: Rediscutindo a execução penal: estudos sobre os 20 anos da Lei 7.210 de 1984 e sua leitura a luz do paradigma garantista. Org.: Décio Alonso Gomes. Rio de Janeiro: Lumen Juris, 2006.

PINAUD, João Luiz Duboc. *Longas Noites Sem Direitos Humanos: Ópera em Quatro Atos – Barbárie, a Letífera*. Rio de Janeiro: Dinigraf, 2005.

RENNÓ, Rosângela. Cicatriz. *In.: Revista Discursos Sediciosos: Crime, Direito e Sociedade*. Instituto Carioca de Criminologia, n° 4. Rio de Janeiro: Freitas Bastos, 1997.

Revista Caros Amigos: edição extra: PCC. Ano X, n° 28, maio de 2006.

Revista Época: O prisioneiro da cela 151. Nº 419, 29 de maio de 2006.

SILVA, Evandro Lins e. *Pena de Morte*. Org.: Calheiros Bonfim. Rio de Janeiro: Destaque, sd.

THOMPSON, Augusto. *A Questão Penitenciária*. 4ª ed. Rio de Janeiro: Forense, 1998.

TRINDADE, Lourival Almeida. *A Ressocialização: Uma (dis) Função da Pena de Prisão*. Porto Alegre: Antonio Fabris, 2003.

VARELLA, Drauzio. *Estação Carandiru*. São Paulo: Companhia das Letras, 1999.

WACQUANT, Loic. *Punir os Pobres: A Nova Gestão da Miséria nos Estados Unidos*. Instituto Carioca de Criminologia. Rio de Janeiro: Freitas Bastos, 2001.

ZAFFARONI, Eugenio Raúl. *Em Busca das Penas Perdidas: A Perda da Legitimidade do Sistema Penal*. Trad.: V. R. Pedrosa e A. L. Conceição. 4ª ed. Rio de Janeiro: Revan, 1991.

10. O Terrorismo Internacional: Sistemas de Combate a um Crime Indefinível

Denise de Souza Soares

Professora Adjunta de Direito Internacional do Ibmec-RJ.

Resumo

A Comunidade Internacional jamais logrou sucesso em suas tentativas de tipificar o crime de Terrorismo em âmbito internacional, alcançando, através da História, sucessos apenas parciais, com a elaboração de Convenções pontuais que criminalizam apenas os "atos de terrorismo", segundo muitos, por absoluta incapacidade jurídica e falta de vontade política de tipificar um crime que, no entendimento dos Estados, é melhor enfrentado em termos de legislação doméstica.

Palavras-chave:
Terrorismo; Definição; Convenção; ONU; Crime Internacional.

1. Terrorismo: a inatingível definição

O fenômeno denominado "terrorismo" revelou-se, ao longo do tempo, tão difícil de ser combatido quanto de ser definido, o que se tornou, na prática, mais um obstáculo a ser superado na batalha contra um inimigo já suficientemente obscuro.

Uma das maiores dificuldades que se impõe a esta tarefa é o fato de que o fenômeno em si precede a criação de um termo lingüístico que o defina satisfatoriamente. Em sendo um ato humano, podemos ousar afirmar que a prática de incutir o sentimento de terror em seu semelhante é tão antiga quanto o homem.

A dificuldade de obtenção de uma definição abrangente e que englobe suas principais manifestações, meios e objetivos é tão antiga quanto a própria prática do Terrorismo e deve-se a vários fatores, em sua maioria, de ordem político-sociológica, além das inegáveis mudanças pelas quais não só o vocábulo, mas também os atos por ele nominados passaram na recente história da humanidade.

Na verdade, a valoração do terror carrega em si um grande componente de ordem moral, ou seja, tem uma natureza profundamente subjetiva. O que para uns é moralmente repugnante não o é para outros e, deste modo, far-se-ia necessária uma definição do que seria moralmente rejeitável para todos.

O emprego de meios violentos a fim de atingir determinado objetivo por um grupo político, por exemplo, pode parecer aos olhos de seus simpatizantes como moralmente justificável e, aos olhos de seus opositores, como prática de puro terror. A História contemporânea está cheia destes exemplos e dos mais variados pontos de vista sobre a questão.

Parece, portanto, que para definir o que seria o Terrorismo de uma maneira que satisfizesse a maioria dos interessados, deveríamos tecer uma definição que abrangesse não só a descrição de atos concretos, como também seus objetivos, incluindo motivações individuais, sociais e políticas, bem como possíveis resultados, não esquecendo da valoração subjetiva que cada um destes itens possui. Esta definição deveria, ainda, ser universal a fim de "unificar" o inimigo a ser combatido.

Tal tarefa mostrou-se – pelos motivos já mencionados – praticamente inexeqüível, sendo que todas as definições no campo das Ciências

Sociais – para não falar no campo legal – mostram-se sempre falhas de um ponto de vista ou de outro.

Para entendermos melhor as razões destas dificuldades faz-se necessária uma análise mais apurada das tentativas de definir o terrorismo feitas nas áreas que mais se conectam com o assunto: a Sociologia, a Política e o Direito.[1]

No campo da sociologia o número de definições de Terrorismo é enorme. Isso se deve, em primeiro lugar, à liberdade de abordagem da questão, própria desta ciência e, num segundo momento, às várias correntes de pensamento por ela abrigadas. Esta tendência se repete mais ou menos nos mesmo parâmetros nas tentativas feitas no âmbito político, sendo que aqui há ainda o elemento da conexão com um determinado momento e uma determinada situação, ou seja, em muitos casos uma definição de terrorismo seria influenciada pela conjuntura em que está inserida.[2]

Nada melhor, portanto, para tentar definir ou compreender um fenômeno que se protrai no tempo do que tentar compreendê-lo através de sua evolução histórica. Deixando de lado nossa teoria – que defendemos ainda com muito ardor – de que o Terrorismo é tão antigo quanto o homem, tomemos o momento da História que a maioria dos estudiosos do assunto assinalam como sendo a primeira vez em que o terror se impôs como política oficial, ou seja, o período subseqüente à Revolução Francesa de 1789 ao qual o próprio Robespierre denominou *le régime de la terreur*.

Neste preciso momento histórico, ainda segundo Robespierre, a imposição do terror pelo poder dominante fazia-se necessária para assegurar o sucesso da própria revolução. Esta teoria seria retomada mais tarde em outros episódios "revolucionários" da História mais recente, como veremos mais a frente. De qualquer modo, cabe aqui ressaltar que este período, que para muitos estudiosos do assunto seria o marco inaugurorismo, na verdade, muito mais organizados e sistemáticos, tendo ainda contribuído para a posição ainda hoje defendida por muitos, de que o terrorismo de Estado seria denominado "Terror" e não "Terrorismo", num

---

[1] Há quem defenda também uma conceituação de terrorismo do ponto de vista filosófico.
[2] Segundo Ignácio Ramonet: " (...) *le terme terrorisme est imprécis. Depuis deux siècles, il a été utilisé pour designer indistinctement tous ceux qui recourent, à tort ou à raison, à la violence pour changer l'ordre politique*". In: "*Buts de Guerre*": Le Monde Diplomatique, novembro de 2001, p. 1.

preciosismo lingüístico que não contribui muito para o objetivo geral de se alcançar uma definição satisfatória do fenômeno em questão.

Avançando um pouco em nosso percurso histórico, encontramos as práticas terroristas e por vezes também sua "teoria" já aliadas aos partidários do marxismo, da extrema-esquerda e da revolução permanente. É neste caldo fundamental ideológico que, por volta da metade do século XIX, o extremista republicano Carlo Pisacane lança sua teoria da "propaganda da ação", base político-ideológica da filosofia do terrorismo internacional dos anos 1960/70: "mate cem e aterrorize cem milhões".

Pisacane era um entusiasta do anarquismo e, em especial, da organização russa Narodnaya Wolya, nome que pode ser traduzido como "vontade do povo" ou "liberdade do povo", um pequeno grupo de russos constitucionalistas, fundado em 1878, que tinha como meio de "tirar o povo russo de sua apatia", a perpetração de atos indiscriminados de violência. Com efeito, seu maior êxito foi o assassinato do Czar Alexander II em primeiro de maio de 1881, o que para muitos historiadores valeu ao grupo o título de primeiro grupo terrorista da era moderna.

Ainda durante o século XIX vale a menção a um grupo nacionalista armênio precursor da Asala, autor de vários atentados na Turquia Oriental, todos visando a liberdade de seu povo do domínio turco, situação esta que, no começo do século XX, culminaria com o genocídio de mais de um milhão de armênios. O terrorismo permanece até aqui caracterizado por aspirações revolucionárias e, o que se configura difícil de acreditar nos dias de hoje, era um conceito e uma prática vista com simpatia em razão da aparente justiça das causas em questão.

Podemos afirmar, contudo, que o ato político que inaugurou o Terrorismo no século XX, foi o assassinato do príncipe Franz Ferdinand em Sarajevo no dia 28 de junho de 1914, por Gavrilo Princip, um sérvio militante de um grupo de intelectuais bósnios e sérvios conhecido como Jungbosnien.[3] A principal conseqüência do fato – a eclosão da Primeira Guerra Mundial – é amplamente conhecida.

O Terror – ou Terrorismo de Estado – seria ainda largamente empregado no começo do século, primeiro pelos pioneiros da Revolução Russa – em especial Lênin e Trotsky – e, mais tarde, por Stalin, em proporções jamais antes observadas.

---

[3] HOFFMAN, Bruce. *Terrorismus. Der unerklärte Krieg*. Frankfurt am Main: Fischer Taschenbuch Verlag, 2002, p. 24.

Nos anos 1930, com a ascensão dos regimes totalitários como o Fascismo e o Nazismo, dá-se um fenômeno interessante que ilustra muito bem a relatividade que encerra o conceito de "terrorista". Para os opositores dos novos regimes estes se baseavam puramente no Terrorismo de Estado; para os que estavam no poder, seus opositores, em especial os grupos ativos de resistência, eram os verdadeiros terroristas. De qualquer modo, esta época ainda é caracterizada pelo sentido positivo do termo "terrorismo", visto que este era associado pelas massas à violência como única forma de luta contra Estados totalitários e opressores.[4]

Em termos convencionais, foi o assassinato do rei Alexandre I da Iugoslávia em Marselha, no dia 9 de outubro de 1934, que motivou o governo francês a estimular a elaboração, no âmbito da Sociedade das Nações, de duas importantes convenções, uma sobre terrorismo e a outra sobre uma primeira iniciativa de se estabelecer uma justiça internacional com poderes para julgar este tipo de crime, como veremos oportunamente.

Contudo, é depois da Segunda Guerra Mundial que o termo "terrorismo" reafirma seu sentido revolucionário, relacionado diretamente às lutas de grupos nacionalista e anti-colonialistas em lugares tão distantes como a Ásia e a África, palcos, nos anos 1940 e 1950, de lutas contra o poderio europeu em seus territórios. Estes "terroristas" eram mais conhecidos como "combatentes pela liberdade" não rejeitando, contudo, a denominação de "terroristas" que, como vimos, ainda não havia adquirido a pecha negativa que hoje possui. Datam desta época a entrada em cena de vários terroristas que se tornariam famosos e, alguns, até mesmo atores políticos da maior importância no século XX e início do XXI, como Yassir Arafat, Leila Khaled e George Habash, dentre outros.

Esta tendência foi reforçada nos anos 1960 e 1970 com o surgimento de vários grupos defensores de causas de caráter nacionalista e outros até mesmo separatistas, como a ETA, (*Euskadi ta Askatasuna*), a FLQ (*Front de Libération du Québec*), o IRA (*Irish Republican Army*), a OLP (Organização para a Libertação da Palestina) e suas ramificações, dentre outros. É nesta época que surgem também os grupos de orientação marxista, alinhados à causa dos separatistas, como a *Rote Armee Fraktion*

---

[4] Sobre a questão dos Estados totalitários vide DOLINGER, Jacob. Terrorismo do Estado no Século XX – lições para o século XXI. *In: Revista do Centro de Estudos Judiciários do Conselho da Justiça Federal*, nº 18, ano VI, setembro de 2002, pp. 67-73.

(RAF) na Alemanha Ocidental, as *Brigate Rosse* na Itália e a Fração do Exército Vermelho no Japão. É a época áurea do terrorismo internacional ideológico que marca também a guinada semântica do termo "terrorismo" graças não apenas à propaganda e manipulação do termo por parte dos governos dos países mais atingidos, como também pela proliferação de atos violentos de terrorismo que acabaram por fazer a opinião pública associar o termo de uma vez por todas à violência política.

Conseqüentemente, este é também o período de maior criatividade em termos de definições do fenômeno do Terrorismo por parte de sociólogos, políticos, juristas, e até mesmo dos próprios terroristas que, a esta altura, já não desejavam ser assim denominados, mas sim reconhecidos como "lutadores pela liberdade" ou até mesmo como "guerrilheiros urbanos", como queriam Carlos Marighella e Ulrike Meinhof.

É extremamente interessante observar algumas das definições desta época e como elas variam de conteúdo e orientação dependendo do papel de seus autores no teatro político de então. Assim sendo, podemos destacar dentre as definições político-sociológicas, primeiramente a definição de Brian Jenkins,

> "*Terrorism is the use or threatened use of force designed to bring about political change.*"

a do grande especialista no assunto, Walter Laqueur,

> "*Terrorism constitutes the illegitimate use of force to achieve a political objective when innocents are charged.*"

a de David Robertson,

> "*Terrorism is the use of violence politically as a means of pressurizing a government and/or society into accepting a radical political or social change.*"

a de Norberto Bobbio,

> "*Pratica politica di chi ricorre sistematicamente alla violenza contro le persone o le cose provocando terrore.*"

a de Jean Servier,

> "*(...) un système offensif employé par un individu ou un groupe plus ou moins étendu, pour imposer sa volonté à tout un peuple, voire à une civilisation entière, exercer sur l'histoire une pesée.*"

a de Georges Levasseur,

> "L'emploi intentionnel et systématique de moyens de nature à provoquer la terreur en vue de parvenir à certaines fins."

a de Grant Wardlaw,

> "Political terrorism is the use, or threat of use, of violence by an individual or a group, whether acting for or in opposition to established authority, when such action is designed to create extreme anxiety and/or fear-inducing effects in a target group larger than the immediate victims with the purpose of coercing that group into acceding to the political demands of the perpetrators."

a de Alex P. Schmid – uma das mais populares – segundo quem,

> "Terrorism is an abstract concept with no essence."

a igualmente popular definição de V. V. Stanciu,

> "(...) um modo particular de se cometer vários crimes."

e ainda, a opinião do mestre Haroldo Valladão que assim definia a questão:

> "Terrorismo é um crime de intimidação, criando um perigo comum indiscriminado, através de meios desleais, odiosos, vandálicos, com ameaça de assassinatos ou assassinatos mediante premeditação, traição, surpresa, de indivíduos absolutamente inocentes, muitas vezes tomados como reféns. Seria o gravíssimo crime de extorsão, mas para obter vantagens políticas, forçando opiniões alheias."

E, finalmente, seria injusto não transcrevermos aqui a definição de pelo menos dois indivíduos considerados como terroristas. Deste modo, o Terrorismo, segundo um graduado militante da Fatah,

> "(...) gains its definition from the various Western and Israeli acts – past and present – of colonialism, suppression, conquest, plundering other countries and people, committing so-called 'covert operations', deciding who is a 'good guy' and who is a 'bad guy', and making him/them pay."

e, finalmente, segundo Ulrike Meinhof,

> "Terrorismus ist die Zerstörung von Versorgungseinrichtungen, also Deichen, Wasserwerken, Krankenhäusern, Kraftwerken. Eben alles das, worauf die amerikanischen Bombenangriffe gegen

*Nordvietnam seit 1965 systematisch abzielten. Der Terrorismus operiert mit der Angst der Massen. Die Stadtguerilla dagegen trägt die Angst in dem Apparat."*⁵

E, em assim continuando, poderíamos preencher páginas e mais páginas de definições – ou tentativas – do fenômeno do Terrorismo. Note-se que, a esta época, praticamente existia a convicção de que a prática do Terrorismo tinha sempre conotação e objetivos políticos. Na verdade, esta questão política e o emprego da violência são os elementos de maior ocorrência nas definições elaboradas nas últimas décadas do século XX.

Contudo, como já observamos anteriormente, do ponto de vista político-sociológico a liberdade no elaborar algum conceito é infinitamente maior do que a existente no âmbito jurídico, em especial no campo penal. Deste modo, justamente a definição que mais se faz necessária é justamente a mais difícil de se obter. Como veremos ao analisar a questão das convenções existentes sobre a matéria, a imensa maioria delas abstém-se de definir o termo, focando e definindo de maneira assaz restrita os elementos alvo de seu interesse ou, no máximo, como a *Convenção Européia para a Repressão do Terrorismo*, mencionando "atos de terrorismo" sem que estes sejam definidos, embora muitas vezes enumerados.

A primeira tentativa de se definir o Terrorismo como crime internacional pode ser encontrada na já mencionada *Convention de Genève pour la Prévention et la Répression du Terrorisme*, de 1937, que assim o define em seu artigo 1 – apesar de fazer referência a "atos de terrorismo": (...)

> *2. Dans la présente Convention, l'expression "actes de terrorisme" s'entend des faits criminels dirigés contre un Etat et dont le but ou la nature est de provoquer la terreur chez des personnalités déterminées, des groupes de personnes ou dans le public.(...)*

Mas existem outras corajosas e mais recentes exceções à prática da omissão do termo "terrorismo", embora a maior parte delas estejam em convenções que nunca lograram ratificação. *O Tratado de Cooperação entre os Estados Membros da Comunidade dos Estados Inde-*

---

⁵ "O terrorismo é a destruição das instalações de abastecimento, ou seja, de diques, instalações hidráulicas, hospitais, centrais elétricas. Enfim, tudo aquilo que sistematicamente foi alvo dos bombardeios americanos contra o Vietnã do Norte desde 1965. O terrorismo opera com o medo das massas. A guerrilha urbana, por sua vez, incute o medo no coração do Estado."

pendentes para o Combate ao Terrorismo (Minsk, 1999), por exemplo, não só define "Terrorismo" em seu artigo 1, como ainda menciona o conceito de "terrorismo tecnológico": (...)

Article 1

For purposes of this Treaty, the terms used in it mean:

"Terrorism" an illegal act punishable under criminal law committed for the purpose of undermining public safety, influencing decision-making by the authorities or terrorizing the population, and taking the form of:

> *Violence or the threat of violence against natural or juridical persons;*
>
> *Destroying (damaging) or threatening to destroy (damage) property and other material objects so as to endanger people's lives;*
>
> *Causing substantial harm to property or the occurrence of other consequences dangerous to society;*
>
> *Threatening the life of a statesman or public figure for the purpose of putting an end to his State or other public activity or in revenge for such activity;*
>
> *Attacking a representative of a foreign State or an internationally protected staff member of an international organization, as well as the business premises or vehicles of internationally protected persons;*
>
> *Other acts classified as terrorist under the national legislation of the Parties or under universally recognized international legal instruments aimed at combating terrorism;*

"Technological terrorism" – the use or threat of the use of nuclear, radiological, chemical or bacteriological (biological) weapons or their components, pathogenic micro-organisms, radioactive substances or other substances harmful to human health, including the seizure, putting out of operation or destruction of nuclear, chemical or other facilities posing an increased technological and environmental danger and the utility systems of towns and other inhabited localities, if these acts are committed for the purpose of undermining public safety, terrorizing the population or influencing the decisions of the authorities in order to achieve political, mercenary or any other ends, as well as attempts to commit one of the crimes listed above for the same purposes and leading, financing or acting as the instigator, accessory or accomplice of a person who commits or attempts to commit such a crime; (...)

Na mesma linha a *Convenção Árabe para a Supressão do Terrorismo* (Cairo, 1998), assim o define em seu artigo 1: (...)

> *2. Terrorism*
>
> *Any act or threat of violence, whatever its motives or purposes, that occurs in the advancement of an individual or collective criminal agenda and seeking to sow panic among people, causing fear by harming them, or placing their lives, liberty or security in danger, or seeking to cause damage to the environment or to public or private installations or property or to occupying or seizing them, or seeking to jeopardize a national resources.* (...)

Do mesmo modo, ressaltamos o pioneirismo da *Convenção da Organização da Conferência Islâmica para o Combate do Terrorismo Internacional* (Ouagadougou, 1999) que em seu artigo 1 estabelece a seguinte definição: (...)

> *2. "Terrorism" means any act of violence or threat thereof notwithstanding its motives or intentions perpetrated to carry out an individual or collective criminal plan with the aim of terrorizing people or threatening to harm them or imperiling their lives, honor, freedoms, security or rights or exposing the environment or any facility or public or private property to hazards or occupying or seizing them, or endangering a national resource, or international facilities, or threatening the stability, territorial integrity, political unity or sovereignty of independent States.* (...)

Apesar do pioneirismo destas convenções, o mundo jurídico considera que ainda não se alcançou uma definição do fenômeno capaz de abarcar com certa segurança jurídica a maioria de suas formas e manifestações, bem como o que fazer em relação a seus atores, como veremos a seguir.

2. A ONU e o Conselho de Segurança

O entendimento do Terrorismo como crime internacional já era assunto debatido no início do século XX, pela Comissão de Juristas instituída pela *Conférence de Préliminaires des Paix* de 1919, que tinha como principal tarefa a de examinar a questão da responsabilidade dos autores da Primeira Grande Guerra e respectivas sanções a estes aplicáveis. Dentre outros crimes internacionais elencados no relatório desta comissão já figurava *"le térrorisme systématique"*, conceito explicitado por uma longa lista de atos considerados criminosos.[6]

Como já mencionado anteriormente, a primeira iniciativa em termos de cooperação mundial no combate ao terrorismo foi a *Convention de Genève pour la prévention et la répression du terrorisme*, da Sociedade das Nações, de 1937, que teve como motivação o assassinato do rei Alexandre da Iugoslávia, cuja definição de "atos de terrorismo" já transcrevemos acima. Esta convenção jamais chegou a ser ratificada sob o argumento de que não fornecia uma definição de terrorismo satisfatória.[7] Esta discussão acabou por ser atropelada pela eclosão da Segunda Guerra Mundial e a convenção hoje vale apenas por seu pioneirismo histórico.

A crítica feita à Convenção de 1937, contudo, revelou-se um verdadeiro trauma em termos de enfrentamento convencional do Terrorismo. Por absoluta falta de consenso sobre uma definição – não por falta de discussão sobre o tema – a ONU tomou, em 1963, a iniciativa da elaboração da *Convenção sobre Infrações e Certos Outros Atos Praticados a Bordo de Aeronaves*, conhecida como "Convenção de Tóquio", ratificada por vários Estados, inclusive o Brasil, que em nenhum momento menciona o termo "terrorismo", limitando-se a definir de maneira restrita os atos considerados como infrações praticadas a bordo de aeronaves e os poderes e obrigações dos Estados em relação a tais fatos. O sucesso, em termos de número de assinaturas e ratificações desta convenção, inaugurou a tendência de se combater o Terrorismo com convenções pontuais, em que seus métodos são descritos ou enumerados, mas onde se evita de maneira quase fóbica a menção ou referência ao termo.

No mesmo molde da Convenção de Tóquio, em 1970, é elaborada a *Convenção da Haia para Repressão ao Apoderamento Ilícito de Aeronaves*, que, como já demonstra o título, reflete a preocupação existente à época com o incremento da prática do *hijacking* ou simplesmente "seqüestro de aviões" ou, ainda, como querem outros – embora a denominação nos pareça assaz inadequada – a pirataria aérea. Na verdade, um aspecto interessante do tratamento convencional do Terrorismo é que podemos traçar, a partir da ordem cronológica do surgimento das convenções sobre o assunto, a evolução das práticas e métodos usados pelos terroristas de então. Com efeito, as décadas de 1960 e 1970 conheceram o auge do seqüestro de aeronaves para os mais di-

---

[6] GLASER, Stefan. *Droit International Pénal Conventionnel*. Bruxelles: Établissements Émile Bruylant,1970. p 72-73

[7] A Convenção foi assinada por 24 Estados e ratificada apenas pela Índia.

versos fins, daí o surgimento de três convenções sobre o assunto nesta época, sendo que a *Convenção para a Repressão de Atos Ilícitos contra a Segurança da Aviação Civil* (Montreal, 1971) que foi acrescida de um *Protocolo Complementar* em 1988, fecha este ciclo.

Também o seqüestro e a manutenção de autoridades como reféns levou à elaboração da *Convenção sobre a Prevenção e Punição de Crimes contra Pessoas que Gozam de Proteção Internacional, inclusive Agentes Diplomáticos* (Nova York, 1973) que pretendia comprometer os Estados especialmente afetados pelo Terrorismo a proteger com mais diligência não só os agentes diplomáticos de outros países, como também chefes de Estado estrangeiros, seus delegados e Ministros das Relações Exteriores, bem como suas famílias, quando estes se encontrarem em território estrangeiro. O artigo 2 desta convenção enumera os atos considerados como crimes, mas tem seu foco voltado para a questões de jurisdição e cooperação internacional.

Será apenas no preâmbulo da *Convenção Internacional Contra a Tomada de Reféns*, de 1979, que se fará menção ao termo "terrorismo internacional", embora sem a mais leve tentativa de defini-lo. Muito pelo contrário, a referida Convenção mantém a prática de suas antecessoras e define o que considera como crime em seu artigo 1 para reforçar, em seguida, o que seria a tônica do combate ao Terrorismo da época: conclamar cada Estado parte a estabelecer em sua legislação interna a criminalização dos atos e as penas cabíveis aos mesmos. Esta delegação de poderes foi a solução mais prática, por assim dizer, encontrada pela comunidade internacional em termos de combate ao Terrorismo, visto que das discussões levadas a cabo no seio das Organizações Internacionais não resultou nenhuma definição de Terrorismo que fosse aceita por todos, ou pelo menos pela maioria de seus membros, o que dificultou em muito a elaboração de um documento definitivo e abrangente sobre a questão.

Assim sendo, e mesmo porque alguns países europeus, principalmente, viviam uma verdadeira situação de guerra interna, a tarefa de tipificar o terrorismo como crime e prescrever as penas relativas ao mesmo ficaram, oficialmente, delegadas aos Estados, passando a ser uma questão de direito interno. Visto que inegavelmente o Terrorismo era e continua sendo uma questão internacional, os temas mais visados nas discussões das Organizações Internacionais em geral, eram a extradição de acusados da prática de Terrorismo, questões de jurisdição e de cooperação internacional neste sentido.

Os mecanismos encontrados pelos diferentes Estados para conseguir criminalizar o Terrorismo em suas legislações domésticas revelaram-se bastante variados. O Reino Unido, por exemplo, que há décadas toma parte em uma guerra feroz promovida pelo terrorismo do IRA, viu-se obrigado a elaborar uma série de *Acts*, alguns de caráter emergencial que legitimasse o combate aos terroristas. Em uma safra mais recente, podemos destacar o *Terrorism Act de 2000* que, em sua *section 1* define, mais uma vez através da enumeração de atos, o que seria Terrorismo. O atentado ao WTC de 11 de setembro de 2001 motivou, por sua vez, a criação do *Anti-Terrorism, Crime and Security Act* do mesmo ano, cujas diretrizes seriam justificadas, segundo as autoridades inglesas, pelo surgimento de um novo formato de Terrorismo.[8]

Em França, a primeira lei exclusiva sobre Terrorismo é a de 9 de setembro de 1986 que pela primeira vez define o "ato de terrorismo" e introduz um regime legal específico para este tipo de crime, visando, principalmente, facilitar a ação da *Police Judiciaire*, iniciativas estas que se traduziram em alterações no *Code de Procedure Pénale*.

Em seguimento a uma série de ataques do GIA, em 1995, foi promulgada, em 22 de julho de 1996, a lei 96-647 que completou, assim, a legislação anti-terrorismo francesa, modificando o artigo 421-1 do *Nouveau Code Pénal*. Esta lei introduziu também, a *"responsabilité pénale des personnes morales"*, artigo 422-5 do Código Penal e, seguindo o modelo alemão, criou o crime de "conspiração em conexão com o terrorismo" (art. 421-2-1 do NCP). Em conseqüência dos ataques de 11/9/2001, foi criada a lei de *Sécurité Quotidienne*, em 15 de novembro de 2001, que aumentou em muito o poder da polícia, levantando uma série de questões sobre liberdades civis.

A Alemanha, que durante sua História recente foi duramente castigada pelo fenômeno do Terrorismo, desde a entrada em ação da *Rote Armee Fraktion* (RAF) nos anos 1960 e 1970, bem como todas as gerações da mesma que se seguiram, o *2. Juni Bewegung*, e, ainda hoje, grupo seguidor dos ideais dos mesmos·, descobriu recentemente ser, há bastante tempo, uma das maiores, senão a maior base d'al Qaeda na Europa, localizada, principalmente, nas cidades de Hamburg e Frankfurt am Main.

O governo alemão historicamente reage às questões ligadas ao Terrorismo não criando novas leis específicas sobre o assunto, mas promovendo alterações – algumas de fundamento legal bastante discutível – em seu

---

[8] LEEUWEN, Marianne van (ed). *Confronting Terrorism. European Experiences, Threat Perceptions and Policies*. The Hague: Kluwer Law International, 2002, p. 11-16.

Código Penal e de Processo Penal, a maioria destas interconectada pelo artigo 129 a (§ 129a StGB). Este artigo dispõe especificamente sobre a proibição de associação, apoio e outros atos em relação a organizações terroristas. Este sistema sofreu alterações após o 11 de setembro para incluir um outro dispositivo (art. 129 b) tornando crime a participação e apoio a organizações terroristas internacionais, cuja aprovação legislativa – após ampla discussão englobando questões de liberdades civis – foi acelerada pelo atentado à Sinagoga na Tunísia que vitimou vários turistas alemães.

Um outro exemplo interessante é o do Código Penal Português que trata da questão do Terrorismo em seus artigos 299, 300 e 301, chegando até mesmo a definir a "organização terrorista" e o próprio crime de Terrorismo.

Paralelamente a estas discussões internas, a ONU levou adiante sua prática de elaborar convenções pontuais. A *Convenção sobre a Proteção Física de Materiais Nucleares* (Viena, 1980), por exemplo, em nenhum momento menciona o Terrorismo explicitamente, mas ressalta a preocupação existente em relação à obtenção e utilização ilícita de material nuclear. É óbvio que não só grupos terroristas têm interesse em obter material nuclear de maneira clandestina, mas nos parece muito claro, também, que esta é a principal preocupação da comunidade internacional e a principal razão de ser da referida convenção. Contudo, curiosamente, esta não figura em muitas coletâneas de convenções sobre Terrorismo.

Uma demonstração clara do quão exaustiva a guerra contra o Terrorismo pode ser e de como, aparentemente, o Direito estará sempre tentando tapar lacunas deixadas pela realidade dos fatos é a elaboração da *Convenção para a Supressão de Atos Ilegais contra a Segurança da Navegação Marítima* (Roma, 1988) e o Protocolo que a complementa, relacionado às plataformas *off-shore*, ambas nascidas da perplexidade causada pelo episódio do seqüestro do navio italiano *Achille Lauro*, liderado por Abou Abbas, chefe da OLP, que resultou na morte de um refém americano.[9]

Talvez por estar tão ligada a um fato concreto, esta Convenção menciona já em seu preâmbulo a resolução 40/61 da Assembléia Geral, de 9 de Dezembro de 1985, que faz referência à cooperação internacional em termos de prevenção de fatos ou situações que possam resultar ou servir de base para atos terroristas, embora, mais uma vez, a pró-

---

[9] Em 1985 a Itália negou a extradição de Abbas para os Estados Unidos e o reenviou para a Iugoslávia, acirrando o debate sobre jurisdição em caso de atentados terroristas.

pria Convenção tenha se limitado a definir o conceito de "embarcação" (*ship*) e os atos pontuais que devem ser considerados como ilegais em relação à navegação marítima.

Na seqüência de "fatos concretos" que de certa maneira desnortearam a comunidade internacional, merece destaque o atentado ao vôo 103 da *Pan American Airlines* que, em 12 de dezembro de 1988, explodiu sobre a cidade escocesa de Lockerbie, deixando um saldo de 259 mortos. Este atentado, obviamente, não foi o único motivo, mas certamente foi o estopim para a elaboração da Convenção sobre a Marcação de Explosivos Plásticos para Fins de Detecção (Montreal, 1991). Esta Convenção, ratificada também pelo Brasil, faz menção explícita em seu preâmbulo a atos terroristas e à utilização dos explosivos plásticos – em teoria não-detectáveis – na execução dos mesmos, ou seja, consolida, na psique internacional, a existência do Terrorismo como crime a ser combatido e para o qual, cada vez mais, urge a elaboração de uma definição.

Dando seguimento a esta nova filosofia, a *Convenção Internacional sobre a Supressão de Atentados Terroristas com Bombas* (Nova York, 1997) já demonstra explicitamente em seu preâmbulo a preocupação geral com o incremento dos atentados terroristas em todo o mundo, em especial a prédios e logradouros públicos, bem como a instalações estatais ou governamentais.[10]

Curiosamente, apesar de todas as conclamações da ONU à colaboração internacional entre os Estados em relação ao combate ao Terro-

---

[10] (...) Observando com profunda preocupação que se intensificam em escala mundial os atentados terroristas em todas as suas formas e manifestações,

Recordando a Declaração por ocasião do cinqüentenário das Nações Unidas, de 24 de outubro de 1995,

Recordando também a Declaração sobre Medidas para Eliminar o Terrorismo Internacional, que consta do anexo da resolução 49/60 da Assembléia-Geral, de 9 de dezembro de 1994, na qual, entre outros, "os Estados Membros das Nações Unidas reafirmam solenemente e de forma inequívoca sua condenação a todos os atos, métodos e práticas terroristas, por considerá-los criminosos e injustificáveis, seja onde for ou quem for que os cometa, incluídos os que colocam em perigo as relações de amizade entre os Estados e os povos, e ameaçam a integridade territorial e a segurança dos Estados",

Observando que a Declaração encoraja ainda os Estados "a examinarem com urgência o alcance das disposições jurídicas internacionais vigentes sobre prevenção, repressão e eliminação do terrorismo em todas as suas formas e manifestações, com vistas a garantir a existência de um marco jurídico global que inclua todos os aspectos em questão",

Recordando ainda a resolução 51/210 da Assembléia-Geral, de 17 de dezembro de 1996, e a Declaração complementar à Declaração de 1994 sobre Medidas para Eliminar o Terrorismo Internacional, que consta do anexo dessa resolução,

Observando também que os atentados terroristas com explosivos ou outros artefatos mortíferos cada mais se generalizam, (...).

rismo – tanto quanto ao dever de diligência preventiva dos mesmos, como à questões de processo e extradição – a única Convenção que, a nosso ver, uma vez implementada, teria cortado em tempo a força da qual se nutria – e ainda se nutre – o Terrorismo, a *Convenção Internacional para a Eliminação do Financiamento do Terrorismo* (Nova York, 1999) só foi ratificada depois do atentado ao World Trade Center, em 11 de setembro de 2001.

Isso demonstra, claramente, que para o atual estágio do capitalismo algumas coisas são sagradas e colocadas acima da segurança do ser humano, tais como o fluxo clandestino de capitais e tudo que dele decorre. Ironicamente, seria o coração desta *praxis* o primeiro a ser vitimado por sua própria filosofia.

Além das Convenções supracitadas, a Assembléia Geral das Nações Unidas e seu Conselho de Segurança mantiveram-se, durante toda a trajetória da ascensão do Terrorismo ao *status* de questão internacional, na liderança das discussões sobre o tema, tendo sido produzidos vários documentos oficiais (declarações e resoluções), dentre as quais especial importância histórica possui a Resolução 1.373 adotada pelo Conselho de Segurança em 28 de setembro de 2001, em reação ao atentado de 11 de setembro, ocorrido em Nova York. Esta resolução é alvo da crítica de vários internacionalistas que a consideram precipitada, confusa e, muitas vezes, até mesmo contraditória, mas que tem o mérito de criar o Comitê contra o Terrorismo e impor certas obrigações aos Estados em matéria de engajamento na luta contra este crime.[11]

---

[11] • *Refuser toute forme d'appui financier aux groupes terroristes [par. 1 a), b), c) et d)].*
• *Refuser de fournir asile, aide ou appui aux terroristes [par. 2 a), c), d) et g) et par. 3 f) et g)].*
• *Communiquer aux gouvernements tout renseignement dont ils disposeraient sur des groupes se livrant à des actes terroristes ou projetant d'en commettre [par. 2 b); par. 3 a), b) et c)].*
• *Coopérer avec d'autres gouvernements aux fins des enquêtes, de la détection, de l'arrestation et de la poursuite des auteurs de tels actes [par. 2 b) et f); par. 3 a), b) et c)].*
• *Ériger en infraction dans leur droit interne toute force d'assistance, passive ou active, au terrorisme et traduire en justice les contrevenants [par. 2 e)].*
• *Adhérer, dans les meilleurs délais, aux conventions et protocoles internationaux ayant trait au terrorisme [par. 3 d)]. Refuser toute forme d'appui financier aux groupes terroristes [par. 1 a), b), c) et d)].*
• *Refuser de fournir asile, aide ou appui aux terroristes [par. 2 a), c), d) et g) et par. 3 f) et g)].*
• *Communiquer aux gouvernements tout renseignement dont ils disposeraient sur des groupes se livrant à des actes terroristes ou projetant d'en commettre [par. 2 b); par. 3 a), b) et c)].*
• *Coopérer avec d'autres gouvernements aux fins des enquêtes, de la détection, de l'arrestation et de la poursuite des auteurs de tels actes [par. 2 b) et f); par. 3 a), b) et c)].*
• *Ériger en infraction dans leur droit interne toute force d'assistance, passive ou active, au terrorisme et traduire en justice les contrevenants [par. 2 e)].*
• *Adhérer, dans les meilleurs délais, aux conventions et protocoles internationaux ayant trait au terrorisme [par. 3 d)].*

Na verdade, há quem defenda a tese de que o acontecido em 2001 teria reforçado, ou pelo menos lembrado ao Conselho de Segurança, seu papel na luta contra o Terrorismo e na manutenção da paz. Contudo, não foi por falta de produção de resoluções que podemos dizer que o Conselho tenha se omitido. A questão levantada por muitos internacionalistas é justamente sobre o conteúdo e os efeitos práticos destas, principalmente em relação à invasão do Afeganistão pelos Estados Unidos, que levantou a discussões sobre a questão da agressão armada, o direito de legítima defesa etc., questões estas, segundo especialistas, que o Conselho não foi capaz de responder de maneira satisfatória. A situação do Afeganistão, inclusive, já era alvo de resoluções que, cronologicamente, em muito precederam o ataque ao WTC de 2001 o que muito surpreendeu aqueles que foram pegos de surpresa por uma guerra que há muito encontrava-se em andamento. A questão que se coloca é: o Direito Internacional e o papel das Organizações Internacionais como são hoje estruturados ainda seriam capazes de deter atos de terrorismo ou até mesmo de responder a eles? Esta dúvida torna-se ainda mais torturante se fizermos um levantamento de algumas das Resoluções do Conselho relativas à situação do Afeganistão governado pelos Talibans, que, em 1999, já faziam menção a Osama ben Laden:

– **Resolução 1076 de 22 de outubro de 1996:**

"Le Conseil de sécurité,

Ayant examiné la situation en Afghanistan, (...)

1. Demande à toutes les parties afghanes de mettre immédiatement fin à toutes les hostilités, de renoncer à l'emploi de la force, de mettre de côté leurs divergences et d'engager un dialogue politique en vue de parvenir à la réconciliation nationale et à un reglement politique durable du conflit et d'établir un gouvernement provisoire d'union nationale pleinement représentatif et ayant une large assise; (...)

5. Réitère que la poursuite du conflit en Afghanistan offre un terrain propice au terrorisme et au trafic de drogue, qui amenent la déstabilisation dans la région et audelà, et demande aux dirigeants des parties afghanes de mettre fin à ces activités".

– **Resolução 1214 de 8 de dezembro de 1998:**

"Le Conseil de sécurité, (...)

Constatant avec la plus grande préoccupation que des terroristes continuent d'être accueillis etformés, et des actes de terrorisme organisés en territoire afghan (...) exige que les Taliban, de même que les autres factions afghanes, cessent les hostilités, en particulier dans les zones tenues par les Taliban (...) et coopèrent à la mise en place d'un gouvernement pleinement représentatif.

1. *Exige que les Taliban, de même que les autres factions afghanes, cessent les hostilités, concluent un cessez-le-feu et reprennent les négociations sans délai ni condition préalable, sous les auspices de l'Organisation des Nations Unies, et coopèrent à la mise en place d'un gouvernement pleinement représentatif et reposant sur une large assise, qui protege les droits de tous les Afghans et respecte les obligations internationales de l'Afghanistan; (...)*

5. *Condamne la prise du Consulat général de Ia République islamique d'Iran par les Taliban et le meurtre de diplomates iraniens et d'un journaliste à Mazar-e-Sharif, souligne que ces actes sont des* violations (grifo original) *flagrantes du droit international et appelle les Taliban à collaborer avec l'Organisation des Nations Unies pour faire enquête sur ces crimes en vue d'en poursuivre les responsables; (...)*

12. *Exige que les factions afghanes mettent un terme à la discrimination dont les femmes et les filles font l'objet, ainsi qu'aux autres violations des droits de l'homme et aux violations du droit international humanitaire, et se conforment aux regles et aux normes internationalement reconnues dans ce domaine; (...)*

13. *Exige également que les Taliban cessent d'offrir un refuge et un entrainement aux terroristes internationaux et à leurs organisations, et que toutes les factions afghanes secondent l'action entreprise pour traduire en justice les personnes accusées de terrorisme...."*

– **Resolução 1267 de 15 de outubro de 1999:**

"Le Conseil de sécurité,

Condamnant avec force le fait que des terroristes continuent d'être accueillis et entrainés; et que des actes de terrorisme soient préparés, en territoire afghan, en particulier dans les zones tenues par les Taliban, et réaffirmant sa conviction que la répression du terrorisme international est essentielle pour le maintien de la paix et de la sécurité internationales,

Déplorant que les Taliban continuent de donner refuge à Usama bin Laden (grifo nosso) *et de lui permettre, ainsi qu'à ses associés, de diriger un réseau de camps d'entraînement de terroristes à partir du territoire tenu par eux et de se servir de l'Afghanistan comme base pour mener des opérations terroristes internationales(...)*

Agissant en vertu du Chapitre VII de la Charte des Nations Unies,

2. *Exige que les Taliban remettent sans plus tarder* **Usama bin Laden (grifo nosso)** *aux autorités compétentes soit d'un pays où il a été inculpé, soit d'un pays qui le remettra à un pays où il a été inculpé, soit d'un pays où il sera arrêté et effectivement traduit en justice".*

Diante do conteúdo destas Resoluções e retrocedendo ao 11 de setembro de 2001, caberia hoje, talvez, como dito anteriormente, rediscutir um Direito Internacional que parece só reger um lado de uma situação que alguns doutrinadores já chamam de "guerra civil internacional".

Contudo, não poderíamos encerrar esta parte de nossa breve análise sem mencionar o projeto de *Convenção Geral sobre o Terrorismo* apresentado à Assembléia Geral da ONU pelo governo da Índia. O projeto carece de originalidade, mas têm o mérito de tentar reunir as Convenções que o antecederam no âmbito das Nações Unidas, agrupando-as de forma a facilitar uma visão geral da questão. É sobre estes doze "documentos universais" mencionados em seu preâmbulo, que o projeto se apóia, mas continua devendo à comunidade internacional a tão esperada definição de "terrorismo". Outros obstáculos para sua ratificação residem na resistência de alguns Estados ao teor das cláusulas referentes à extradição de terroristas, e, principalmente, na proposição da Malásia de que seja incluída uma cláusula de exclusão referente às situações oriundas do direito dos povos de disporem de si mesmos. Impasses deste tipo, segundo Jean-Marc Sorel, são a razão pela qual a reunião do Grupo de Trabalho da 6. Comissão, ocorrida de 15 a 26 de outubro de 2001, não conseguiu nem mesmo valer-se da comoção criada pelo 11 de setembro para avançar no trabalho de aprovação da Convenção.[12]

3. Os sistemas regionais: a União Européia e a OEA (Organização dos Estados Americanos)

Também em nível regional podemos ressaltar iniciativas importantes em termos de combate ao Terrorismo. Existem neste âmbito Convenções que jamais entraram em vigor como as já referidas Convenção da SAARC (*South Asian Association for Regional Cooperation*) feita em Kathmandou, em 1987, a dos Estados Árabes – feita no Cairo, em 1998 – a da Conferência Islâmica, assinada em Ouagadougou (Burkina Faso) em 1999, bem como o já mencionado *Treaty on Cooperation among the States Members of the Commonwealth of Independent States in Combating Terrorism*, de Minsk, 1999, esta em vigor.

Em nível europeu, uma maior preocupação com a questão do Terrorismo não surpreende, por tratar-se do continente que historicamente mais foi castigado por este fenômeno. Deste modo, data de 1977 a *Convenção Européia para a Repressão do Terrorismo* (Strasbourg, 1977) que, pioneiramente para a época, já faz menção em seu preâmbulo a "atos de terrorismo", definindo alguns destes segundo o conteúdo das Convenções da ONU, mas focando em seus artigos, em especial, a questão da extradição. Esta Convenção foi emendada pelo Protocolo datado de 2003 que a atualizou, acrescentando outros atos classificados por Convenções posteriores da ONU como atos de terrorismo.

No âmbito das Américas pode-se destacar a atuação do Comitê Interamericano contra o Terrorismo criado por ocasião da Segunda Conferência Especializada em Terrorismo, ocorrida em Mar del Plata, Argentina, em 23 e 24 de novembro de 1998. Também a Assembléia Geral da OEA elaborou várias resoluções sobre o tema, dentre as quais gostaríamos de destacar a 2035 que trata da proteção dos Direitos Humanos e liberdades fundamentais durante o combate ao Terrorismo, assunto este merecedor de toda atenção.

---

[12] SOREL, Jean-Marc. *Existe-t-Il une Définition Universelle du Terrorisme? In:* BANNELIER, Karine et allii. *Le Droi International Face au Terrorisme.* Paris: Editions Pedone-Cedin, Cahiers Internationaux nº 17, p. 60-61.

A OEA foi a primeira organização regional a elaborar uma convenção de cujo título constasse o termo "Terrorismo", a *Convenção para Prevenir e Punir os Atos de Terrorismo Configurados em Delito contra as Pessoas e a Extorsão Conexa, quando Tiverem Eles Transcendência Internacional* (Washington, 1971), apoiada na Resolução da Assembléia Geral de 30 de junho de 1970, que condena o Terrorismo e, particularmente, o seqüestro e a extorsão, visando as pessoas físicas que o Estado tem o especial dever de proteger.

Contudo, foi somente em 2002, em Bridgetown, Barbados, que 33 dos 34 Estados membros da OEA lograram assinar sua segunda convenção tratando do assunto, denominada *Convenção Interamericana contra o Terrorismo*, elaborada flagrantemente a reboque dos acontecimentos de 9 de setembro de 2001 o que, provavelmente justifica arroubos lingüísticos como os cometidos em seu art. 1, tais como *"Esta Convenção tem por objeto prevenir, punir e **eliminar** o terrorismo."* (grifo nosso).[13]

À parte este excesso de otimismo, a Convenção menciona ainda as Convenções da ONU sobre o tema como referências de "delito", conclama a cooperação entre os Estados membros e estabelece medidas para o estrangulamento financeiro do fomento ao Terrorismo nos Estados americanos. Curiosamente, apesar de ser a principal Convenção interamericana sobre o tema, até agora apenas Antígua e Barbados, Canadá, El Salvador, México, Nicarágua, Panamá, Peru e Venezuela a ratificaram.

Conclusão: O Terrorismo como crime internacional

Como já visto acima, a primeira tentativa de enfrentamento do Terrorismo do ponto de vista convencional foi a *Convention de Genève pour la Prévention et la Répression du Terrorisme*, da Sociedade das Nações, de 1937, que já considerava o Terrorismo como crime internacional, definia-o – ainda que precariamente – e conclamava os Estados a combatê-lo. Já comentamos as razões pelas quais esta Convenção jamais entrou em vigor, contudo, cabe aqui lembrar que contemporaneamente a esta Convenção foi elaborada, também pela Sociedade das Nações, no mes-

---

[13] O termo "eliminar" provém da RC.23/RES. 1/01 denominada "Fortalecimento da cooperação hemisférica para prevenir, combater e eliminar o terrorismo", adotada na Vigésima terceira Reunião de Consulta dos Ministros das Relações Exteriores.

mo ano, a *Convention de Genève pour la Création d'une Cour Pénale Internationale*,[14] também fruto da Conferência Internacional para a Prevenção e Repressão do Terrorismo, convocada pelo Conselho de Segurança da Sociedade das Nações, após o assassinato do rei Alexandre I da Iugoslávia, como já referido anteriormente.

Apesar de seu título a Convenção deixa bem claro já em seu artigo o objetivo da Corte que se visava criar:

> *ARTICLE PREMIER. – Il est institué une Cour pénale internationale en vue de juger dans les conditions ci-après spécifiées les individus accusés **d'une infraction prévue dans la Convention pour la prévention et la répression du terrorisme**.* (grifo original).
>
> *ART. 2. – 1. Dans les cas visés par les articles 2, 3, 9 et 10 de la Convention pour la prévention et la repression du terrorisme, toute Haute Partie contractante à la présente Convention a la faculté, au lieu de faire juger par ses propres juridictions, de déférer l'accusé à la Cour.*
>
> *2. Elle a en outre la faculté, dans les cas ou elle peut accorder l'extradition conformément à l'article 8 de ladite Convention, de déférer l'accusé à la Cour, si l'Etat qui demande l'extradition est également partie à la presente Convention.*
>
> *3. Les Hautes Parties contractantes reconnaissent qu'en faisant usage de la faculté prévue par le présent article, les autres Parties contractantes se conforment à leur égard aux prescriptions de la Convention pour la prevention et la repression du terrorisme.*

Apesar das claras razões políticas desta estreita ligação entre as duas Convenções – acreditava-se, à época, que a luta contra o Terrorismo, causa esta que mobilizava intensamente os Estados, acabaria por permitir a aprovação da criação de uma Corte Penal Internacional que, posteriormente, poderia ter sua competência estendida a outros crimes – a que está acima transcrita tem como mérito ter-se constituído na primeira tentativa institucionalizada de criação de um Tribunal Penal Internacional.

---

[14] Assinada por treze Estados, sem nenhuma ratificação.

Como ambas as convenções nunca entraram em vigor, não cabe aqui uma análise mais detida das mesmas. Mais conveniente seria lembrar que os internacionalistas jamais desistiram da idéia de enquadrar o Terrorismo como crime de natureza internacional. Contudo, como também já mencionado anteriormente, a maior dificuldade que o Direito encontra neste campo é, sem dúvida o princípio *"nullum crimen nulla pena sine lege"*. Sendo o Terrorismo um fenômeno indefinível, como traduzi-lo numa definição que permitisse ao Direito Internacional identificá-lo, perseguir seus autores e julgá-los apropriadamente?

Os esforços da comunidade internacional visando encontrar uma definição são, a despeito das dificuldades, evidentes, como por exemplo no *International Law Commission's 1991 Draft Code of Crimes Against the Peace and Security of Mankind* que, em seu artigo 24 propõe a seguinte definição de terrorismo internacional:

Article 24: International Terrorism

An individual who as an agent or representative of a State commits or orders the commission of any of the following acts;

– *undertaking, organizing, assisting, financing, encouraging or tolerating acts against another State directed at persons or property and of such a nature as to create a state of terror in the minds of public figures, groups of persons or the general public shall, on conviction thereof, be sentenced (to...).*

Esta, apesar de tudo, louvável tentativa de definição traz em si vários problemas, sendo o principal, a intenção de produzir uma cisão entre o Terrorismo interno e o internacional o que, por si só, já a inviabiliza, e que, com efeito, tornou-a alvo de várias críticas, em especial por parte dos EUA, que consideraram extremamente pretensiosa a tentativa de se definir "Terrorismo Internacional" quando ninguém ainda havia conseguido defini-lo satisfatoriamente em âmbito interno.[15]

Também durante os trabalhos preparatórios relativos ao Estatuto do Tribunal Penal Internacional houve uma tentativa de inclusão do crime de Terrorismo no âmbito de competência da Corte, como demonstra a definição abaixo transcrita:

---

[15] MOSCONI, Franco. In: *Commentaries on the International Law Commission's 1991 Draft Code of Crimes Against the Peace and Security of Mankind*. Toulouse: Érès – Association Internationale de Droit Pénal, 1993, p, 277-285.

"Aux fins du présent Statut, on entend par 'crime de terrorisme':

1) *Le fait d'entreprendre, d'organiser, de commanditer, d'ordonner, de faciliter, de financer, d'encourager ou de tolérer des actes de violence dirigés contre des ressortissants ou des biens d'un autre Etat et de nature à provoquer la terreur, la peur ou l'insécurité parmi les dirigeants, des groupes de personnes, le public ou des populations, quels que soient les considérations et les objectifs d'ordre politique, philosophique, idéologique, racial, ethnique, religieux ou autre qui pourraient être invoqués pour les justifier;*

2) *Toute infraction définie dans les conventions ci-après:*
   a) *Convention pour la répression d'actes illicites dirigés contre la sécurité de l'aviation civile;*
   b) *Convention pour la répression de la capture illicite d'aéronefs;*
   c) *Convention sur la prévention et la répression des infractions contre les personnes jouissant d'une protection internationale, y compris les agents diplomatiques;*
   d) *Convention internationale contre la prise d'otages;*
   e) *Convention pour la répression d'actes illicites contre la sécurité de la navigation maritime;*
   f) *Protocole pour la répression d'actes illicites contre la sécurité des plates-formes fixes situées sur le plateau continental.*

3) *Le fait d'utiliser des armes à feu ou d'autres armes, des explosifs ou des substances dangereuses pour commettre des actes de violence aveugle qui font des morts ou des blessés graves, soit isolément soit dans dês groupes de personnes ou des populations, ou qui causent des dommages matériels importants."*

A tentativa, contudo, foi rechaçada com base em quatro argumentos:

1) a ausência de uma definição precisa;
2) o fato de que a inclusão deste crime no âmbito da competência do Tribunal viria a politizá-lo em demasia;
3) o fato de que certos atos de terrorismo não possuem gravidade suficiente que justificasse um julgamento por uma corte internacional; e

4) de uma maneira geral, os mecanismos domésticos de repressão e punição são considerados mais eficazes do que o de uma possível jurisdição internacional.[16]

O Estatuto do Tribunal Penal Internacional acabou por delimitar taxativamente o campo de atuação da Corte, limitando sua competência ao julgamento do crime de genocídio, dos crimes contra a humanidade, dos crimes de guerra e do crime de agressão.

Desde 11 de setembro de 2001 os internacionalistas tentam, em vão, classificar o Terrorismo em uma destas categorias – mais precisamente em alguma das três últimas, sempre com relativo insucesso – a fim de justificar e legitimar alguma reação da comunidade internacional baseada nos princípios gerais do Direito Internacional.

A classificação que mais guarida encontra dentre os doutrinadores é, sem dúvida, a de que o Terrorismo seria um crime contra a humanidade. Contudo, mesmo este primeiro e justificado impulso esbarra em algumas questões básicas: haveria então a urgente necessidade de se qualificar "atos de terrorismo", e, num segundo momento, delimitar quais deles constituiriam crime contra a humanidade, pois certamente não estariam inclusos nesta categoria os atos de cyberterrorismo, por exemplo.

Como podemos ver, portanto, infelizmente ainda nos encontramos longe de uma solução que responda a todas as questões de Direito Internacional que se colocam face a ameaça terrorista, como a da legítima defesa, a da definição do crime de agressão – questão levantada pelo atentado de 11 de setembro 2001 em Nova York – e do *"state sponsored terrorism"* dentre outras.

Outra questão inquietante acerca da eficácia do Direito Internacional na prevenção e no combate ao Terrorismo é justamente o alcance humano/geográfico de suas normas. Mesmo que se chegasse a uma definição de consenso, que permitisse ao Tribunal Penal Internacional, por exemplo, julgar este crime da maneira adequada, não estaríamos nós encontrando amparo num direito unilateral – no sentido de que os terroristas, em especial os fundamentalistas religiosos, seguem uma filosofia completamente distinta?

---

[16] CASSESE, Antonio. Terrorism is Also Disrupting Some Crucial Legal Categories of International Law. *In: European Journal of International Law,* vol. 2, nº 5, 2001, p. 994.

Contudo, apesar do desabafo de Gilbert Guillaume que considera atualmente uma definição de Terrorismo "tão inatingível quanto inútil", continuamos defendendo a posição de que definir um fenômeno tão complexo e multifacetado é realmente uma tarefa árdua, mas que perante os horrores perpetrados pelos terroristas através, principalmente, das últimas décadas, esta se faz cada vez mais urgente, sob pena de vermos as conquista de um Direito Internacional – que alguns já qualificam de meramente "defensivo" – se perderem e revelarem-se inócuas diante de impulsos isolados de vingança, perseguição e revanche, reduzindo as Organizações Internacionais à impotência e nivelando o moderno Estado de Direito a seus agressores.

11 Desafios da Constitucionalização do Direito Civil

Carlos Nelson Konder

> Doutorando e mestre em Direito Civil pela UERJ. Professor de Direito Civil da PUC-RIO e do Ibmec-RJ. Membro do conselho assessor da Revista Trimestral do Direito Civil – RTDC.

Resumo

O ensaio trata da metodologia da constitucionalização do direito civil. A partir da contextualização das transformações da interpretação e aplicação do direito civil, apresenta as características desse método e as críticas que ele sofreu, concluindo com os desafios que ele enfrenta hoje.

Palavras-chave

Direito Civil-constitucional; Autonomia Privada; Fundamentação das Decisões.

Sumário

1. Introdução. 2. Contextualização histórica. 3. O método da Constitucionalização do Direito Civil. 4. A consolidação do método no nosso direito. 5. Críticas, problemas e desafios. 6. O primeiro desafio atual: autonomia privada. 7. O segundo desafio atual: excesso de poder ao juiz. 8. Em busca de soluções: a fundamentação das decisões.

1. Introdução

É recorrente no âmbito do direito – especialmente no direito civil – iniciar qualquer estudo científico por meio de certo alarde acerca das profundas transformações pelas quais passou nossa sociedade nos últimos tempos. Ainda que, de fato, a velocidade da evolução dos costumes tenha se acelerado, o clamor sobre "novos tempos" é exageradamente destacado e freqüente. A intensidade destes alertas tem uma explicação clara: especialmente entre os civilistas encontra-se arraigada uma metodologia arcaica, que é incutida subrepticiamente através da veneração do direito romano desde o ensino de graduação e que, posteriormente, sofre para ser expurgada da mentalidade dos pesquisadores.

Constata-se, assim, que embora o direito positivo tenha evoluído – ainda que não o suficiente – o método pelo qual os civilistas lidam com ele ainda é antiquado. Os alertas quanto às transformações sociais são, portanto, proporcionais à intensidade com que ainda restam impregnados os métodos tradicionais, sob a falsa convicção de que basta que o direito positivo evolua, restando a metodologia atemporal, como uma teoria pura, refratária a alterações históricas.

Como afirma Pietro Perlingieri:

> "Não existem instrumentos válidos em todos os tempos e em todos os lugares: os instrumentos devem ser construídos pelo jurista levando-se em conta a realidade que ele deve estudar. [...] É grave erro pensar que, para todas as épocas e para todos os tempos haverá sempre os mesmos instrumentos jurídicos. É justamente o oposto: cada lugar, em cada época terá os seus próprios mecanismos".[1]

A constatação, que pode parecer evidente à primeira vista, serve para destacar que não apenas os enunciados normativos se modificam, mas que igualmente a forma de interpretá-los e aplicá-los deve se transformar, sob pena de não serem plenamente aproveitados. Esta obsolescência da metodologia tradicional pode ser exemplificada com alguns casos analisados recentemente pelo nosso Superior Tribunal de Justiça.

---

[1] PERLINGIERI, Pietro. Normas constitucionais nas relações privadas. *Revista da Faculdade de Direito da UERJ*, nos 6 e 7, 1998/1999, p. 63-64.

No primeiro semestre de 2007, o STJ se manifestou acerca dos efeitos jurídicos da cirurgia de mudança de sexo em transexuais. Já se encontrava consolidada a autorização para a cirurgia de transgenitalização, admitida em nosso ordenamento através de resolução do Conselho Federal de Medicina, mas as suas conseqüências jurídicas ainda eram controversas, especialmente no tocante à modificação do registro do sexo. Sob o argumento da proteção à veracidade do registro e da proteção à segurança jurídica, nossa jurisprudência superior se firmou no sentido de não autorizar a retificação do registro, mas tão-somente admitir a averbação, com a necessária referência à situação anterior e à causa da alteração.[2]

Em outra decisão, o STJ condenou uma academia a indenizar um judoca que, na prática da atividade, sofreu acidente que o deixou tetraplégico. Ele estava treinando com um colega num tatame em que mais quatro duplas de judocas treinavam também quando, ao esquivar-se de um golpe, caiu de costas no tatame. Logo em seguida, o professor, ao receber um golpe de outro aluno com quem treinava, caiu em cima da vítima, causando o traumatismo. Embora o relator tenha mantido a decisão da Justiça carioca, que negava a indenização por entender que o ocorrido não passou de um lamentável acidente, uma fatalidade – o chamado caso fortuito –, prevaleceu na corte o entendimento a favor da condenação, sob os mais diversos fundamentos: culpa do professor, atividade de risco, violação do dever de segurança, defeito do serviço...[3] Enfim, condenaram a academia ao pagamento de danos morais (cem mil

---

[2] O fundamento transparece na própria ementa da decisão: "Mudança de sexo. Averbação no registro civil. 1. O recorrido quis seguir o seu destino, e agente de sua vontade livre procurou alterar no seu registro civil a sua opção, cercada do necessário acompanhamento médico e de intervenção que lhe provocou a alteração da natureza gerada. Há uma modificação de fato que se não pode comparar com qualquer outra circunstância que não tenha a mesma origem. O reconhecimento se deu pela necessidade de ferimento do corpo, a tanto, como se sabe, equivale o ato cirúrgico, para que seu caminho ficasse adequado ao seu pensar e permitisse que seu rumo fosse aquele que seu ato voluntário revelou para o mundo no convívio social. Esconder a vontade de quem a manifestou livremente é que seria preconceito, discriminação, opróbrio, desonra, indignidade com aquele que escolheu o seu caminhar no trânsito fugaz da vida e na permanente luz do espírito. 2. Recurso especial conhecido e provido" (STJ, 3ª T., REsp 678933, Rel. Min. Carlos Alberto Menezes Direito, julg. 22/3/2007, publ. 21/5/2007). Para uma perspectiva crítica da decisão, v. Thamis Ávila DALSENTER, Transexualidade: A (In) Visibilidade Imposta pelo Judiciário. *Revista Trimestral de Direito Civil*, nº 31, jul./ago. 2007, no prelo.

[3] Na ementa prevaleceu o fundamento consumerista: "Indenização. Vítima de acidente ocorrido durante treinamento de judô, ministrado por preposto da recorrida, que a deixou tetraplégica. Acidente ocorrido em virtude de negligência do professor. Comprovados a conduta, os danos e o nexo de causalidade, presente o dever de indenizar da recorrida que responde pelos atos do seu preposto. Código de Defesa do Consumidor, art. 14, § 3º Aplicação. Recurso especial conhecido e parcialmente provido". (STJ, 3ª T., REsp. 473085, Rel. Min. Castro Filho, Rel. p/acórdão Min. Antônio de Pádua Ribeiro, julg. 14/6/2004, publ. RDR 33/348).

reais) e materiais (um salário mínimo mensal e reembolso das despesas médicas).

Em uma terceira decisão, o STJ afastou a possibilidade de responsabilização do pai, a título de dano moral, em virtude do abandono afetivo do filho. No caso, o filho mantinha contato com o pai até os seis anos de maneira regular, mas após o nascimento de sua irmã, fruto de novo relacionamento, teria ocorrido o afastamento do pai. Embora continuasse a receber a pensão, o filho alegou que tinha tentado se reaproximar, buscando amor e reconhecimento, mas só recebeu abandono, rejeição e frieza, inclusive em datas importantes, como aniversários, formatura no ensino médio e por ocasião da aprovação no vestibular. A primeira instância julgou improcedente o pedido por falta de comprovação dos danos sofridos, mas o Tribunal de Alçada de Minas Gerais reverteu a decisão e reconheceu, por maioria, o direito à indenização por dano moral, condenando o pai a pagar 200 salários mínimos. No STJ, o único a partilhar este entendimento foi o ministro Barros Monteiro, que considerou que a destituição do poder familiar não interfere na indenização e afirmou que "ao lado de assistência econômica, o genitor tem o dever de assistir moral e afetivamente o filho". Os demais ministros, contudo, entenderam que a lei apenas prevê, como punição, a perda do poder familiar. Foi considerado ainda que, por maior que seja o sofrimento do filho, a dor do afastamento, o Direito de Família tem princípios próprios, que não podem ser contaminados por outros, com significações de ordem material, patrimonial.[4]

Nenhum destes três casos tem uma resposta fácil; talvez se possa afirmar, dependendo do marco teórico adotado, que sequer tenham uma única resposta certa. Mas certamente se constata que o recurso à metodologia mais tradicional tornará ainda mais árdua a tarefa de obter soluções – ao menos soluções compatíveis com os valores socialmente partilhados hoje. Neste sentido, o presente trabalho tem por objetivo uma apresentação didática da metodologia da constitucionalização do direito, enunciando, ainda que de forma superficial, suas principais características e seus principais desafios, sob a convicção de que, apesar de seus problemas, ela é a metodologia mais adequada para o direito civil contemporâneo.

---

[4] STJ, 4ª T., REsp 757411, Rel. Min. Fernando Gonçalves, julg. 29/11/2005, publ. RT 849/228.

2. Contextualização histórica

Se, de fato, a metodologia é também, como qualquer aspecto do direito, um reflexo do contexto histórico-social que a enseja, é fundamental entender o ambiente em que se originam as formas de pensamento, de modo a identificar os valores que a inspiram. Para tanto, como afirma António Manuel Hespanha, é imprescindível reconhecer a espessura, autonomia e especificidade do passado e respeitar sua alteridade.[5] Somente identificando sua lógica e suas características próprias é possível proceder a uma contextualização sem incorrer no equívoco da unilateralidade da leitura teleológica da história do direito.

Nesse sentido, embora as raízes do direito civil costumem ser fincadas no direito romano (mais precisamente, na sua releitura por parte de glosadores e pós-glosadores), o grande berço do direito civil contemporâneo é encontrado nos séculos XVIII e XIX. Naquele momento foram formulados os conceitos e institutos mais importantes, como contrato, propriedade, direito subjetivo, personalidade, ou ao menos receberam a forma pela qual os identificamos até hoje.

Ainda sob a influência do jusnaturalismo filosófico, o modelo é todo centrado no indivíduo e na racionalidade. Sendo racional, suas escolhas, voluntárias, são sempre corretas e, portanto, intocáveis pelo Direito. O sistema, conseqüentemente, é voluntarista: somente uma perturbação da sua vontade – um vício do negócio – pode justificar sua invalidação. A liberdade é concebida do ponto de vista exclusivamente formal e limitada apenas a partir do exterior, manifestada essencialmente pela figura jurídica fundamental do direito subjetivo.[6] Toda intervenção estatal na esfera privada é excepcional, o que justifica o rigor nas dicotomias Estado e sociedade, autoridade e liberdade, política e economia e, como corolário de todas elas, direito público e direito privado.[7]

Este individualismo jurídico persiste ao longo do século XIX por meio da sua incorporação nos códigos modernos que, consagrados como verdadeiros monumentos legislativos, passam a funcionar como

---

[5] HESPANHA, António Manuel. *Panorama Histórico da Cultura Jurídica Européia*, 2ª ed. Lisboa: Publicações Europa-América, 1998, p. 43 e ss.

[6] Para uma análise da gênese do direito subjetivo como manifestação do individualismo jusnaturalista, v. Michel VILLEY. Droit subjectif I. La génése du droit subjectif chez Guillaume d'Occam. In: *Seize Essais de Philosophies du Droit*. Paris: Dalloz, 1969, pp. 140-177.

[7] SARMENTO, Daniel. A trajetória da dicotomia público/privado. *Revista Trimestral de Direito Civil*, vol. 22, abr./jun. 2005, pp. 239-257.

repositórios do direito natural, aplicados sob a ilusão de eterna validade.[8] Mecanismos de consolidação da nova ordem burguesa que se instala após as revoluções, a interpretação dos códigos é restringida para evitar o retorno aos valores aristocráticos. Firma-se, assim, o dogma da subsunção, transformando o aplicador em um autômato fiel ao texto da lei e, de outro lado, o ensino do direito civil em um catecismo do Código – a verdadeira constituição do homem comum.[9]

No cenário europeu, opção a este modelo de positivismo legalista era encontrada na chamada jurisprudência dos conceitos. Na falta de um *codex*, que só viria a surgir com o processo de unificação da Alemanha, os doutrinadores se voltavam para um tratamento formal dos conceitos clássicos e pela descrição neutra dos princípios, que sugerem um raciocínio silogístico automático e estéril, formalismo que atinge seu auge com o normativismo kelseniano.[10]

Foi somente com as drásticas transformações econômicas e sociais do século XX que se começou a observar um enfraquecimento do modelo tradicional. O colapso do modelo liberal, explicitado pela sucessão de graves crises econômicas, enseja a construção de um modelo de intervenção na economia, o chamado Estado do bem-estar social. De outro lado, a legitimidade jurídica formal obtida pelos regimes nazi-fascistas revela o fracasso do paradigma positivista.

Verdadeira revolução se opera com a consagração da prioridade da proteção à pessoa humana nas declarações internacionais de direitos humanos e nos textos constitucionais – que perdem o caráter de carta política para assumirem papel normativo determinante na interpretação e aplicação do direito privado.[11] Esta adquirida – *rectius*, conquistada – relevância dos princípios constitucionais propiciou fecundo desenvolvimento do método de aplicação dos princípios, metodologia hoje consolidada sob a denominação de "pós-positivismo".[12]

---

[8] HESPANHA, António Manuel. *Panorama*, cit., p. 162.

[9] GIORGIANNI. Michele. O direito privado e suas atuais fronteiras. *Revista dos Tribunais*, v. 747, jan./1988, p. 38.

[10] MORAES, Maria Celina Bodin de. Constituição e Direito Civil: Tendências. *Revista dos Tribunais*, vol. 779, 2000, p. 101.

[11] TEPEDINO, Gustavo. Premissas metodológicas para a constitucionalização do direito civil. In: *Temas de Direito Civil*, 3ª ed. Rio de Janeiro: Renovar, 2004, pp. 1-22.

[12] A denominação, trazida ao Brasil por Paulo BONAVIDES (*Curso de direito constitucional*, 9ª ed. São Paulo: Malheiros, 2000, pp. 247-254), inspira-se nas reflexões de Ronald DWORKIN (*Levando os Direitos a Sério*. São Paulo: Martins Fontes, 2002) e Robert ALEXY (*Teoría de los Derechos Fundamentales*. Madrid: Centro de Estudios Constitucionales, 1993).

3. O método da Constitucionalização do Direito Civil

É nesta linha que encontramos o método da Constitucionalização do Direito Civil. Sendo a Constituição uma norma superior, em virtude de seu caráter mais diretamente democrático (produto da soberana assembléia constituinte), as normas inferiores não só não devem contrariá-la como devem ser interpretadas e aplicadas com base nela, de modo a maximizar a eficácia dos seus princípios. Podemos decompor isto em quatro características fundamentais.[13]

A primeira das características do direito civil-constitucional é a superação da dicotomia clássica entre direito público e direito privado. Esta *summa divisio* se justificava em um momento histórico em que o direito privado possuía um aspecto constitucional como estatuto total e exclusivo do indivíduo, tutelando a autonomia de sua vontade e a liberdade de cunho econômico por meio de institutos clássicos como a propriedade e o contrato. O direito público interferia apenas excepcionalmente, impondo limites externos que tinham a finalidade exclusiva de garantir o livre jogo econômico e a circulação de riquezas. Com o posicionamento da Constituição no ápice do ordenamento e o reconhecimento de que tanto o chamado direito público como o dito privado devem servir à realização dos preceitos constitucionais, a distinção passa a atender a uma finalidade mais didática do que ontológica, uma vez que ambos compartilham o mesmo fundamento e apontam para uma mesma finalidade.[14]

---

[13] Esta decomposição, extraída de TEPEDINO, Gustavo, MORAES, Maria Celina Bodin de e LEWICKI, Bruno (O Código Civil e o Direito Civil Constitucional. Editorial da *Revista Trimestral de Direito Civil*, nº 13. Rio de Janeiro: Padma, jan./mar. 2003, p. iii-iv) encontra-se desenvolvida em KONDER, Carlos Nelson. *Contratos Conexos*. Rio de Janeiro: Renovar, 2006, pp. 14-18. Sobre o tema, v. entre nós TEPEDINO, Gustavo. *Premissas Metodológicas*, cit., pp. 1-22; MORAES, Maria Celina Bodin de. A caminho de um direito civil constitucional. *Direito, Estado e Sociedade*: Revista do Departamento de Direito da PUC-Rio, nº 1, 2ª ed. Rio de Janeiro: PUC-Rio, jul./dez. 1991, p. 59-73; e FACHIN, Luiz Edson. *Teoria Crítica do Direito Civil*. Rio de Janeiro: Renovar, 2000. Entre todos, v. PERLINGIERI, Pietro. *Perfis do Direito Civil*. Rio de Janeiro: Renovar, 1997.

[14] NEGREIROS, Teresa. Dicotomia público-privado frente ao problema da colisão de princípios. *In*: TORRES, Ricardo Lobo (org.). *Teoria dos Direitos Fundamentais*. Rio de Janeiro: Renovar, 1999, p. 337-375. Sobre o tema v. ainda a extensa discussão acerca da aplicação dos direitos fundamentais às relações privadas: SARMENTO, Daniel. *Direitos Fundamentais e Relações Privadas*. Rio de Janeiro: Lumen Juris, 2004, e BARROSO, Luís Roberto (org.). *A Nova Interpretação Constitucional: Ponderação, Direitos Fundamentais e Relações Privadas*. Rio de Janeiro: Renovar, 2003.

A segunda característica é privilegiar o perfil funcional dos institutos em detrimento do perfil estrutural. A estrutura são os elementos que compõem o instituto, seu aspecto morfológico, "como é"; a função é o caráter fisiológico, os efeitos, finalidade, "para que serve". Sob a perspectiva dogmática, de raiz positivista, a atenção estava na estrutura, escolhas valorativas permaneciam ocultas sob uma análise guiada pelo formalismo.[15] Com o papel assumido pela Constituição, os institutos do direito civil deixam de ser fins em si mesmo, e passam a ser identificados como instrumentos destinados a realizar finalidades maiores, consagradas estas no texto constitucional: instrumentos de realização do projeto constitucional.[16]

A terceira característica consiste no reconhecimento da relatividade e historicidade dos institutos jurídicos. Os conceitos científicos e doutrinários do direito – como os de qualquer ciência, especialmente as sociais – são produtos de um determinado contexto histórico-cultural e a ele se referem. Portanto, como já exposto, embora prática recorrente entre os civilistas, não é cabível voltar os olhos a culturas jurídicas arcaicas, especialmente à tradição romanista, como fonte universal de solução dos problemas jurídicos.

A quarta característica consiste em conferir preeminência à tutela das situações jurídicas extrapatrimoniais (ou existenciais) em comparação com as situações patrimoniais, em virtude da atuação dos princípios constitucionais.[17] Este processo, que se reflete também em uma "despatrimonialização do direito civil", tem por base a dignidade da pessoa humana, fundamento axiológico do ordenamento que resta positivado como princípio constitucional (CF, art. 1º, III) e que atua como cláusula geral de tutela da personalidade.[18] Tal proteção, contudo, só pode efetivar-se na prática tendo em vista as características das pessoas envolvidas e a essencialidade do bem jurídico em questão, isto é, conferindo atenção especial às peculiaridades do caso concreto de maneira a oferecer uma tutela diferenciada – sem, contudo, abrir mão da unidade e coerência provida pela Constituição.

---

[15] BOBBIO, Norberto. Verso una teoria funzionalistica del diritto. *Dalla Strutura alla Funzione*. Milano: Edizioni di Comunità, 1977, p. 65.

[16] TEPEDINO, Gustavo. *Premissas Metodológicas*, cit, pp. 1-22.

[17] PERLINGIERI, Pietro. *Perfis*, cit., p. 22.

[18] TEPEDINO, Gustavo. A tutela da personalidade no ordenamento civil-constitucional brasileiro. In: *Temas*, cit., p. 23-58; MORAES, Maria Celina Bodin de. *Danos à Pessoa Humana: Uma Leitura Civil-constitucional dos Danos Morais*. Rio de Janeiro: Renovar, 2003, pp. 73 e ss.

4. A consolidação do método no nosso direito

Se fizermos uma análise retrospectiva dos iminentes vinte anos da promulgação da Constituição de 1988, a constatação, no geral, é de uma história bem-sucedida. Nós contamos hoje, certamente, com um ordenamento jurídico mais plural e solidário, com uma proteção mais plena e integral da pessoa humana e com uma metodologia de interpretação e aplicação do direito mais flexível e justa.

Hoje está bastante consolidada a idéia de que a supremacia hierárquica do texto constitucional impõe não apenas um respeito formal às normas superiores, mas exige que a legislação ordinária seja sempre interpretada e aplicada de forma a garantir a máxima eficácia dos preceitos da Constituição. É possível arriscar até mesmo dizer que, ao menos em termos gerais, a perspectiva constitucionalizada do Direito Civil é hoje predominante tanto em doutrina como em jurisprudência.

De modo geral, a comparação entre os três pilares clássicos do direito civil – o contrato, a propriedade e a família – no tradicional Código Civil de 1916, na democrática Constituição de 1988 e no canhestro Código Civil de 2002 – construído a partir de um projeto de 1975 – é ilustrativa.

O contrato, originalmente guiado pelo princípio único da autonomia da vontade, dá lugar à proteção constitucional da solidariedade (e conseqüentemente da boa-fé) e da defesa do consumidor.[19] O novo Código, reconhecendo a funcionalidade dos institutos, expressa que a liberdade de contratar será exercida nos limites e em razão da função social do contrato.[20]

A propriedade, tradicional concebida de forma abstrata como o direito real absoluto que garante ao seu titular um poder tendencialmente pleno e de exclusão dos demais, cujos limites seriam externos e de aspecto puramente negativo, vem condicionada à satisfação de interesses não-proprietários, em virtude de sua função social.[21]

---

[19] NEGREIROS, Teresa. *Teoria do Contrato: Novos Paradigmas*. 2ª ed. Rio de Janeiro: Renovar, 2006

[20] RENTERÍA, Pablo. Considerações acerca do atual debate sobre o princípio da função social do contrato. *In:* MORAES, Maria Celina Bodin de (coord.). *Princípios do Direito Civil Contemporâneo*. Rio de Janeiro: Renovar, 2006, pp. 297 e ss. Sobre o tema, seja consentido remeter a KONDER, Carlos Nelson. *Contratos Conexos*. Rio de Janeiro: Renovar, 2006, pp. 79 e ss.

[21] TEPEDINO, Gustavo. Contornos constitucionais da propriedade privada. *In: Temas*, cit., p. 303 e ss.

A família-instituição, regulada pelo Código de 1916 e protegida como um fim em si mesmo, é reconstruída na Constituição de 1988 em virtude da afirmação da proteção integral da criança e da igualdade entre os cônjuges, entre os filhos e mesmo entre as diferentes estruturas familiares. Trata-se da família-instrumento, funcionalizada ao livre desenvolvimento da personalidade de cada um de seus membros, ou família democrática.[22]

5. Críticas, problemas e desafios

A despeito das inúmeras conquistas obtidas, não se pode deixar de reconhecer que elas vieram acompanhadas de severas conseqüências negativas – problemas, ou ao menos desafios – e que, sem o devido cuidado, estas conseqüências podem afastar os próprios objetivos que inicialmente se buscava atingir.

Vislumbramos decisões que, sob o pretexto da aplicação direta de princípios constitucionais, revelam profunda falta de rigor científico e alto grau de arbitrariedade nos diversos ramos do direito civil. A banalização do dano moral, a superutilização da boa-fé objetiva no direito contratual, a invocação da função social da propriedade para justificar a posse violenta ou clandestina, a referência à dignidade humana para liberar o pai afetivo, que se descobre não-biológico, do registro do filho, são alguns entre tantos outros.

De modo geral, quatro críticas costumam ser apontadas à metodologia da constitucionalização do Direito Civil.[23] Uma seria a instabilidade histórica das normas constitucionais em oposição à estabilidade das normas de direito privado. A Constitucionalização ameaçaria a larga história, consolidada, da teoria do direito civil em virtude das transitórias e efêmeras normas do direito constitucional. De fato, a história brasileira é pródiga em alterações constitucionais: não bastasse a

---

[22] MORAES, Maria Celina Bodin de. A família democrática. In: Anais do V Congresso Brasileiro de Direito de Família. São Paulo: IOB Thomson, IBDFAM, 2006, p. 613-640; TEIXEIRA, Ana Carolina Brochado. Família, Guarda e Autoridade Parental. Rio de Janeiro: Renovar, 2005.

[23] Novamente, esta divisão foi extraída de TEPEDINO, Gustavo (Os 15 anos da Constituição e o direito civil. Editorial da Revista Trimestral de Direito Civil, nº 14. Rio de Janeiro: Padma, abr./jun. 2003, p. v-vi) e encontra-se desenvolvida em KONDER, Carlos Nelson. Contratos Conexos, cit., pp. 19-21.

sucessão de oito textos constitucionais em nossa história (1824, 1889, 1934, 1937, 1946, 1967, EC1/1969 e 1988), a Constituição de 1988, em seus quase vinte anos de vigência, já sofreu 61 alterações (55 Emendas Constitucionais e 6 Emendas Constitucionais de Revisão). Já os Códigos Civis foram dois apenas, com parcas modificações.

Todavia, salvo em meios excessivamente conservadores, se reconhece que esta variação do texto constitucional se dá também em virtude de uma vinculação mais direta do direito constitucional ao contexto histórico-cultural e às aspirações sociais e econômicas por uma sociedade mais justa. De outro lado, a suposta estabilidade e imutabilidade do direito privado revela certo elitismo na sua elaboração e uma tendência conservadora do *status quo*, incompatível com a função promocional do direito. Além disso, como alerta Hespanha, a estabilidade é em parte ilusória, pois é mitigada por constantes e sutis reinterpretações judiciais que permitiram a sub-reptícia atualização do significado dos conceitos.[24]

Uma outra crítica seria a de que a metodologia da constitucionalização propiciaria um indevido "salto sobre o legislador", permitindo que a decisão judicial se constituísse em um novo processo político, o que seria incompatível com a divisão de poderes. Esta crítica se ressente da perspectiva arcaica do texto constitucional como composto por normas de organização política, meras recomendações para o legislador ordinário, seu único destinatário.[25] Hoje já é razoavelmente pacífica a idéia de que recusar efeito às disposições constitucionais em virtude da falta de regulamentação por parte do legislador ordinário significaria conceber que ele tivesse o poder de restringir a eficácia do poder constituinte por meio de sua abstenção.

Parece, portanto, que estas duas críticas – a maior estabilidade do direito civil sobre o constitucional e o dito "salto sobre o legislador" – são problemas superados, se é que algum dia foram de fato problemas. As outras duas críticas, todavia, se apresentam como grandes desafios do direito civil-constitucional contemporâneo, que prometem se avolumar e se complexificar se não houver afinco em resolvê-los.

---

[24] HESPANHA, António Manuel. *Panorama Histórico*, cit., p. 53 e ss.
[25] PERLINGIERI, Pietro. *Perfis*, cit., p. 11

6. O primeiro desafio atual: autonomia privada

O primeiro problema é o da autonomia privada. Questiona-se se a invasão das relações intersubjetivas pelo texto constitucional não conduziria a uma redução do espaço das escolhas, podendo resultar em um autoritarismo ou paternalismo judicial. No exemplo caricato, os juízes escolheriam os futuros cônjuges como meio de aplicação direta dos princípios da igualdade ou da justiça distributiva.

Pietro Perlingieri afirma que este tipo de crítica se calca na falsa idéia de que a intervenção legislativa seria um obstáculo ou restrição à autonomia privada, sem reconhecer que, em sociedades desiguais, é a atuação do legislador e do poder público que garantem a efetiva liberdade da pessoa humana.[26] Mais do que isso, afirma que a autonomia privada nunca é um valor em si, ela só será protegida enquanto corresponder a um interesse digno de tutela pelo ordenamento.[27]

Todavia, a questão se revela especialmente complexa nas hipóteses em que o fato realizado não repercute, ao menos diretamente, sobre a esfera de terceiros, como nos casos paradigmáticos do arremesso do anão e, no âmbito dos atos de disposição do corpo, dos *wannabes* ou *amputees-by-choice*. O primeiro, já bastante divulgado, ocorreu por conta de certame realizado em 1991 por empresa do ramo de entretenimento para jovens que consistia "em transformar um indivíduo de pequena estatura (um anão) em projétil a ser arremessado pela platéia de um ponto a outro da casa de diversão". A controversa interdição da prática pelo prefeito da cidade de Monsang-sur-Orge, em nome da ordem pública, levou o caso às altas instâncias francesas – embora o Tribunal Administrativo de Versailles tenha anulado o ato do Prefeito sob o fundamento de liberdade de trabalho, o Conselho de Estado entendeu que a atividade era atentória à dignidade da pessoa humana – e internacionais.[28]

O segundo, menos popular mas igualmente ilustrativo, consiste em pessoas que voluntariamente – ou melhor, compulsivamente – buscam a amputação de um membro específico do corpo. Relatam uma sensação de extremo desconforto com sua situação atual, como presos em um corpo que não corresponde a sua verdadeira identidade. A situação é similar ao caso dos transexuais, mas neste há regulamentação

---

[26] PERLINGIERI, Pietro. *Perfis*, cit., p. 17.

[27] PERLINGIERI, Pietro. *Perfis*, cit., p. 279.

[28] GOMES, Joaquim Benedito Barbosa. O poder de polícia e o princípio da dignidade da pessoa humana. *ADV-COAD: Seleções*, nº 12, 1996, p. 17.

médica autorizando a intervenção em virtude de sua finalidade terapêutica, o que não ocorre entre os denominados *wannabes*, o que os leva a buscar no mercado negro as amputações, acarretando ainda maiores danos para sua saúde ou mesmo a morte.[29]

A complexidade do tema dos limites da autonomia privada fica patente quando observamos que ele gera controvérsia entre os grandes mestres do Direito Civil-Constitucional. De um lado, como visto, Perlingieri defende que é ilusória a concepção de que o silêncio do legislador significaria um espaço de plena liberdade individual, subtraído à interferência do ordenamento, uma vez que toda e qualquer conduta humana permanece avaliada de acordo com o sistema constitucional. De outro lado, contudo, Stefano Rodotà, em sua veemente defesa da privacidade, vem sustentando a importância dos espaços de não-direito, de não-interferência, como mecanismo de garantir às pessoas âmbitos de livre escolha.[30]

Além do perigo geral que seria a desconsideração ou diminuição do princípio da liberdade, este problema nos gera um grave reflexo: um modelo paternalista, ao privar as pessoas da autonomia, tratando-as como incapazes, vulneráveis – como se tem tratado os consumidores –, estaria a liberar as pessoas da responsabilidade pelos seus atos. A lição é simples: sem autonomia, sem responsabilidade. Conseqüentemente, a responsabilidade passa a poder ser transferida a terceiros, em um processo de "vitimização", descrito por Todorov:

> Aqui podemos sempre procurar a responsabilidade dos outros por aquilo que não vai bem na vida. Se meu filho cai na rua, a culpa é da cidade, que não fez as calçadas planas o suficiente; se corto o dedo cortando a grama, a culpa é do fabricante de cortadores de grama. [...] Se não sou feliz hoje, a culpa é dos meus pais no passado, de minha sociedade no presente: eles não fizeram o necessário para o meu desenvolvimento. A única hesitação que posso ter é saber se para obter a reparação me volto para um advogado ou para um psicoterapeuta; mas, nos dois casos, sou uma pura vítima e minha responsabilidade não é levada em conta.[31]

---

[29] KONDER, Carlos Nelson. O consentimento no Biodireito: os casos dos transexuais e dos wannabes. *Revista Trimestral de Direito Civil*, vol. 14, jul.-set. 2003, p. 41-71.

[30] RODOTÀ, Stefano. *La vita e le regole* – Tra diritto e non diritto. Milano: Feltrinelli, 2006.

[31] TODOROV, Tzvetan. *O Homem Desenraizado*. Rio de Janeiro: Record, 1999, p. 225 *apud* MORAES, Maria Celina Bodin de. Problemas da Responsabilidade Civil Contemporânea. Apresentado no Seminário *Responsabilidade Civil e Código de Defesa do Consumidor*, em 24 de maio de 2007.

É, certamente, um desafio crucial da Constitucionalização do Direito Civil de hoje encontrar parâmetros para, ao aplicar diretamente os princípios constitucionais, compatibilizar a superação da autonomia privada clássica concebida como valor único com a proteção da liberdade contemporânea como aspecto da dignidade da pessoa humana, como "livre desenvolvimento da personalidade".

7. O segundo desafio atual: excesso de poder ao juiz

O segundo problema a enfrentar, altamente ligado ao primeiro, é o poder excessivo conferido ao juiz. A metodologia do Direito Civil-constitucional, ao afastar o formalismo na interpretação em nome de uma perspectiva mais flexível, em especial em virtude da baixa concretude dos princípios e das cláusulas gerais que são recorrentemente utilizados, geraria alto grau de insegurança e grande possibilidade de arbitrariedade.

É praxe defender o método argumentando que a insegurança é algo característico de nossos tempos ditos "pós-modernos", e que a segurança jurídica foi um valor fundamental do século XIX, mas que perde força diante das exigências de justiça, na mesma medida em que a igualdade formal cede espaço à igualdade substancial e ao respeito pela diferença. No entanto, até mesmo para garantir o valor justiça é necessário assegurar um mínimo de segurança jurídica, de forma a não sacrificar o caráter sistemático do ordenamento.[32]

Embora esteja, justificadamente, superado o já referido método da subsunção na aplicação das normas, isso não pode funcionar como uma autorização para o pleno arbítrio judicial, ensejando decisões assustadoras, que, sob o pretexto da constitucionalização e da aplicação dos princípios, mais parecem realizar o que vem sendo chamado banalização ou mesmo "carnavalização" do Direito.[33]

---

[32] Sobre o conceito de sistema no direito, v. CANARIS, Claus-Wilhelm. *Pensamento Sistemático e Conceito de Sistema na Ciência do Direito*. Lisboa: Fundação Calouste Gulbenkian, 1996, p. 104 e ss.

[33] SARMENTO, Daniel. Ubiqüidade constitucional: os dois lados da moeda. *In:* SOUZA NETO, Cláudio Pereira de e SARMENTO, Daniel (coord.). *A Constitucionalização do Direito*. Rio de Janeiro, Lumen Juris, 2007, pp. 113-148.

Este, portanto, é outro problema crucial do Direito Civil-constitucional contemporâneo, nitidamente vinculado ao anterior: encontrar mecanismos para que a aplicação direta dos princípios constitucionais às relações privadas pelo juiz não se transforme em uma abertura para que ele, a seu bel prazer, invoque tais princípios como valorações subjetivas para justificar sua decisão pessoal.

8. Em busca de soluções: a fundamentação das decisões

Superamos – ou estamos próximos de superar – um modelo formalista e individualista de interpretação e aplicação do direito civil, consolidado por milênios. Assim, é inevitável parecer que a metodologia que a substituiu pareça carecer de rigor científico, exatamente por não se pautar pelos critérios da lógica formal. Desse modo, para que não seja sacrificada a opção ideológica por um direito capaz de nos conduzir a uma sociedade mais justa e solidária, é necessário aprofundar os estudos metodológicos na chamada lógica informal.

O alto grau de desenvolvimento da teoria da argumentação nos últimos anos tem fornecido subsídios para conciliar a constitucionalização do direito civil com suficiente previsibilidade e segurança. Nos mais diversos matizes,[34] observa-se o reconhecimento do papel de um determinado modo de pensar, orientado por valores, cuja lógica não é do tipo formal, mas dirigida em direção à razoabilidade das decisões; em especial, as decisões que passam pela aplicação de princípios, para além de um discurso de justificação, que exigem a construção de um discurso de aplicação, que permite fundamentar a preferência de um princípio para sua aplicação ao caso concreto em detrimento de outro princípio naquela hipótese concorrente, e assim, a aceitação racional das decisões judiciais é guiada pela qualidade dos argumentos levantados, cuja verificação permite que o processo argumentativo seja concluído quando, desse todo coerente, resultar um acordo racionalmente motivado.

---

[34] Sobre o tema, entre tantos, v. GÜNTHER, Klaus. *Teoria da Argumentação no Direito e na Moral: Justificação e Aplicação*. São Paulo: Landy, 2004; HABERMAS, Jürgen. *Between facts and norms: contributions to a discourse theory of law and democracy*, Cambridge: MIT Press, 1998; ALEXY, Robert. *Teoria da Argumentação Jurídica*. São Paulo: Landy, 2005. Entre nós, v. ÁVILA, Humberto. *Teoria dos Princípios*. São Paulo: Malheiros, 2005; CAMARGO, Margarida Lacombe. *Hermenêutica e Argumentação: Uma Contribuição ao Estudo do Direito*, 3ª ed. Rio de Janeiro: Renovar, 2003; e MAIA, Antônio Cavalcanti. Notas sobre direito e argumentação. *In*: CAMARGO, Margarida Lacombe (org.). *1988-1998: Uma Década de Constituição*. Rio de Janeiro: Renovar, 1999.

Ou seja, a derrubada do limite externo, formal, que restringia o intérprete – o dogma da subsunção – não significou a consagração do arbítrio, mas foi substituído pela imposição de um limite interno, metodológico: a exigência de fundamentação da sentença. Como nos lembra o professor Antônio Maia, "nesse quadro atual, onde os magistrados dispõem de uma área maior ainda de liberdade do que a tradicionalmente garantida em nossa história jurídica, impõe-se uma atenção maior à questão concernente às justificativas pelas quais os juízes chegam às decisões que dirimem as lides a eles submetidas".[35] Por conta disso, a previsão do art. 93, IX, da Constituição – "todos os julgamentos dos órgãos do Poder Judiciário serão públicos, e fundamentadas todas as decisões, sob pena de nulidade [...]" – não é uma mera formalidade judiciária, mas uma norma que se torna pilar central desta nova metodologia de interpretação e aplicação do Direito.

O que impede a necessária uniformização jurisprudencial, capaz de prover previsibilidade e segurança jurídica, não é a aplicação direta dos princípios constitucionais, mas a falta ou insuficiência de fundamentação argumentativa neste processo, sob o pretexto do acúmulo de processos e da celeridade processual, especialmente no âmbito dos juizados especiais. Já que o controle da atividade judicial não mais se dá externamente, por meio de grilhões que impediam o juiz de se afastar da lógica formal e da letra da lei, esse controle passa a se realizar através dos fundamentos de que ele se utiliza, de forma argumentativa, para justificar sua decisão. Este controle é não apenas possível, mas também mais adequado em uma sociedade democrática, plural e complexa.

---

[35] MAIA, Antônio Cavalcanti. *Notas*, cit., p. 413.

12 TÓPICOS DE DIREITO PROCESSUAL E CIVIL URBANÍSTICO

Luigi Bonizzato

> Doutor em Direito pela UERJ. Professor da faculdade de Direito do Ibmec-RJ, C.U.B. e UERJ.

Resumo

O direito urbanístico, ramo indubitavelmente autônomo do Direito, guarda a peculiar, embora não exclusiva característica de reunir em torno de si elementos ligados a vários outros ramos jurídicos, aí residindo patente aspecto de sua interdisciplinaridade. Neste breve artigo foram selecionadas nuanças desta inter-relação, conferindo-se atenção privilegiada a institutos de direito civil e processual civil, aos quais, de alguma forma, pode ser emprestada nova interpretação e também novo enfrentamento, fazendo com que se comece a consolidar, ainda que embrionariamente, um estatuto de direito urbanístico com, por conseqüência, a formação de novas perspectivas e de um novo horizonte jurídico-urbanístico no ordenamento jurídico brasileiro.

Palavras-chave

Direito Urbanístico; Autonomia; Direito Civil; Direito Processual Civil.

Aos primos Francesca, Stefano, Giorgio e Roberta;
às famílias Rigo Franco, Pighi Renzo, Batistoni Sergio,
Bonizzato Stefano e Bonizzato Paola;
e ao amado B. Già,
meu carinho e minha eterna gratidão.

Analisar o direito urbanístico sob a ótica de sua interdisciplinaridade é uma tarefa que envolve, sem dúvida, o exame de uma série de questões, entre as quais as ligadas à sua autonomia e à relação com outros vários ramos autônomos do Direito.

Neste sentido, quando, sem grandes dificuldades, verifica-se uma aproximação do direito urbanístico com o direito administrativo, com o direito constitucional, com o direito civil ou, ainda, com o direito processual, não se pode deixar iludir pela imediata dedução de que o direito urbanístico seja apenas um sub-ramo de quaisquer dos ramos indicados. Muito pelo contrário, é mister que se encontre nesta interdisciplinaridade e nesta peculiar reunião e formação de institutos uma característica chave da autonomia do direito urbanístico, o qual, em que pese a menor ou maior relevância que se confira a esta questão,[1] deve ser entendido, atualmente, como ramo autônomo do Direito.

De qualquer forma, antes de maiores considerações acerca da relação existente entre o direito urbanístico e os demais ramos acima citados, far-se-á breve exame das bases de sua autonomia, entendendo-se relevante embasá-la e a ressaltar, sobretudo em função de muitos ainda entenderem se tratar de um mero sub-ramo do Direito. Ultrapassada esta etapa, aí sim, poder-se-á avaliar as conseqüências reais da interdisciplinaridade no direito urbanístico, com apontamentos teórico-metodológicos constitutivos do ramo ora sob foco. E, tudo isto, para, ao final, tecerem-se pontuais comentários acerca do elo existente entre o direito urbanístico e os direitos civil e processual civil.

Pelo segundo é possível encontrar os primeiros traços de efetividade e garantia das regras e princípios urbanísticos. Em outras palavras, pela possibilidade de acesso ao Judiciário para o pleito de uma melhor ordem urbana ou, muitas vezes, para a tutela de direitos exercitáveis eminentemente em seara urbana, passa o direito urbanístico a assumir um papel ainda mais ativo no meio social, significando não apenas um rol de normas voltadas para o Poder Público ou para a organização urbana de maneira geral, mas também uma plêiade de direitos passíveis de serem tutelados pelo Judiciário uma vez devidamente provocado. E, pelo primeiro, é possível não apenas buscar uma das bases do direito urbanísti-

---

[1] Frise-se, relativa à sua autonomia ou não.

co, intimamente atrelada ao instituto da propriedade, mas também diversos outros institutos, os quais, de alguma forma, mostram-se indiscutivelmente ligados ao direito urbanístico e, até mesmo por isso, bastante úteis para a tutela de interesses normalmente manifestados no meio urbano.

Portanto, embora a própria natureza do presente artigo não comporte uma preocupação e investigação mais acurada, proceder-se-á a uma sucinta análise do direito urbanístico e de sua autonomia, com posterior foco voltado para sua relação com o direito civil e com o direito processual, no intuito de se verificar como no ordenamento jurídico brasileiro podem ser encontrados, seja no direito material, seja no direito processual, institutos e ações intimamente relacionados com o meio urbano e, por conseguinte, com o próprio ramo do direito que ora se propõe examinar.

Neste primeiro caminho, assim, entender o direito urbanístico como ramo autônomo é fundamental.

No entanto, como se pode taxar uma determinada disciplina jurídica de ramo autônomo do Direito? Em outras palavras, quais os elementos necessários para que se possa identificar um ramo do Direito?

As respostas a essas indagações são relevantes e se apresentam como indispensáveis para a consolidação da idéia de autonomia do direito urbanístico, a partir da qual se poderá desenvolver e consolidar a noção de interdisciplinaridade.

Primeiramente, não há como não se afirmar que o Direito é uno, isto é, que ele representa um conhecimento aplicado único da realidade fática. Possui, portanto, métodos e princípios próprios, que lhe dão a configuração e a independência necessárias e indispensáveis a um campo da ciência social.

Entretanto, conforme bem observa Tercio Sampaio de Ferraz,[2] a especialização é cada dia mais essencial ao conhecimento adequado de cada ciência e, sobretudo, de suas peculiaridades. Neste sentido, especializar e delimitar o conhecimento do Direito é fundamental para que o entendamos da melhor maneira possível, vale dizer, do modo capaz de dar-lhe eficácia e efetividade, sobretudo no momento de sua aplicação prática. Assim, os variados ramos do Direito surgem claramente

---

[2] FERRAZ JÚNIOR, Tercio Sampaio. *Introdução ao Estudo doDireito*. 3ª ed. São Paulo: Editora Atlas, 2001, p. 138-142.

com esta missão de especialização, de aprofundamento, de perscrutação curial para o seu desenvolvimento.

Mas a confirmação da autonomia de determinadas áreas delimitadas do Direito depende da verificação de alguns elementos, sem o que a especialização anunciada limitar-se-á a uma mera compartimentalização de algum ramo do Direito já existente. Assim, imprescindível sejam reveladas as características de um ramo tido como autônomo.

Antes de mais nada, todavia, há os que entendem que a questão da autonomia dos ramos do Direito é problema falso. Este o entendimento de Alfredo Augusto Becker, para quem a autonomia seria o poder de o ser social impor uma disciplina aos indivíduos e a si próprio numa autolimitação.[3]

De qualquer forma, o próprio autor apenas citado reconhece validade à autonomia entendida como didática, declarando que a *"autonomia (...) de qualquer ramo do direito positivo é sempre e unicamente didática para, investigando-se os efeitos jurídicos resultantes da incidência de determinado número de regras jurídicas, descobrir a concatenação lógica que as reúne num grupo orgânico e que une este grupo à totalidade do sistema jurídico"*.[4]

Além da autonomia didática, poderiam ser destacados outros aspectos, tais como a autonomia científica, dogmática e estrutural,[5] variáveis de acordo com a concepção de cada estudioso. Entretanto, segundo bem estabelece José Augusto Rodrigues Pinto[6] a autonomia se

---

[3] BECKER, Alfredo Augusto. *Teoria Geral do Direito Tributário*. 2ª ed. São Paulo: Editora Saraiva, 1972, p. 28.

[4] BECKER, Alfredo Augusto. *Obra citada*, p. 28-29.

[5] SILVA, José Afonso. *Direito Urbanístico Brasileiro*. 3ª ed. São Paulo: Editora Malheiros, 2000, p. 39-43. Segundo o autor, *"qualquer ramo do direito integra esse unicum que constitui a ordem jurídica, pelo quê não se pode falar que determinado ramo da ciência jurídica possua autonomia jurídica, mas é lícito falar que possua autonomia didática ou autonomia científica: a primeira justificada pela oportunidade de circunscrever o estudo a um grupo de normas que apresentam particular homogeneidade relativamente a seu objeto, mas ainda se acham sujeitas a princípios de outro ramo; a segunda quando, além da necessidade indicada, verifica-se a formação de princípios e institutos próprios"*. E, ainda sobre o assunto, afirma o autor que *"a autonomia, assim, caracteriza-se sob dois aspectos: autonomia dogmática, quando certo ramo ou subdivisão do Direito apresenta princípios e conceitos próprios; autonomia estrutural, porque aqueles princípios e conceitos dogmáticos inspiram a elaboração de institutos e figuras jurídicas diferentes das pertencentes a outros ramos do Direito e não utilizáveis por estes (...)"* (SILVA, José Afonso da. *Obra citada*, p. 41.).

[6] PINTO, José Augusto Rodrigues. *Curso de Direito Individual do Trabalho*. 2ª ed. São Paulo: Editora LTr, 1995, p. 57-61.

completa em três estágios, quais sejam, o estágio da autonomia científica, da autonomia legislativa e, por fim, da autonomia didática. O primeiro estágio se concretiza quando princípios e conceitos anteriormente ligados ao ramo do qual se pretende desmembrar o novo ramo adquirem densidade suficiente para serem identificados em relação a outros princípios e conceitos a partir dos quais se desenvolveram. O estágio da autonomia legislativa surge como um reflexo do estágio anterior. Isto é, se no mundo fático e de direito há mudanças sociais e jurídicas, respectivamente, ocorre que o novo lastro teórico passa a exigir novas regras jurídicas com ele compatíveis, as quais, avolumando-se e sendo sempre relacionadas e atreladas ao novo ramo, ao ponto de não mais se confundirem com o sistema legal geral, passam a ser um dos alicerces do surgimento da nova disciplina. Enfim, o terceiro estágio, encerrando o ciclo para a formação do ramo autônomo, é o momento em que a disciplina adquire autonomia didática. Em outras palavras, trata-se do seu reconhecimento acadêmico como matéria autônoma, quando a construção teórica e o arcabouço legal induzirem à necessidade de ensino próprio, com programa próprio inserido na grade curricular das universidades. Superadas a três etapas, poder-se-ia verdadeiramente pensar na formação de um novo ramo.

Nota-se que o direito urbanístico, na linha do que apenas se apresenta, já superou os três estágios acima apresentados. Seus princípios já ensejaram a formação de teoria própria, suficientemente densa para se destacar e não mais ser confundida com a teoria de qualquer outro ramo do Direito. Da mesma maneira, com base nessa evolução jurídica da matéria, diversas normas já foram produzidas, hoje presentes não apenas na Constituição Federal, mas também em legislação federal, estadual e municipal própria. Enfim, no âmbito da autonomia dita didática, o direito urbanístico já é disciplina autônoma há longa data, sendo estudada em diversas universidades do Brasil e do exterior, inclusive no âmbito de cursos de pós-graduação, como é o caso do Programa de Direito da Cidade da Universidade do Estado do Rio de Janeiro.[7]

---

[7] Fernando Alves Correia, apesar de não considerar o direito urbanístico ramo autônomo do direito em seu país, não deixa de inclinar-se para uma autonomia didática da disciplina, principalmente quando reserva praticamente 1 ano de estudo do direito administrativo à análise didática do direito do urbanismo (disciplina ministrada na Universidade de Coimbra, da qual é o autor professor associado; neste sentido, conferir: CORREIA, Fernando Alves. *Estudos de Direito do Urbanismo*. Coimbra: Editora Almedina, 1998).

Defensor da autonomia do direito urbanístico,[8] merece atenção o posicionamento de Edésio Fernandes, autor brasileiro escrevendo em castelhano, para o qual o direito urbanístico é ramo indiscutivelmente autônomo do Direito. Salienta, inclusive, que algumas discussões em torno da autonomia ou não do direito urbanístico já deveriam, há muito, ter sido superadas, sendo, atualmente, notória perda de tempo. As possibilidades de ação do Estado no controle da propriedade imóvel urbana e do desenvolvimento urbano muito evoluíram desde a codificação civil de 1916 até a recente promulgação do Estatuto da Cidade, razão pela qual, segundo o autor, não há como se negar a autonomia do direito urbanístico. Neste sentido destaca o autor que:

> *La verdad es que se ha avanzado mucho desde que las posibilidades de acción del Estado en el control de la propiedad inmobiliaria y del desarrollo urbano estaban limitadas al binomio usucapión/expropiación. Del Código Civil de 1916 al Estatuto de la Ciudad de 2001, es decir, del principio de la propiedad individual irrestricta al principio de las restricciones urbanísticas al derecho de propiedad, hasta llegar al principio de la función social de la propiedad y de la ciudad, el orden jurídico del control del desarrollo urbano fue totalmente reformado.*

E, na defesa da autonomia, declara:

> *En ese contexto, no hay manera de negar la autonomía académica y político-institucional del Derecho Urbanístico, no solamente por las referencias explícitas hechas a esa rama del derecho en la*

---

[8] Conforme já salientado, há ainda os que sustentam não ser o direito urbanístico um ramo autônomo do Direito. Em âmbito internacional, além de Fernando Alves Correia, Aldo Fiale assim se manifesta sobre o direito urbanístico: *"Il diritto urbanistico quale parte del diritto amministrativo, ricomprende um complesso di norme che regolano la facoltà di edificare, anche attraverso la previsione di strumenti di pianificazione del territorio e di protezione dell'ambiente. (...) Nel nostro ordinamento l'urbanistica rientra fra le materie attribuite alla potestà legislativa ed amministrativa delle Reginoni"*. FIALE, Aldo. *Compendio di Diritto Urbanistico*. 2ª ed. Napoli: Edizioni Giuridiche Simone, 1998, p. 5. Na mesma obra, continua o autor: *"L'esigenza di una regolamentazione dello sfruttamento del territorio nasce in età moderna per correggere le conseguenze negative derivanti dall'ampliamento delle città industriali e dall'urbanizzazione di vaste zone di campagna ad essa limitrofe. L'urbanistica si propone, dunque, di assicurare, pur promuovendo lo sviluppo edilizio delle città, lo sfruttamento razionale del territorio al fine di contenere gli effetti più deleteri di esso (sovraffollamento, inquinamento, alterazioni dell'assetto idrogeologico della zona, inadeguatezza dei servizi ecc.) nonchè la protezione dell'ambiente, cioè la tutela e la salvaguardia dell'equilibrio e dell'armonico sviluppo dell'ecosistema"* (FIALE, Aldo. *Obra citada*, p. 5.). Em âmbito nacional, dentre outros, conferir: MOREIRA NETO, Diogo de Figueiredo. *Introdução ao Direito Ecológico e ao Direito Urbanístico*. 2ª ed. Rio de Janeiro: Editora Forense, 1977, p. 56.

Constitución Federal de 1988, sino también por el hecho de que fueron claramente cumplidos todos los criterios tradicionalmente exigidos para el reconocimiento de la autonomía de una rama del derecho: el Derecho Urbanístico tiene objeto, principios, institutos y leyes propias.[9]

O direito urbanístico possui como objeto promover o controle jurídico do desenvolvimento urbano, vale dizer, dos diversos processos de uso, ocupação, subdivisão e gestão do solo nas cidades. Seus institutos são claramente hoje identificados, sobretudo diante da ampla legislação a respeito, incluindo a Constituição Federal, o Estatuto da Cidade, demais leis federais de divisão do solo e ambientais, planos diretores etc. E seus princípios reforçam ainda mais sua autonomia.[10]

Portanto, a singularidade atual do direito urbanístico, ancorada em teoria, conceitos, regras e princípios próprios, além de crescente reconhecimento didático, confere-lhe patente autonomia, encarada sob quaisquer dos aspectos acima indicados.

Neste sentido, pode-se, com maior facilidade, encarar a interdisciplinaridade do ramo, a fim de que se confirme uma de suas principais nuanças jurídicas.

O direito urbanístico, e disto dúvidas não restam, possui forte ligação com o direito administrativo, não significando essa estreita relação qualquer indício, conforme acima já confirmado, de ser o direito urbanístico um ramo ainda atrelado e vinculado ao citado direito administrativo.

No cerne teórico do direito administrativo surge uma série de formas e possibilidades de intervenção do Estado na propriedade. Assim, pode-se lembrar, a título meramente exemplificativo, os institutos do tombamento, da requisição, da desapropriação e, ainda, demais limitações ditas administrativas.

---

[9] FERNANDES, Edésio. *Del Código Civil al Estatuto de la Ciudad: algunas notas sobre la trayectoria del Derecho Urbanístico em Brasil*. (on line) Disponível na Internet: http://www.scielo.cl/scielo.php?pid=S0250-71612003008700005&script=sci_arttext&tlng=es. Última atualização em 3 de março de 2006.

[10] No que diz respeito aos princípios de direito urbanístico, tais como o da função social da propriedade, função social da cidade, coesão das normas urbanísticas, sustentabilidade, dignidade urbana, bem-estar social, entre outros, conferir: BONIZZATO, Luigi. *Propriedade Urbana Privada & Direitos Sociais*. Curitiba: Editora Juruá, 2007, p. 73-96.

É importante notar que muitos institutos do direito urbanístico nada mais são do que formas de intervenção do Estado na propriedade,[11] principalmente na propriedade imóvel urbana. Assim é que, nessa linha, sempre foi por muitos defendido ser o direito urbanístico um sub-ramo do direito administrativo.

No entanto, conforme já devidamente anunciado, a interdisciplinaridade não representa vinculação a qualquer ramo e, sim, uma peculiaridade do novo ramo, o qual faz-se valer de vertentes teóricas e práticas de outros tradicionais ramos do Direito para fundar suas próprias bases jurídicas.

Da mesma maneira, é inegável a relação existente entre o direito urbanístico e o direito constitucional.

Pode-se até mesmo dizer que o advento da Constituição Federal de 1988 representou um forte estímulo legal para o avanço da disciplina, tendo em vista toda a preocupação do legislador constituinte originário e derivado com as políticas urbanas e com a organização das cidades.

Na apenas citada Constituição Federal, muitos são os momentos em que se percebe uma atenção com o meio urbano, podendo-se mencionar, de forma ampla e exemplificativa, o Art. 30, no qual são definidas as competências municipais; o Art. 22, incisos II, IX e XI, nos quais surgem algumas competências privativas da União que, de alguma forma, podem estar ligadas ao ambiente urbano; o Art. 23, inciso IX, que estabelece a competência comum da União, dos Estados, do Distrito Federal e dos Municípios para promover programas de construção de moradias e a melhoria das condições habitacionais e de saneamento básico; o Art. 6º, que traz um rol de direitos sociais, muitos dos quais diretamente ligados à população urbana, a qual normalmente sofre com maior intensidade problemas relacionados à falta de moradia e de segurança; e, ainda entre outros, os Arts. 182 e 183, que compõem o Capítulo relativo à Política Urbana.

Dessa forma, embora tenha sido o legislador constituinte um tanto quanto dirigente, não se pode negar que a previsão constitucional de múltiplas questões urbanas faz com que o direito constitucional não

---

[11] Sobre o assunto, conferir nosso trabalho: BONIZZATO, Luigi. *O advento do Estatuto da Cidade e conseqüências fáticas em âmbito da propriedade, vizinhança e sociedade participativa.* Rio de Janeiro: Editora Lumen Juris, 2005.

possa se esquivar de abraçá-las, formando-se, assim, o contato entre direito urbanístico e direito constitucional.

No entanto, apesar de indiscutível a teia de relações existente entre o direito urbanístico e, conforme acima se afirmou, o direito administrativo e o direito constitucional, fato que, de forma alguma, afasta a aproximação do ramo do Direito ora estudado com demais e neste trabalho não mencionados ramos desse mesmo Direito, o presente esboço, por mera eleição e escolha, voltará suas atenções para o exame da relação existente entre o direito urbanístico e os direitos civil e processual.

Indubitável, no entanto, que tal escolha pautou-se no fato de que, no que tange aos pontos a serem enfrentados, ainda são poucos e esparsos os trabalhos jurídicos àqueles dedicados. O direito civil e, sobretudo, o direito processual, guardam ainda amplas possibilidades teóricas, as quais merecem a devida investigação do pesquisador interessado no estudo do direito urbanístico.

Pelo presente artigo, anunciar-se-ão algumas dessas possibilidades, valendo lembrar que a própria natureza do presente faz com que um maior aprofundamento seja recomendado em outras oportunidades.

Neste sentido, proceder-se-á, primeiramente, a um exame específico de certas aproximações entre direito civil e direito urbanístico para, em seguida, concluir-se com o exame de também determinadas ligações entre o direito urbanístico e o direito processual. Com estas verificações poder-se-á, ao final, vislumbrar novas possibilidades, interpretações e aprendizados sobre o que ora se pretendeu analisar.

Seguindo o rumo proposto, assim, o direito civil também é classicamente um ramo ao qual o direito urbanístico constantemente recorre. Isto é, sem os institutos e conceitos de direito civil não haveria como sequer se cogitar da própria existência do direito urbanístico. E é exatamente o direito civil que empresta ao direito urbanístico o principal instituto jurídico a esse ligado, qual seja, o da propriedade, a qual, em sede urbanística, costuma aglutinar-se em torno de sua nuança imóvel e urbana.

Todavia, apesar de o direito real de propriedade ser de magnitude inquestionável no âmbito da juridicidade urbanística, nessa breve análise de um direito civil urbanístico as atenções estarão voltadas a dois institutos específicos, quais sejam, o do abuso de direito e o da fraude à lei, embora muitos outros institutos pudessem ser aqui escolhidos e perscrutados.[12]

O atual Código Civil, ampliando as hipóteses de fraude à lei, estabelece, em seu Art. 166, inciso VI, *"que é nulo o negócio jurídico quando tiver por objetivo fraudar lei imperativa"*.

O antigo Código Civil, por outro lado, limitava-se a, nos casos de nulidade, previstos em seu Art. 145, considerar nulos os atos diretamente contrários à lei, sob uma interpretação marcadamente literal.

Neste sentido, atualmente, não mais se restringem as conseqüências legais às violações diretas à lei, mas também às violações indiretas. Assim, recorrendo as partes a um negócio jurídico determinado no intuito de obter resultado distinto daquele que é típico da estrutura do próprio negócio, poder-se-á estar diante de fraude à lei. É certo que não se pretende, neste momento, esmiuçar a figura da fraude à lei, apenas se abordando tal tema com o objetivo de relacioná-lo ao direito urbanístico e a negócios praticados sob a égide deste último.

Note-se que o ato praticado em fraude à lei, analisado de forma isolada, possui características normais de ato lícito, sua ilicitude residindo no fato de o resultado pretendido ser justamente aquele que a lei pretende evitar por meio da norma proibitiva específica. Confirma-se, por conseguinte, uma violação indireta da lei, não relacionada diretamente ao texto literal da norma.

Costuma a doutrina[13] apontar dois elementos como sendo indispensáveis para que se configure a fraude à lei. Em primeiro lugar, a existência de norma imperativa no ordenamento jurídico que se aplique a determinada situação concreta. E, em segundo lugar, a concretização de negócio jurídico pelo qual se possa obter, ainda que por meio indireto, resultado indesejado pela norma jurídica aplicável.

---

[12] *Exempli gratia*, os direitos de vizinhança, a posse, outros direitos reais e, com o advento da nova codificação civil, o próprio direito de superfície.

[13] LOUREIRO, Francisco Eduardo. *Alguns aspectos sobre o novo Código Civil e o urbanismo*. In: Temas de Direito Urbanístico 4. São Paulo: Imprensa Oficial do Estado: Ministério Público do Estado de São Paulo, 2005, p. 159-180.; TEPEDINO, Gustavo (Org.). *A Parte Geral do Novo Código Civil*. Rio de Janeiro: Renovar, 2002.; AMARAL, Francisco. *Direito Civil – Introdução*. 5ª ed. Rio de Janeiro: Editora Renovar, 2003.; OLIVEIRA, J. M. Leoni Lopes de. *Novo Código Civil Anotado – Parte Geral*. Vol. 1, 2ª ed. Rio de Janeiro: Editora Lumen Juris, 2005.; PEREIRA, Regis Fichtner. *Fraude à Lei*. Rio de Janeiro: Editora Renovar, 1994.

Interessante notar que a positivação do instituto da fraude à lei abre espaço para uma nova visão do princípio da legalidade: nem tudo o que não é vedado pela lei é válido, uma vez que inserido no universo do exercício permitido da autonomia privada, devendo-se sempre averiguar, no caso concreto, o resultado a ser obtido pela realização do negócio jurídico, a fim de que se descubra se fere ou não norma imperativa.[14]

Nesse sentido, várias práticas antigamente legais, mas, muitas vezes, produtoras de resultados que afrontavam o ordenamento jurídico, passam hoje a poder ser controladas, sobretudo pela ameaça que sofrem de serem reputadas negócios nulos, nos termos do Art. 166 do Código Civil em vigor.

No âmbito do direito urbanístico, inúmeras normas previstas no Estatuto da Cidade, se tidas como imperativas,[15] podem ser invocadas para a prevenção de negócios jurídicos fraudulentos ao escopo da norma e de resultados não objetivados pelo sistema do qual fazem aquelas parte. Em realidade, a contemplação pelo ordenamento jurídico brasileiro da nulidade de negócios que tiverem por objetivo fraudar lei imperativa, abrangendo-se os casos de violação indireta da lei, faz com que seja significativamente ampliado o controle sobre práticas que, até tempos recentes, teriam que ser toleradas em função de não afrontarem diretamente texto de lei.

É inegável que diversos dispositivos do Estatuto da Cidade, complementando uma série de normas constitucionais, trazem como finalidade básica a utilização adequada da propriedade imóvel urbana, condenando-se, em alguns casos, o não uso dessa propriedade.

Nesse sentido, negócios jurídicos que tenham por objetivo final a subutilização ou a não utilização da propriedade podem, atualmente, ser tidos como nulos, observada a violação indireta da norma impera-

---

[14] LOUREIRO, Francisco Eduardo. *Obra citada*, p. 164.
[15] Assim estatui o Art. 1º, parágrafo único, do Estatuto da Cidade: *"Para todos os efeitos, esta lei, denominada Estatuto da Cidade, estabelece normas de ordem pública e interesse social que regulam o uso da propriedade urbana em prol do bem coletivo, da segurança e do bem-estar dos cidadãos, bem como do equilíbrio ambiental"*. As leis imperativas, também denominadas absolutas ou coativas, são as que contêm uma ordem ou impõem um preceito, em caráter obrigatório. Clóvis Beviláqua as qualificou, também, de leis de ordem pública, porque estabelecem princípios cuja manutenção se considera indispensável à organização da vida social, segundo os preceitos do Direito (SILVA, De Plácido e. *Vocabulário Jurídico*. 19ª ed. Rio de Janeiro: Editora Forense, 2002, p. 482.).

tiva que tenha por finalidade, ainda que de forma mediata, evitar o mau ou inadequado uso da propriedade. Note-se que na fraude à lei não se deve levar em conta a norma isolada, mas, sim, o ordenamento jurídico como um todo, principalmente se considerado que na fraude à lei se viola o interesse público e, não, interesses privados ou particulares.

As normas relativas ao usucapião especial de imóvel urbano,[16] por exemplo, objetivam defender a moradia de pessoas que detêm a posse de imóvel urbano por um período de tempo determinado. Certamente, após adquirirem o bem, sua venda para terceiros com a sucessiva ocupação de outro terreno para a habitação poderia ser reputada fraude à lei, uma vez que contrária ao que o ordenamento objetiva defender e proteger (a moradia) e ao que o ordenamento objetiva evitar (a utilização da propriedade com fins meramente lucrativos e a ocupação de terras alheias).

Da mesma maneira, a maioria dos instrumentos de política urbana previstos no Estatuto da Cidade tem por objetivo a ordenação do solo urbano, o desenvolvimento sustentável das cidades e, por conseqüência, a produção e oferta de moradia para todos, entre outros benefícios aos cidadãos que habitam os espaços urbanos. Nesse viés, a utilização de quaisquer desses instrumentos com finalidades distintas das pretendidas pela lei pode ser tida como ato fraudulento e passível de ser enquadrado no caso de nulidade previsto no Art. 166, inciso VI, do Código Civil.

Nesse diapasão, percebe-se que o instituto da fraude à lei, atualmente expressamente positivado em nosso ordenamento jurídico, pode servir de apoio para a aplicabilidade de diversas normas urbanísticas, as quais sempre se tentou violar por meio de práticas e negócios jurídicos que, embora não atingissem diretamente o texto da lei, entravam em choque com o seu objetivo e com o seu próprio espírito.

Na linha do que ora se analisa, além da vedação de negócios praticados em fraude à lei, o atual Código Civil ampliou a previsão relativa ao abuso de direito, assim estatuindo o Art. 187:

> Também comete ato ilícito o titular de um direito que, ao exercê-lo, excede manifestamente os limites impostos pelo seu fim econômico ou social, pela boa-fé ou pelos bons costumes.

---
[16] Arts. 9º a 14º do Estatuto da Cidade.

É importante notar que a figura da fraude à lei, acrescida do instituto do abuso de direito, representam, no âmbito de incidência do direito urbanístico, que com o direito de propriedade detém forte ligação, considerável apoio para aquele, uma vez que diversas normas de direito urbanístico passam a ter maior garantia de aplicabilidade, sobretudo diante da previsão de nulidade de atos e negócios praticados em fraude à lei e da ilicitude de atos praticados pelo titular do direito excedendo patentemente os limites impostos pelo seu fim econômico e social, pela boa-fé e pelos bons costumes.

Portanto, o exercício do direito que contrarie sua finalidade econômica ou social pode ser tido como ilícito e, por conseguinte, como abusivo. Destarte, se o proprietário não exerce o seu direito em conformidade com os citados fins econômicos e sociais do direito de propriedade, muitos dos quais estampados, de forma geral, na própria Constituição Federal brasileira, tanto no Título relativo à Ordem Econômica e Financeira (Art. 170, incisos III e VII e Art. 182), quanto nos Títulos referentes aos Direitos e Garantias Fundamentais (Art. 5º, inciso XXIII) e aos Princípios Fundamentais (Art. 3º), pode o proprietário ser demandado em Juízo[17] por qualquer prejudicado com o objetivo de obrigar aquele a indenizar, a edificar, a demolir, a utilizar ou a dar destinação específica ao imóvel.[18]

Note-se que, somente pelo até aqui examinado, considerando a intensa relação do direito urbanístico com diversas áreas do saber jurídico, inclu-

---

[17] Outrossim, nos termos da Lei 7.347/85, que estabelece a normatização da ação civil pública, tendo em vista o estreito vínculo entre os valores tutelados nesta ação e os que compõem a função social da propriedade, qualquer legitimado a propô-la pode ingressar com ação contra o proprietário que comete abuso de direito no intuito de obrigá-lo a reparar os prejuízos sofridos por um grupo de pessoas. Neste sentido, pode a citada ação civil pública ser utilizada como instrumento de combate ao abuso no exercício do direito de propriedade. Saliente-se, inclusive, que no pólo passivo da demanda, pode figurar, além do proprietário que agiu de forma ilícita (abusiva), também o Poder Público, para ser obrigado a aplicar ao mau proprietário as sanções previstas na Constituição, no Estatuto da Cidade e, atualmente, no próprio Código Civil.

[18] Não há dúvidas de que o presente trabalho, de acordo com o já assinalado, não pretende aprofundar-se na figura jurídica do abuso de direito. Adota-se, sem maiores divagações, a corrente objetivista, pela qual há abuso de direito sempre que o seu exercício volta-se à satisfação de interesses ilegítimos ou em desconformidade com a sua destinação econômica ou social. Ao contrário da corrente subjetivista, não se defende como requisito para a configuração do abuso de direito a existência da vontade, do propósito, da intenção de causar dano a outrem. Para uma bela abordagem da figura jurídica que ora se invoca, conferir: CARPENA, Heloísa. *Abuso do Direito nos Contratos de Consumo*. Rio de Janeiro: Editora Renovar, 2001.; e CARPENA, Heloísa. *O Abuso de Direito no Código Civil de 2002 (art. 187)*. In: TEPEDINO, Gustavo (Org.). *A Parte Geral do Novo Código Civil*. Rio de Janeiro: Renovar, 2002.

sive, com o direito civil, de acordo com o apenas e topicamente analisado, já se pode identificar a importância de serem teoricamente estreitados os laços entre o direito processual e o direito urbanístico.

As relações de direito material pressupõem a existência de meios hábeis para a tutela de direitos, encontrando-se no direito processual o instrumento adequado e consentâneo para tal fim.[19]

Neste sentido, além das incontáveis possibilidades de invocação da tutela jurisdicional para a solução de lides concretas que envolvam questões urbanísticas, é possível identificar, seja no Código de Processo Civil brasileiro, seja na própria Constituição Federal e em legislações extravagantes, ações específicas e devidamente tipificadas em relação às quais se observa uma possível nuança urbanística.

Certamente, por tal constatação não se pode pretender defender qualquer espécie de exclusividade, ou seja, qualquer idéia de que as ações referidas tenham função somente urbanística. A *contrario sensu*, o objetivo é dar e conferir maior amplitude prática às citadas ações, cuja aplicação se estenderá para casos em que, de alguma forma, um ambiente urbano, uma cidade ou interesses urbanísticos estejam em jogo.

Assim, em se tratando de direito processual, no próprio Código de Processo Civil brasileiro é possível encontrar diversas ações que, seja de forma direta e imediata, seja de maneira indireta e mediata, podem estar ligadas ao direito urbanístico e dele fazerem parte.

Deveras, poder-se-ia, até mesmo, sugerir um estatuto processual urbanístico, o qual, embora ainda careça de maior densidade jurídica, pode ser considerado, gradativamente, uma realidade mais concreta.[20]

Assim, entre outras possibilidades que possam ainda ser levantadas, tendo em vista sempre a grande interdisciplinaridade e extensão do direito urbanístico, podem aqui ser citadas, de forma ampla, como integrantes de um rol de ações judiciais relacionadas, de alguma ma-

---

[19] Dentre muitos outros, conferir: DINAMARCO, Candido Rangel. *A Instrumentalidade do Processo.* 12ª ed. São Paulo: Malheiros, 2005.

[20] Confirmam uma maior concreção desse possível estatuto a Ação Civil Pública para a defesa da ordem urbanística e a Ação de Nunciação de Obra Nova, por nós já esmiuçada em outra ocasião: BONIZZATO, Luigi. *A Ação de Nunciação de Obra Nova como Instrumento de Defesa da Ordem Urbana. In:* COUTINHO, Ronaldo, BONIZZATO, Luigi (Org.). *Direito da Cidade: Novas Concepções sobre as Relações Jurídicas no Espaço Social Urbano.* Rio de Janeiro: Editora Lumen Juris, 2007.

neira, com o direito urbanístico,[21] (a) a ação de demarcação de terras particulares, presente, no Código de Processo Civil, nos Artigos 946 a 966 e (b) as ações locatícias, as quais têm grande incidência em seara urbana, sobretudo no que diz respeito aos imóveis locados para moradia, com previsão expressa no Título II, da Lei 8.245, de 18/10/1991.

Subindo um degrau rumo a uma maior aproximação com o direito urbanístico, (c) a ação de usucapião, seja a de procedimento previsto nos Artigos 941 a 945 do Código de Processo Civil, seja a de procedimento sumário, previsto nos Artigos 275 e seguintes do mesmo Código, aplicados em função da expressa previsão contida no Art. 14 do Estatuto da Cidade; e (d) as ações possessórias, com procedimento previsto nos Artigos 920 a 933 do Código de Processo Civil.

E, enfim, com ainda maior afinidade com o direito urbanístico, (e) a ação de nunciação de obra nova, prevista, no Código de Processo Civil, nos Artigos 934 a 940; e (f) a ação civil pública, especialmente a destinada à defesa da ordem urbanística,[22] prevista na Lei 7.347, de 27/7/1985, e no Estatuto da Cidade, em seus Artigos 53 e 54.

No tocante à Ação Civil Pública como instrumento de defesa da ordem urbanística, vale destacar que tal inovação foi trazida pela Lei 10.257, de 10/7/2001, isto é, pelo Estatuto da Cidade, o qual, por seu Art. 53, acrescentou inciso ao Art. 1º da Lei 7.347/85.

Tal inovação estatutária, sem dúvida, representa avanço no tocante à tutela dos direitos e interesses de natureza urbanística, os quais, muitas vezes, estão relacionados a um grupo determinado ou indeterminado de pessoas, facultando a atuação, principalmente do Ministério Público, para a defesa em Juízo de ditos direitos urbanísticos.[23]

---

[21] O rol de ações aqui citado está longe de poder ser reputado taxativo. Muito pelo contrário, a garantia constitucional do livre e amplo exercício do direito de ação faz com que qualquer ação inominada que tenha por objetivo, de alguma forma, defender o meio urbano e, por conseguinte, a ordem urbanística, possa ser proposta visando a seus objetivos finais. No entanto, a existência de um regramento já previsto em lei permite uma verificação mais pontual da viabilidade e das chances de êxito de determinadas ações, as quais passariam a ser encaradas também como instrumentos de defesa da ordem urbanística e, na maioria das vezes, em última instância, da própria qualidade de vida e bem-estar social.

[22] Valendo lembrar a possibilidade de medida cautelar para evitar dano ao meio ambiente, ao consumidor, à ordem urbanística e aos bens e direitos de valor artístico, estético, histórico, turístico e paisagístico (Art. 54 do Estatuto da Cidade).

[23] Sobre a ação civil pública como instrumento de defesa da ordem urbanística, conferir: WAGNER JUNIOR, Luiz Guilherme da Costa. *Ação Civil Pública como Instrumento de Defesa da Ordem Urbanística*. Belo Horizonte: Editora Del Rey, 2003.

E, no que diz respeito à Ação de Nunciação de Obra Nova, embora pouca atenção tenha sido dada ao tema, a nova concepção de vizinhança hoje vigente no ordenamento jurídico brasileiro abriu espaço considerável para que pudesse ser utilizada como instrumento processual de tutela de direitos de natureza urbanística. Não há dúvidas de que a ampliação da noção de vizinhança tem conseqüências teóricas e práticas significativas, uma das quais a constatação da importância urbanística da vizinhança. Entender e encarar a vizinhança em seu sentido mediato faz com que questões urbanísticas tenham maior chance de ser enfrentadas em uma Ação de Nunciação de Obra Nova, até então e classicamente vinculada à idéia de vizinhança imediata. De qualquer forma, ainda que não se defendesse esta ampliação da noção de vizinhança, em alguns casos a citada ação judicial já proporcionava, mesmo nos casos em que o autor da demanda era o vizinho contíguo, o exame de matérias urbanísticas.[24] No entanto, não há dúvidas de que uma concepção mais elástica da vizinhança leva à possibilidade de tal ação ser realmente utilizada como instrumento de defesa da ordem urbana, uma vez que é consideravelmente alargada a legitimidade para sua propositura.

Neste sentido, a referida Ação de Nunciação de Obra Nova surge, atualmente, como novo instrumental para que se possa conseguir, judicialmente, uma maior tutela do direito urbanístico, o qual, auxiliado pelas demais ações acima citadas e impregnado pelos institutos de inúmeros outros ramos do Direito, conferindo-lhe a interdisciplinaridade desde o início defendida, reforça, dia após dia, sua autonomia, além de ver crescentemente aprimorados diversos de seus institutos, os quais significam a referência teórica de uma nova etapa para o ordenamento urbanístico do país.

---

[24] Em breve exemplo, ligado a acontecimento recente, pode-se destacar caso bastante difundido pela imprensa carioca. Determinado grupo empresarial decidiu investir na construção de um complexo hospitalar nas proximidades do Aeródromo de Jacarepaguá. A União Federal, por meio de sua Procuradoria, ingressou com Ação de Nunciação de Obra Nova, com o intuito de embargar a obra que, naquele momento, já se mostrava em claro andamento. Dentre as alegações da União, saliente-se a preocupação com a segurança de vôo, com a eventual necessidade de ampliação do Aeródromo no futuro e com a competência para a autorização de construções nos arredores de aeroportos. Dentre também inúmeras alegações do grupo empresarial, merecem realce a relevância social do empreendimento, a sustentação de inexistência de qualquer ameaça aos reduzidos e não regulares vôos do aeródromo, o qual comporta apenas aeronaves de pequeno porte, e a comprovação da ausência de interesse da Infraero na ampliação daquela estrutura existente. Independentemente do resultado da ação judicial, a qual ainda se encontra em curso, o fato é que se tem uma nítida ilustração de matérias urbanísticas sendo veiculadas em uma Ação de Nunciação de Obra Nova proposta nos moldes tradicionais, isto é, por um vizinho contíguo ao empreendimento que se quer paralisar (GOMES, Aline, TEMER, Gabriela. *Polêmica nos Ares: Rasante na Segurança*. O Globo, Rio de Janeiro, 30 de agosto de 2007, Jornal do Bairro – Barra da Tijuca, p. 8-11).

Referências Bibliográficas

AMARAL, Francisco. *Direito Civil – Introdução*. 5ª ed. Rio de Janeiro: Editora Renovar, 2003.

BECKER, Alfredo Augusto. *Teoria Geral do Direito Tributário*. 2ª ed. São Paulo: Editora Saraiva, 1972, p. 28.

BONIZZATO, Luigi. *Propriedade Urbana Privada & Direitos Sociais*. Curitiba: Editora Juruá, 2007.

_____. *A Ação de Nunciação de Obra Nova como Instrumento de Defesa da Ordem Urbana*. In: COUTINHO, Ronaldo, BONIZZATO, Luigi (Org.). *Direito da Cidade: Novas Concepções sobre as Relações Jurídicas no Espaço Social Urbano*. Rio de Janeiro: Editora Lumen Juris, 2007.

_____. *O Advento do Estatuto da Cidade e Conseqüências Fáticas em Âmbito da Propriedade, Vizinhança e Sociedade Participativa*. Rio de Janeiro: Editora Lumen Juris, 2005.

CÂMARA, Alexandre Freitas. *Lições de Direito Processual Civil*. 6ª ed. Vol. III. Rio de Janeiro: Editora Lumen Juris, 2004.

CARNEIRO, Paulo Cezar Pinheiro. *Acesso à Justiça: Juizados Especiais Cíveis e Ação Civil Pública*. 2ª ed. Rio de Janeiro: Editora Forense, 2000.

CARPENA, Heloísa. *O Abuso de Direito no Código Civil de 2002 (art. 187)*. In: TEPEDINO, Gustavo (Org.). *A Parte Geral do Novo Código Civil*. Rio de Janeiro: Renovar, 2002.

_____. *Abuso do Direito nos Contratos de Consumo*. Rio de Janeiro: Editora Renovar, 2001.

CORREIA, Fernando Alves. *Estudos de Direito do Urbanismo*. Coimbra: Editora Almedina, 1998.

COUTINHO, Ronaldo, ROCCO, Rogério (Orgs.) *O Direito Ambiental das Cidades*. Rio de Janeiro: D. P. & A Editora, 2004.

CRETELLA NETO, José. *Fundamentos Principiológicos do Processo Civil*. Rio de Janeiro: Editora Forense, 2002.

DALLARI, Adilson Abreu, FERRAZ, Sérgio. *Estatuto da Cidade*. São Paulo: Editora Malheiros, 2002.

DINAMARCO, Candido Rangel. *A Instrumentalidade do Processo*. 12ª ed. São Paulo: Malheiros, 2005.

FERNANDES, Edésio. *Del Código Civil al Estatuto de la Ciudad: algunas notas sobre la trayectoria del Derecho Urbanístico em Brasil*. (*on line*) Disponível na Internet via: http://www.scielo.cl/scielo.php?pid=S0250-71612003008700005&script=sci_arttext&tlng=es. Última atualização em 3 de março de 2006.

FERNANDES, Edésio (Org.). *Direito Urbanístico*. Belo Horizonte: Editora Del Rey, 1998.

FERRAZ JÚNIOR, Tercio Sampaio. *Introdução ao Estudo do Direito*. 3ª ed. São Paulo: Editora Atlas, 2001, p. 138-142.

FIALE, Aldo. *Compendio di Diritto Urbanistico*. 2ª ed. Napoli: Edizioni Giuridiche Simone, 1998.

GIANESINI, Rita. *Ação de Nunciação de Obra Nova*. São Paulo: Editora Revista dos Tribunais, 1994.

GOMES, Aline, TEMER, Gabriela. *Polêmica nos Ares: Rasante na Segurança*. Rio de Janeiro: O Globo: 30 de agosto de 2007, Jornal do Bairro – Barra da Tijuca, p. 8-11.

GUERRA FILHO, Willis Santiago. *Teoria Processual da Constituição*. São Paulo: Celso Bastos Editor, 2000.

LIRA, Ricardo Pereira. *Elementos de Direito Urbanístico*. Rio de Janeiro: Editora Renovar, 1997.

LOUREIRO, Francisco Eduardo. *Alguns aspectos sobre o novo Código Civil e o urbanismo*. In: *Temas de Direito Urbanístico 4*. São Paulo: Imprensa Oficial do Estado: Ministério Público do Estado de São Paulo, 2005.

MOREIRA NETO, Diogo de Figueiredo. *Introdução ao Direito Ecológico e ao Direito Urbanístico*. 2ª ed. Rio de Janeiro: Editora Forense, 1977.

OLIVEIRA, Carlos Alberto Álvaro de. *Do Formalismo no Processo Civil*. 2ª ed. São Paulo: Editora Saraiva, 2003.

OLIVEIRA, J. M. Leoni Lopes de. *Novo Código Civil Anotado – Parte Geral*. Vol. 1, 2ª ed. Rio de Janeiro: Editora Lumen Juris, 2005.

PEREIRA, Regis Fichtner. *Fraude à Lei*. Rio de Janeiro: Editora Renovar, 1994.

PINTO, José Augusto Rodrigues. *Curso de Direito Individual do Trabalho*. 2ª ed. São Paulo: Editora LTr, 1995,

SILVA, De Plácido e. *Vocabulário Jurídico*. 19ª ed. Rio de Janeiro: Editora Forense, 2002, p. 482.

SILVA, José Afonso da. *Direito Ambiental Constitucional.* 4ª ed. São Paulo: Editora Malheiros, 2003.

_____. *Direito Urbanístico Brasileiro.* 3ª ed. São Paulo: Editora Malheiros, 2000.

THEODORO JÚNIOR, Humberto. *Curso de Direito Processual Civil.* 38ª ed. Vol. III. Rio de Janeiro: Editora Forense, 2002.

TEPEDINO, Gustavo (Org.). *A Parte Geral do Novo Código Civil.* Rio de Janeiro: Renovar, 2002.

WAGNER JUNIOR, Luiz Guilherme da Costa. *Ação Civil Pública como Instrumento de Defesa da Ordem Urbanística.* Belo Horizonte: Editora Del Rey, 2003.

Entre em sintonia com o mundo

QualityPhone:
0800-263311
Ligação gratuita

Qualitymark Editora
Rua Teixeira Júnior, 441 – São Cristóvão
20921-405– Rio de Janeiro – RJ
Tels.: (21) 3295-9800/3860-8422
Fax: (21) 3295-9824

www.qualitymark.com.br
e-mail: quality@qualitymark.com.br

Dados Técnicos:

• Formato:	16x23cm
• Mancha:	12x19cm
• Fontes Títulos:	Humnst777Blk BT
• Fontes Texto:	Caslon 224Bk BT
• Corpo:	11
• Entrelinha:	13,2
• Total de Páginas:	256
• Lançamento:	2009
• Gráfica:	Armazem das Letras